CB028750

Qual o Espaço do Lugar?

Coleção Estudos
Dirigida por J. Guinsburg

Equipe de realização – Edição de texto: Lilian Miyoko Kumai; Revisão: Márcia Abreu;
Sobrecapa: Sergio Kon; Produção: Ricardo W. Neves, Sergio Kon e Luiz Henrique Soares.

Eduardo Marandola Jr.
Werther Holzer
Lívia de Oliveira
(orgs.)

QUAL O ESPAÇO
DO LUGAR?

GEOGRAFIA, EPISTEMOLOGIA,
FENOMENOLOGIA

 PERSPECTIVA

CIP-Brasil. Catalogação-na-Fonte
Sindicato Nacional dos Editores de Livros, RJ

Q23

Qual o espaço do lugar?: geografia, epistemologia, fenomenologia / [organização de Eduardo Marandola Jr., Werther
Holzer, Lívia de Oliveira. – São Paulo: Perspectiva, 2014.
21 il.   (Estudos; 302)

ISBN 978-85-273-0959-2
1ª reimpr. da 1ª ed. de 2012

1. Geografia humana. 2. Fenomenologia e literatura. 3.
Literatura - Filosofia. I. Marandola Junior, Eduardo. II. Holzer,
Werther. III. Oliveira, Lívia de. IV. Série.

12-3708.	CDD: 304.2	
	CDU: 316.74:502.2	
06.07.12	20.07.12	037163

1ª edição – 1ª reimpressão
[PPD]

Direitos reservados à
EDITORA PERSPECTIVA LTDA.

Av. Brigadeiro Luís Antônio, 3025
01401-000 São Paulo SP Brasil
Telefax: (011) 3885-8388
www.editoraperspectiva.com.br
2019

Para Armando Corrêa da Silva

Sumário

SOBRE ONTOLOGIAS – *Eduardo Marandola Jr.* XIII

REVERBERAÇÕES DA GEOGRAFIA HUMANISTA

O Sentido de Lugar – *Lívia de Oliveira* 3

Reflexões Sobre a Emergência, Aspectos e Essência de Lugar – *Edward Relph* 17

O Triunfo do Lugar Sobre o Espaço – *João Baptista Ferreira de Mello* 33

Tradições Humanistas na Cartografia e a Poética dos Mapas – *Jörn Seemann* 69

Lugar e Sujeito: Perspectivas Teóricas – *Vincent Berdoulay e J. Nicholas Entrikin* 93

REVELAÇÕES DA LITERATURA
E DO CINEMA

Lugares Geográficos e(m) Locais Narrativos:
Um Modo de se Aproximar das Geografias
de Cinema – *Wenceslao Machado de Oliveira Jr.* 119

A Expressão do Lugar em Sophia de Mello Breyner
Andresen: A Poética do Mar em Portugal –
Márcia Manir Miguel Feitosa 155

Grafias Urbanas: A Cidade de Vidro
de Paul Auster – *Maria Lúcia de Amorim Soares*. . . . 173

APROXIMAÇÕES FENOMENOLÓGICAS
E EXISTENCIAIS

Como Ponta de Lança: O Pensamento do Lugar
em Heidegger – *Ligia Saramago*. 193

Lugar Enquanto Circunstancialidade – *Eduardo
Marandola Jr.* 227

Corporeidade e Lugar: Elos da Produção
da Existência – *Eguimar Felício Chaveiro* 249

Mundo e Lugar: Ensaio de Geografia
Fenomenológica – *Werther Holzer* 281

Sobre os Autores 305

Na escala do planeta, em seu cotidiano, nem o homogêno espacial, nem o heterogêneo dinâmico e indeterminado, representam a permanência da particularidade. Esta é um mosaico informe de que só se apreendem os instantes fragmentados do repouso e do movimento, na ainda ilusão da mundialidade do presente. É a sobredeterminação da ideia, no projeto e no plano, que procura dar coerência ao mundo fenomênico, a partir do qual são organizados pela mente os pedaços. Não que o real não tenha um sentido apreensível: mas é uma lógica plural, que o apropria como forma, estrutura, símbolo e movimento, numa composição que, se retém o cotidiano, também o transfigura.

ARMANDO CORRÊA DA SILVA

Sobre Ontologias

Eduardo Marandola Jr.

Em 1978, o geógrafo Armando Corrêa da Silva publicou pela Hucitec seu primeiro livro: *O Espaço Fora do Lugar*. Nele reunia suas reflexões e angústias acerca da fragmentação do saber e as dificuldades da geografia e das humanidades em lidar com a dimensão espacial em sua inteireza ao mesmo tempo que, pelo método científico, destrinchava suas partes. O espaço estar fora do lugar indicava a existência de uma dissociação nem sempre clara entre o esforço metódico de investigação, as grandes teorias e a totalidade do que se poderia supor ser a realidade.

O livro realiza um interessante jogo escalar até chegar ao particular, o lugar. Este é retratado como singularidade, mas, ao mesmo tempo, universalidade. Armando via no lugar uma potência de esclarecimento ontológico, permitindo, diferente do espaço, a compreensão das relações entre lugares e das pessoas com e nos lugares, sempre de forma relacional.

Talvez o título deste livro que você tem em mãos tenha saído não apenas daquele do Armando, mas também de suas ideias e trajetória. Armando foi pioneiro em preocupar-se, na geografia, com a questão ontológica, tendo escrito também o primeiro texto em português sobre a relação da geografia com a fenomenologia[1]. *Qual o espaço do lugar?* poderia ser um título para um livro dele. Por quê? Porque faz uma indagação aparentemente banal, que mais parece um trocadilho, expandir-se em uma questão profunda de significado ontológico.

Lugar é uma das ideias geográficas mais importantes atualmente. Transcende em muito a ciência geográfica, permitindo diálogos e conexões com a teoria social, a filosofia, a arquitetura, a literatura, a psicologia, o cinema. Mas por que esse interesse pelo lugar? De onde vem sua força? Qual o espaço do lugar no mundo contemporâneo?

Primeiramente, cabe lembrar que essa ênfase no lugar é algo muito recente. A geografia, enquanto ciência, deu pouca atenção ao lugar no decorrer de sua história. Seu ganho de importância coincide com dois processos: o surgimento de abordagens teóricas que procuravam enfatizar valores humanistas orientados pelas filosofias do espírito, dando atenção à diversidade, à heterogeneidade e à diferença (geografia humanista primeiramente, depois a geografia cultural); e o movimento de mundialização que forjou uma oposição entre global-local/mundo-lugar a partir da subjugação do segundo pelo primeiro.

Enraizamento, identidade, sentido de lugar, casa, experiência e percepção são ideias e temas que se destacaram a partir do movimento humanista e cultural. Resistência, fluidez, soberania, empoderamento e territorialidade são ideias e questões discutidas na esteira da mundialização. O que têm em comum? O esforço de compreender uma escala próxima, ligada ao mundo vivido, à dimensão existencial da experiência geográfica, entendendo essa escala como potência criadora, emancipadora e autêntica de sociabilidade orgânica. Nos últimos dez anos, esses processos, até então relativamente paralelos, passam a se aproximar e, até certo ponto, retroalimentar-se. Mas mais do que isso. Há a dimensão ontológica.

Este livro busca, no diálogo interdisciplinar e em uma pluralidade de matrizes, refletir sobre o sentido do lugar no mundo contemporâneo. Sem apenas pensar no porquê de se falar de

1 A.C. Silva, Geografia e Fenomenologia, *Orientação*, n. 7, p. 53-56.

SOBRE ONTOLOGIAS   XV

lugar e suas repercussões para uma ciência geográfica, procura, sobretudo, refletir sobre o espaço do lugar na experiência do mundo. Por isso o diálogo entre geografia, epistemologia e fenomenologia, campos do conhecimento que permeiam todos os ensaios desta obra.

Os filósofos fenomenologistas estão entre aqueles que se ocupam diretamente da reflexão geográfica. E boa parte deles estão ocupados com a ideia de lugar[2]. Isso não é gratuito. Na senda aberta especialmente por Heidegger, presenciamos nascer a chamada filosofia do espaço, que tem entre seus temas principais a relação ontológica ser-lugar. Longe de tomar o lugar como uma metáfora, esses filósofos têm aprofundado o sentido de lugar enquanto essência da experiência geográfica (ser-no-mundo), ligado de diferentes maneiras à paisagem e ao território.

Essas contribuições mais recentes reforçam e permitem o adensamento das contribuições que os geógrafos humanistas vêm difundindo desde os anos de 1970, o que reforça o papel das relações de envolvimento e pertencimento relacionadas e fundadas no lugar. Na primeira parte deste livro, "Reverberações da Geografia Humanista", apresentamos cinco textos que consideram e ampliam as contribuições desse coletivo de geógrafos, considerando-as como necessárias para pensar o lugar hoje.

Lívia de Oliveira abre com o texto "O Sentido de Lugar", buscando uma confluência entre o simbólico (Cassirrer), o experiencial (Tuan) e o meio físico (Muntañola) para sustentar as várias esferas ou camadas de sentidos que se coadunam para a constituição do lugar. Em "Reflexões sobre a Emergência, Aspectos e Essência de Lugar", Edward Relph avalia as principais questões que permitiram a emergência das preocupações sobre o lugar, indo em direção aos aspectos e essência do lugar contemporaneamente. João Baptista Ferreira de Mello defende, em "O Triunfo do Lugar sobre o Espaço", a clássica oposição espaço-lugar proposta por Tuan, mostrando o papel da casa, do sagrado e do simbólico como elementos identitários básicos para a experiência contemporênea, mesmo em grandes cidades como o Rio de Janeiro. Em "Tradições Humanistas na Cartografia e a Poética dos Mapas", Jörn Seemann nos provoca a pensar os

2 Ver capítulos de Saramago, Marandola Jr. e Holzer, neste volume.

mapas de forma humanista, poética e criativa, promovendo outra relação com a cartografia, conduzida por valores e sentido de lugar. Por fim, "Lugar e Sujeito: Perspectivas Teóricas", de Vincent Berdoulay e J. Nicholas Entrikin, aprofunda o diálogo humanista com diferentes perspectivas teóricas que permitem erigir epistemologicamente as relações entre sujeito e lugar.

O conjunto desses textos aponta para a pertinência das reflexões humanistas e suas múltiplas aberturas. A segunda e a terceira parte deste livro exploram duas delas: a aproximação com a arte como forma de conhecimento e linguagem e a reflexão epistemológica pela senda fenomenológica e existencial.

Sobre a primeira, "Revelações da Literatura e do Cinema" reúne três ensaios que buscam o espaço do lugar na literatura e no cinema, compreendidos como linguagem.

"Lugares Geográficos e(m) Locais Narrativos: Um Modo de se Aproximar das Geografias de Cinema", de Wenceslao Machado de Oliveira Jr., é um esforço teórico de compreensão das relações entre a narrativa fílmica com a experiência geográfica, dialogando com o curta "Bilú e João", parte do filme *Crianças Invisíveis*. Márcia Manir Miguel Feitosa envereda pela poesia portuguesa em "A Expressão do Lugar em Sophia de Mello Breyner Andresen: A Poética do Mar em Portugal", promovendo os entremeios da ideia de lugar de Tuan com os versos de Andressen. "Grafias Urbanas: A Cidade de Vidro de Paul Auster", de Maria Lúcia de Amorim Soares, é uma bela viagem pelo conto do escritor nova-iorquino na exploração da cidade como espaço do lugar.

Sobre a dimensão epistemológica, a terceira parte do livro enfoca "Aproximações Fenomenológicas e Existenciais". São quatro textos que refletem, de maneira mais direta, o diálogo com a bibliografia filosófica mais recente, colocando à prova a pertinência da reflexão sobre o lugar no mundo contemporâneo.

O primeiro texto, "Como Ponta de Lança: O Pensamento do Lugar em Heidegger", de Ligia Saramago, é um convite a um mergulho no pensamento espacial do filósofo alemão e suas implicações ontológicas. "Lugar Enquanto Circunstancialidade", de minha autoria, coloca em debate o sentido de lugar no mundo contemporâneo, buscando na ontologia fundamental de Heidegger e na ontologia da modernidade de Giddens

um ponto de diálogo para pensar o lugar enquanto circunstancialidade. Eguimar Chaveiro, em "Corporeidade e Lugar:
Elos da Produção da Existência", leva a reflexão para o papel do
corpo como mediador entre lugar e mundo. O livro se encerra
com "Mundo e Lugar: Ensaio de Geografia Fenomenológica",
de Werther Holzer, que circunscreve o sentido de lugar a partir da compreensão fenomenológica de mundo, colocando em
cheque a oposição espaço-lugar.

Qual o espaço do lugar? O conjunto desses textos, influenciados por geógrafos, filósofos, literatos, urbanistas, poetas, ci-
neastas, pessoas da cidade e pela própria experiência de mundo
de cada autor, aponta para um horizonte otimista em relação
àquele que Armando Corrêa da Silva tinha no final da década
de 1970. O cenário teórico contemporâneo é de maior pluralidade em direção à superação da excessiva fragmentação. E
como atestam as contribuições aqui reunidas, não vivemos uma
era de ecletismo irresponsável, mas de potencialidades analíti-
cas instigantes para se pensar o ser e, como queria Armando,
talvez até pensar a ontologia do espaço.

O pensar ontológico nunca foi mais necessário, por isso tantos recorrem atualmente a Heidegger para buscar respostas aos
problemas da sociedade contemporânea. Os valores humanistas
também nunca foram tão necessários frente a um mundo desu-
mano e pernicioso. O lugar, em seus vários espaços e sentidos,
é uma ideia-chave para enfrentar os desafios cotidianos. É no
lugar que os problemas nos atingem de forma mais dolorida, e
é também nele que podemos melhor nos fortalecer.

A geografia está no centro desse debate, portanto não pode
se furtar a ampliar seus horizontes e capacidade epistemológica
de pensar o significado da experiência geográfica no mundo.
Tarefa que os capítulos deste livro desempenham muito bem.

REFERÊNCIAS BIBLIOGRÁFICAS

SILVA, Armando C. *O Espaço Fora do Lugar*. São Paulo: Hucitec, 1978.
_____. Geografia e Fenomenologia. *Orientação*, n. 7, 1986.

**Reverberações
da Geografia Humanista**

Reverberações
da Geografia Humanista

O Sentido de Lugar

Lívia de Oliveira

> [...]
> *Que importa este lugar*
> *se todo lugar*
> *é ponto de ver e não de ser?*
> *E esta hora, se toda hora*
> *já se completa longe de si mesma*
> *e te deixa mais longe da procura?*
> [...]
>
> CARLOS DRUMOND DE ANDRADE[1]

"En un lugar de La Mancha...", assim inicia a aventura rocambolesca narrada por Cervantes no *Don Quijote de La Mancha*. Sempre há um lugar para se chegar ou se partir. E sempre há necessidade de se saber o sentido que se atribui a esse lugar. Qual é o sentido de lugar?

Ao se acordar que o lugar acompanha sempre o homem, nem sempre concordamos com esta ou aquela definição. Há uma infinidade de definições de lugar e de sentido que varia conforme as teorias e os autores. Umas objetivas e outras subjetivas. O sentido de lugar implica o sentido vida e, por sua vez, o sentido do tempo.

Cassirer já colocava uma separação entre a realidade subjetiva e objetiva, sem pressupor o dualismo dos conceitos metafísicos, pois os valores não são deduzidos de uns ou de outros, sendo a diferença entre uma e outra mera significância relativa[2]. Objetivo são aqueles elementos da experiência que persistem mediante todas as mudanças do aqui e agora. Enquanto o subjetivo pertence ao sujeito, toda mudança em si, e somente,

---

1 Origem VI, *Obra Completa*, São Paulo: Nova Aguilar, 2002, p. 325.
2 E. Cassirer, *Substance and Function*, p. 271.

expressa a determinação particular única aqui e agora. Mais adiante, o autor postula que nunca conhecemos as coisas que elas são em si mesmas, mas que somente podemos apreender as permanências e mudanças, estabelecidas nas suas relações[3]. As coisas *existem* por si mesmas, mas são somente *conhecidas* para nós em suas interações, que influenciam ou obscurecem a natureza de cada uma.

Para nos nortear no emaranhado labiríntico sobre "o sentido de lugar", faremos considerações, primeiramente separadas, sobre as duas noções. Em seguida, abordaremos as dimensões significativas do lugar, a fim de tecer um fio de Ariadne que relacione as diferenças/semelhanças entre os nomes e as coisas; entre o lugar e o seu sentido.

NOÇÃO DE LUGAR

> *O lugar ficou conhecido como Fonte dos Padres,*
> *mas depois que seus pequenos alunos indígenas órfãos*
> *vindos do reino começaram a se banhar ali,*
> *passou a ser chamado de Água de Meninos.*
>
> EDUARDO BUENO[4]

Diante do termo, começamos com uma consulta ao dicionário. Encontramos que o verbete "lugar" é um substantivo masculino oriundo do antigo latim *lôgar, lócus* e *local* como adjetivo. Para nosso espanto, nos deparamos com nada mais nada menos que *dezoito* vocábulos para designar lugar. A definição de lugar se mescla, se confunde com *espaço ocupado* (aqui empregaremos esse termo), com sítio. Em outras vezes significa povoação, localidade, região e até país. Em ocasiões diversas quer dizer posição, categoria, situação, origem, sendo empregada também como oportunidade, ensejo e vez. Lugar e tempo se nos apresentam frequentemente intimamente ligados. Percebemos e sentimos a realidade temporal acoplada ao lugar, ao espacial.

Ampliemos um pouco mais a compreensão. Lugar não é uma forma nem uma matéria, aristotelicamente falando. Também

---

3 Idem, p. 305.
4 E. Bueno, *A Coroa, a Cruz e a Espada*, p. 109.

não é um intervalo ou um vazio espacial que pode ser sucessivamente ocupado por diferentes corpos físicos e por si mesmo. O que Aristóteles não poderia ter concebido foi o conceito de uma moderna teoria da relatividade: um lugar é imóvel, no sentido figurado. A concepção atual de lugar é de tempo em espaço; ou seja, lugar é tempo lugarizado, pois entre espaço e tempo se dá o *lugar*, o movimento, a matéria.

NOÇÃO DE SENTIDO

> *Vocês veem como estou escrevendo à vontade?*
> *Sem muito sentido, mas à vontade. Que importa*
> *o sentido? O sentido sou eu.*
>
> CLARICE LISPECTOR[5]

De volta ao dicionário, tivemos uma igual surpresa quando nos deparamos com uma infinidade de vocábulos também para *sentido*.

Assim, buscando no léxico, o verbete "sentido" aparece como particípio do verbo *sentir*. Ainda, sentido é empregado como adjetivo: sensível, triste, magoado. Porém, quando usado como sujeito masculino pode significar fisiológico (forma de receber a sensação dos órgãos dos sentidos), senso, juízo, propósito, objetivo, pensamento, aspecto, cuidado; ou sujeito feminino: atenção, direção, advertência, voz de comando (militar). Por outro lado, ainda podemos usar o termo como: sentido figurado, fazer sentido, segundo sentido, ter sentido.

Todavia, convém lembrar com Cassirer que talvez não exista problema mais desnorteante e controverso que "o sentido do sentido"[6]. Na filosofia clássica, a solução de tentativa partia da presunção de que sem identidade entre o objeto a ser conhecido e a realidade conhecida o fato do conhecimento seria inexplicável.

Para pensar qual é o "sentido do sentido", é necessário, de início, "o significado ser explicado em termos de ser; pois o

---

5 C. Lispector, *Aprendendo a Viver*, p. 65.
6 E. Cassirer, *Antropologia Filosófica*, p. 179.

ser ou substância é a categoria universal, que vincula entre si verdade e realidade"[7].

Neste texto, utilizaremos o termo como *acepção*, como significado ou significação, o que as coisas querem dizer.

DIMENSÕES SIGNIFICATIVAS DO LUGAR: O HABITAR E O FALAR

> *"Por que vocês não deixaram a floresta?"*
> *"Não podemos sair de nosso lugar."*
> *"Por quê?"*
> *"Amamos ficar em nossa floresta. Gostamos daqui. É um lugar tranquilo para dormir. É tépido. Não é ruidoso."*
>
> YI-FU TUAN[8]

Tentaremos ampliar a noção de lugar com discussões a respeito do tema sob vários enfoques, procurando esclarecer as dimensões significativas do lugar.

A diferença de lugares serve, às vezes, de base a uma diferenciação dos objetos físicos entre eles (isto e aquilo) e a uma diferenciação entre pessoas (eu, tu, ele). A divisão entre os dois fatores da representação: o representado e o que representa (significado e significante) levam em si o germe de uma intuição espacial, denotando o caráter único ao tempo do tempo da irreversibilidade, que deverá permanecer obscuro[9].

Assim sendo, o grupo Bourbaki (associação dos colaboradores do matemático Nicolas Bourbaki) reconhece três estruturas-mães na matemática moderna: estruturas algébricas ou de grupo, estruturas de ordem ou redes e estruturas topológicas, incluindo a noção de lugar. Com isso, queremos assinalar a relevância do conceito e da noção de *lugar* em todas as nossas preocupações filosóficas e epistemológicas amarradas à importância e complexidade do fato de representar lugares. É aceito universalmente que a lógica do lugar coincide sempre, em linhas gerais, com o paradigma que, em cada época,

---

7 Idem, p. 180.
8 Y.-F. Tuan, *Espaço e Lugar*, p. 177.
9 G. Bachelard, *A Poética do Espaço*.

O SENTIDO DE LUGAR

o Homem obteve sobre as interrelações entre si mesmo e seu meio ambiente. Em outras palavras, o lugar, como limite, é um balanço rítmico entre razão e história ou movimento e pausa.

Outra dimensão significativa de lugar encontraremos na obra clássica de Gaston Bachelard, que já na metade do século XX apontava o lugar como a primeira qualidade existencial, por onde todo estudo deveria começar e terminar[10]. E acrescenta que o princípio de vizinhança/proximidade está na base de toda noção de distância, pois é muito geral e conveniente o princípio das conchas sucessivas de Aristóteles. Mediante aquele princípio, concretizamos nossos axiomas convencionais e ao mesmo tempo racionalizamos nossa experiência.

Muntañola aponta o entrecruzar sociofísico do lugar em três abordagens diferentes: acontecimento, estrutura e estrutura e acontecimento[11].

O lugar como acontecimento, analisado mediante o labirinto do acontecer heideggeriano, em sua obra clássica *Ser e Tempo*, discorre sobre o Homem descobrindo um "espaço no tempo". Na concepção do lugar humano existem dois tipos de estruturas: o lugar itinerante e o lugar radiante. Este estático, que permite, imóvel, o reconstruir dos círculos sucessivos até os limites do desconhecido; aquele dinâmico, que recorre ao espaço como consciência, aquilo que se recorre. No primeiro, a imagem do mundo é um itinerário e no segundo, a imagem se integra em duas superfícies opostas, a do céu e a da terra, que se unem no horizonte.

Sobre o lugar como estrutura, é sintomático que Lévi-Strauss tenha feito pouco uso em seu método, talvez com exceção ao estudar a aldeia dos Bororo, aqui no Brasil. As ideias sobre o lugar como estrutura dos antropólogos e semiólogos mostram mais o que deveria se fazer do que praticamente se tem feito. Pois, uma coisa é postular a existência de um paralelismo entre linguagem, ritos e lugar; e outra, muito diferente, é provar esses paralelismos com os dados empíricos. Esse paralelismo parece mudar com a cultura nômade das diversas tribos estudadas.

10 Idem.
11 J. Muntañola, *La Arquitectura Como Lugar*, p. 28-32.

8 QUAL O ESPAÇO DO LUGAR?

O lugar como síntese progressiva entre acontecimento e estrutura é que atinge melhor a noção sociofísica de lugar. Segundo Cassirer, a noção sociofísica de lugar é definida como acontecimento, como estrutura de síntese entre mudanças com a própria cultura[12]. Muntañola aceita, sociologicamente, uma semiótica do lugar, enquanto uma representação e um representado, correspondentes a um significante e um significado. Nosso meio físico se estrutura simultaneamente com nosso meio social, a partir de uma mesma origem, e solidariamente de duas ações essenciais do sujeito: conceitualização e figuração, conforme a figura 01.

O centro do diagrama não representa um indivíduo concreto, senão o entrecruzamento de um *habitar* e um *falar*, ou mediante o estudo de uma cultura em sua totalidade como estrutura.

Figura 1: Esquema do lugar

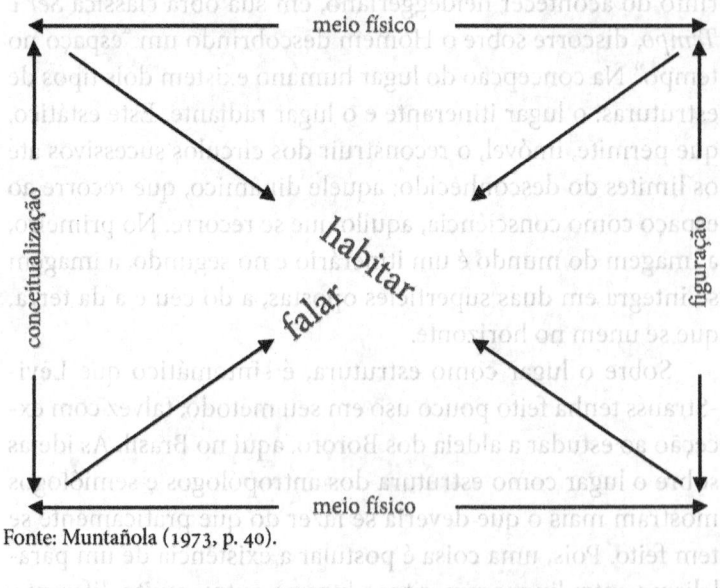

Fonte: Muntañola (1973, p. 40).

Além disso, para Muntañola[13], o lugar sociofísico pode ser resultante de três tipos de polaridade estruturais e funcionais: a polaridade habitar e falar, a polaridade figurar e conceitualizar e a polaridade meio físico e meio social. Cada uma pressupõe

12 E. Cassirer, *Substance and Function*.
13 J. Muntañola, op. cit. p. 42-44.

O SENTIDO DE LUGAR　　9

as outras duas, que por sua vez se integram, como se pode observar nos diagramas seguintes. Eles representam as três dimensões significantes (Figura 2).

Figura 2: As três dimensões significativas

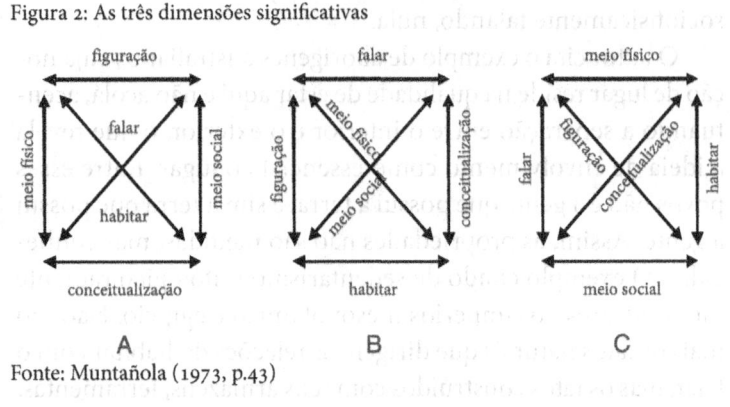

A　　B　　C

Fonte: Muntañola (1973, p.43)

Cada uma das três dimensões significativas da realidade sociofísica se entrecruzam de modo diferente em relação ao espaço e ao tempo. O sentido ou significação A será sempre em direção do espaço ao tempo e do tempo ao espaço, sendo essencialmente um movimento. Ao passo que a significação B exige uma situação antes e depois no tempo em um espaço fixo, assumindo a forma de um lugar. A significação C, em si, e como equilíbrio entre A e B, deverá identificar movimento e lugares por meio do duplo jogo figurativo-conceitual de nossa capacidade mental humana. É um paradoxo expressar que a significação C se nos manifesta como material; nesse caso, a matéria sendo o nosso axioma de vizinhança sociofísica ou nossos padrões, pois somente identificando tempo e espaço de um modo ou de outro é que conseguimos colocar em ação as significações C.

Em outras palavras, a noção sociofísica de lugar como síntese entre acontecimento e estrutura só pode ser real na medida em que as inter-relações entre as três significações forem descritas e analisadas em nível biográfico individual e em nível coletivo, tanto no sujeito como no objeto.

Muntañola escreve também sobre a história do lugar, chamando atenção para o nomadismo e o sedentarismo[14]. Povos que viveram ou vivem uma vida nômade se estruturavam em um lugar

14　Idem, p. 45-51.

sociofísico de aspecto itinerante; enquanto os povos de economia agrícola sedentária concebiam um lugar predominante radiante.

Além disso, todos os povos tiveram de equilibrar o itinerante e o radiante do lugar, sem isso sua mobilidade teria sido, sociofisicamente falando, nula.

O autor cita o exemplo de aborígenes australianos cuja noção de lugar reside na qualidade de estar aqui e não acolá, acentuando a separação entre o interior e o exterior, o que revela a ideia de envolvimento como essencial ao lugar. Entre esses povos não é a gente que possui a terra, e sim a terra que possui a gente. Assim, as propriedades não são medidas, mas conhecidas. O exemplo citado de sedentarismo mitológico radiante são os lugares dos impérios mesopotâmico e egípcio. Não são mais os fatos naturais que dirigem as relações do habitar com o falar, mas os fatos construídos com seus armazéns, ferramentas, transportes, palácios, templos. Todos esses fatos são artifícios que ignoram o acordo sociofísico nos povos nômades.

Sabemos, agora, que o lugar nunca é inteiramente itinerante nem radiante, mas sim uma mescla de ambos os tipos de união *sociofísica*. O lugar industrializado é um exemplo das complexas misturas possíveis. Nestas não é fácil culpar as pessoas concretas pelos erros e pelas injustiças do lugar. Cada um dos setores econômicos primários (mineração e agricultura), secundários (indústria) e terciários (circulação e de serviços) exigem um equilíbrio entre o lugar radiante e itinerante, de naturezas diferentes, sendo o cruzamento sociofísico total um cruzamento entre as três uniões.

Finalmente, Muntañola apresenta suas conclusões sobre a noção de lugar com uma primeira indagação: "Que é um lugar para viver?", e responde expressando que o lugar é uma interpenetração sociofísica em que o falar e o habitar, o meio físico e o meio social e o conceitualizar e o figurar se entrecruzam de forma simultânea, porém sem identificar-se[15]. Uma segunda indagação básica é: "Como se estrutura esta interpenetração sociofísica?"

A resposta é que ela se estrutura de várias maneiras simultaneamente, mas fundamentalmente de três maneiras que se equilibram duas a duas. Isto é:

15 Idem, p. 53-55.

- Cruzando o falar e o habitar, o lugar assume a forma de itinerários sociofísicos, nos quais os fatos físicos exteriores e interiores ao corpo estão relacionados de antemão com o relato mítico do falar, transmitido oralmente de geração em geração;

A. Cruzando o meio físico e o meio social, o lugar assume a forma de um campo funcional "radiante", em que as linhas de força são as formas físicas do lugar e, às vezes, os possíveis itinerários funcionais que permitem esse lugar. As linhas expressam a ordem e a hierarquia sociofísica que o lugar possui, ou seja, seu poder simbólico real, ao mesmo tempo emocional;

B. O lugar pode se estruturar cruzando a conceitualização e a figuração a fim de procurar um constante e incansável equilíbrio lógico entre a inteligibilidade conceitual e figurativa no lugar, entre itinerância e a radiância.

C. Em resumo, o lugar é um signo constante de reconciliação sociofísica não apenas de razões, mas também de emoções.

DIMENSÕES SIGNIFICATIVAS DO LUGAR: OS RITMOS DA EXPERIÊNCIA

Outro autor que convém lembrar, por seus aportes para explicar e ampliar a noção de lugar, é Yi-Fu Tuan, com seu clássico *Espaço e Lugar, a Perspectiva da Experiência*.

Para esse geógrafo, a familiaridade com dada porção do espaço, pela experiência, faz torná-la lugar. Pois espaço e lugar são designações do nosso cotidiano, indicando experiências triviais, do dia a dia. Não há necessidade de fazer um esforço consciente para estruturar nosso espaço, uma vez que esse espaço em que nos movemos e nos locomovemos, integrante de nossa vida diária, é de fato o nosso lugar. Conhecemos o nosso lugar; cada um tem seu lugar. Assim sendo, onde vivemos, nossa residência, nosso bairro inteiro, se tornam um lugar para nós. A própria pátria, vista como nosso lar, afetivamente se torna um lugar. "O lugar é segurança e o espaço liberdade", ou ainda, "o espaço é movimento e o lugar pausa", logo, o espaço é mais abstrato e o lugar mais concreto. A valorização do lugar provém de sua concretude; embora seja passível de ser engendrado ou conduzido de um lado para o outro, é um objeto no qual se pode habitar e desenvolver sentimentos e emoções. Tal realidade concreta é atingida por meio de todos os nossos sentidos, com todas as nossas experiências, tanto mediante a imaginação quanto simbolicamente.

Conhecer um lugar é desenvolver um sentimento topofílico ou topofóbico. Não importa se é um local natural ou construído, a pessoa se liga ao lugar quando este adquire um significado mais profundo ou mais íntimo. Os lugares íntimos, como nossos lares, são mais aconchegantes no inverno, nos dias chuvosos, nos momentos de doenças ou de festividade, de descanso, de atendimento às nossas festividades. Contudo, a criança, desde pequena, encontra o seu lugar íntimo e primeiro nos pais, pois a casa está repleta de objetos habituais vistos com a realidade do lar.

Os lugares, ainda segundo Tuan, podem se fazer visíveis por meio de inúmeros meios: rivalidade ou conflito com outros lugares e manifestações de arte e de arquitetura. Todo lugar adquire identidade mediante as diversas dimensões espaciais, tais como: localização, direção, orientação, relação, território, espaciosidade e outras. É relevante, também, relacionar o espaço/lugar com o tempo, pois em três momentos este se torna aqueles: tempo como movimento, sendo lugar como pausa; afeição ao lugar como função do tempo; e lugar como tempo tornado visível ou lugar como lembrança. Em suma, lugar é um mundo de significados organizados, a um tempo estático e a outro dinâmico; são caminhos que se tornam lugares significativos.

Não poderíamos esquecer de apresentar, neste ensaio, as reflexões de Kevin Lynch em *What Time is This Place?* Suas preocupações dizem respeito à representação dos lugares: presente, passado e futuro, ligada ao ritmo da vida, pois são costurados juntos na síntese dos tempos biológico, psicológico e social. Para os indivíduos, tempo/lugar significa seus lares, suas residências, seus lugares de trabalho, de lazer, enfim de todas as suas ações.

O autor entende que o mundo ao nosso redor pulsa em ciclos grandes e pequenos. É como se nadássemos em uma corrente do tempo, da informação. Alguns ciclos são evidentes aos nossos

O SENTIDO DE LUGAR   13

sentidos, com alternância de: luz e sombra, quente e frio, baru-
lho e silêncio, fases da lua, marcha aparente do sol, dia e noite.
No entanto, outros que nos afetam não são conscientes: o fluxo
da gravidade, a pressão atmosférica, radiação não visível. Outros
ainda implicam mudanças: dormimos e acordamos, saciamos e
sentimos fome, ficamos alegres e tristes, nascemos, crescemos,
vivemos e morremos, interessados e entediados. Há aqueles ciclos internos, corporais, muito evidentes: temperatura do corpo,
excreção, batimento cardíaco, atividade cerebral, respiração, di-
gestão, movimento dos olhos, menstruação, produção de hor-
mônios, crescimento, tônus muscular, sonhos, anseios, afeições.

Lynch, como arquiteto, pesquisador e estudioso das formas, das funções e das estruturas do espaço urbano, nos trouxe
uma grande contribuição à compreensão e à abrangência sobre
o lugar. Direta ou indiretamente, na prática, quem mais tem se
aproveitado de suas investigações e resultados são os geógrafos. Pois o lugar é considerado uma das essências básicas para
a geografia humanista.

O autor discute as transformações das cidades, como lugares em contínuas mudanças[16]. As urbes são modificadas por
crises econômicas, catástrofes ecológicas, uso de materiais diferentes e inovadores, assimilação de novos estilos de vida,
principalmente pela industrialização e adoção de áreas verdes
(parques, jardins, alamedas, praças arborizadas) e, por que não,
pela chegada de epidemias (no passado, as pestes e as pragas;
e, no presente, a dengue ou a gripe suína).

A presença do passado, no perfil das cidades, é a valorização do meio ambiente natural, quer na reconstrução de
conjuntos de antanho, quer na preservação de edifícios, ruas,
praças ou bairros inteiros. O autor continua a examinar a questão de mudança e de recorrência, como o sentido de estar vivo
e sentir-se vivo. As coisas se vão, a morte chega e o presente é
consciente, pois a imagem que temos do lugar é sempre pessoal. Nossas imagens do passado e do futuro são imagens do
presente continuamente recriados. O cerne de nosso sentido de
espaço-tempo é o sentido de "agora" e "aqui". Temos dois tipos
de evidência da passagem do tempo que se reflete no lugar: a

16   K. Lynch, *What Time is This Place?*, p. 27-30.

repetição rítmica (as marés, os relógios, ciclos do sol e as fases da lua) e a mudança progressiva e irreversível (crescimento e decadência) não são recorrentes, mas a alteração do que amamos de fato não retorna, apesar de nossas esperanças e desejos de que as coisas mudem. Temos consciência de que o tempo interior é diferente do exterior. O tempo social que coordena as ações de muitas pessoas nem sempre estão de acordo com o tempo rítmico do corpo. Os relógios digitais são bem mais precisos, mas o tempo flui da mesma maneira. Procuramos alcançar o espaço-tempo para este mundo ou para preservar, ou para mudar, tornando visível o nosso desejo. A imagem precisa ser flexível e consoante à realidade externa (o lugar) e à nossa natureza biológica para promover nosso bem-estar.

UM LUGAR: SÃO PAULO

O Pátio do Colégio –
um lugar de muitas memórias.

MARIA APARECIDA LOMONACO[17]

A cidade de São Paulo é um bom exemplo para pensar o sentido de mudanças do lugar, pelas suas transformações através dos tempos e dos espaços. Daquele "Pátio do Colégio", o ponto de partida do passado para o futuro, a vila de Piratininga, se espalhou pelas colinas em busca das várzeas, subindo os espigões, atingindo vales, se cambiando de cores, de estilos, de fachadas, rasgando avenidas e perfurando túneis, com caras novas, se transformando em uma grande metrópole. Porém, continuando um lugar, um aconchego para os migrantes que aqui se instalaram e continuam a procurá-lo.

Aziz Ab'Saber, em sua obra monumental e afetiva, com palavras saudosas, discorre sobre a "pauliceia desvairada", nos brindando com *São Paulo Ensaios e Entreveros* uma visão compreensiva, geográfica, histórica da mobilidade e flexibilidade das mudanças ocorridas nesse espaço-lugar.

---

17 O Pátio do Colégio, em Eduardo Bueno, *Os Nascimentos de São Paulo*, Rio de Janeiro: Ediouro, 2004, p. 113.

O SENTIDO DE LUGAR 15

Já na apresentação vislumbramos como lugar a metrópole de São Paulo, que deixou de ser uma cidade pacata e se transformou em uma urbe cosmopolita[18]. A memória de "recordações prenhes de saudades, nos traz os lugares especiais, de acontecimentos individuais", mas estreitamente entrelaçados com ruas, praças, bares, Vale do Anhangabaú, avenidas, com o bonde elétrico aberto e o "camarão" fechado, com as esquinas boêmias. Todos esses lugares povoados de pessoas amigas, colegas, alunos e muitos desconhecidos. As bibliotecas e as livrarias, marcando a paisagem, são um destaque no perfil da cidade, pois Ab'Saber era um "rato" desses edifícios, era grande leitor, grande prosador e conferencista. Tudo isso se passou em um lugar – São Paulo. Por ser curioso, desejoso de conhecer o tempo histórico de São Paulo, o autor percorreu lugares antigos e modernos dessa cidade atraente, fascinante e sedutora e que mais do que nunca precisa ser conservada com os seus encantos e sua memória.

Esse majestoso livro é completado com uma pesquisa histórico-geográfica profunda de todas as transformações sociais, culturais, arquitetônicas sofridas pelo lugar por meio da memória, ilustrando as diversas épocas. Foi uma homenagem sentimental e geográfica, de um ponto de vista humanista, do grande pesquisador deixar registrado como um lugar nasce, se desenvolve, cresce e se transforma e continua sendo e funcionado como um lugar sociofísico.

O SENTIDO DO LUGAR PARA A GEOGRAFIA

O lugar na geografia, desde o início da geografia humanista, foi sempre a essência propriamente dita da ciência geográfica. Refletir sobre o lugar é refletir o seu sentido na geografia.

As dimensões significativas do lugar, que na realidade é o sentido que se atribui a este ou àquele (o meu, o seu ou nosso lugar), são pensadas em termos geográficos a partir da experiência, do habitar, do falar e dos ritmos e transformações.

É o lugar experienciado como aconchego que levamos dentro de nós. Ou o lugar consciente do tempo social histórico,

18 A. Ab'Saber, *São Paulo Ensaios e Entreveros*, p. 9-26.

recorrente e mutável, no transcorrer das horas do tempo em um espaço sentido dentro de um lugar interior ou exterior.

Talvez a mais significativa dimensão do lugar seja a sociofísica, na qual o conceitual e o figurativo se equilibram entre a intinerância e a radiância, pois almejamos a aventura do nômade de conhecer novos lugares, novos mares, novas gentes e, ao mesmo tempo, desejamos um "lar" onde chegar, estabelecer e acalentar nossos sonhos e fantasias.

Para encerrar estas considerações, deixo aqui minhas próprias palavras sobre "o sentido de lugar", que venho habitando há tantos anos: "Para mim, Rio Claro é uma concha que me dá abrigo carinhoso e seguro. É o meu lugar de trabalho. Foi onde me tornei mestra e pesquisadora em nível universitário. Preparei novos professores, novos pesquisadores, que produzem novas visões para a geografia. Rio Claro é meu aconchego".

REFERÊNCIAS BIBLIOGRÁFICAS

AB'SABER, Aziz N. *São Paulo Ensaios e Entreveros*. São Paulo: Edusp/Imprensa Oficial, 2004.

BACHELARD, Gaston. *A Poética do Espaço*. São Paulo: Martins Fontes, 2008.

BUENO, Eduardo. *A Coroa, a Cruz e a Espada*. Rio de Janeiro: Objetiva, 2006.

_____. *Os Nascimentos de São Paulo*. Rio de Janeiro: Ediouro, 2004.

CASSIRER, Ernest. *Antropologia Filosófica*. São Paulo: Mestre, 1972.

_____. *Substance and Function*. New York: Dover, 1953.

DRUMOND DE ANDRADE, Carlos. *Obra Completa*. Rio de Janeiro: Aguilar, 1964.

LISPECTOR, Clarice. *Aprendendo a Viver*. Rio de Janeiro: Rocco, 2004.

LYNCH, Kevin. *What Time Is This Place?* Cambridge: MIT, 1972.

MUNTAÑOLA, Joseph. *La Arquitectura Como Lugar*. Barcelona: Gustavo Gili, 1973.

TUAN, Yi-Fu. *Espaço e Lugar: A Perspectiva da Experiência*. Trad. Lívia de Oliveira. São Paulo: Difel, 1983.

Reflexões Sobre a Emergência, Aspectos e Essência de Lugar[1]

Edward Relph

Quando há quarenta anos comecei meus estudos sobre lugar, muito pouco havia sido publicado sobre o tema em qualquer disciplina, tanto como conceito quanto como fenômeno de experiência vivida. Havia a definição da geografia como estudo de lugares, mas com pouca discussão sobre o que isso poderia significar. A expressão aparentemente era considerada autoevidente, como se referindo à descrição de diferentes assentamentos e regiões da Terra. Houve algumas breves discussões sobre sentido de lugar ou espírito de lugar por arquitetos, filósofos, críticos literários, poetas e outros, mas não havia livros em inglês, francês ou alemão dedicados diretamente a lugar. Em suma, o conceito de "lugar" não era um tema que atraía a atenção dos estudiosos.

Mas isso mudou. Não tenho um número exato, mas em inglês calculo que haja mais de uma centena de livros e milhares de artigos acadêmicos sobre lugar. Tornou-se, especialmente desde 1990, um tema importante e muitas vezes contestado, não apenas na Geografia, mas também, de meu conhecimento, na psicologia, antropologia, sociologia, arquitetura, literatura inglesa, belas-artes, paisagismo, planejamento urbano, engenharia

1 Traduzido do manuscrito original em inglês por Eduardo Marandola Jr.

florestal e filosofia. Lugar tem sido interpretado a partir das perspectivas comportamental, humanista e fenomenológica; estudado como um problema da neurociência, na teoria locacional e em SIG; os trabalhos de filósofos, artistas e poetas foram reinterpretados para identificar suas compreensões sobre lugar; lugar tem sido criticado por feministas, marxistas e por teóricos críticos; tem sido promovido por economistas neoliberais e empresas como um meio de comercializar seus produtos de forma mais eficaz; tornou-se inspiração para projetos de arquitetos e urbanistas; e numerosas organizações não governamentais e agências governamentais têm surgido para promover a construção do lugar (*placemaking*).

Esse aumento do interesse em lugar levanta três questões. Uma é simples: quais as razões para que isso ocorra agora? Outra: quais aspectos e assuntos são mais importantes nas várias abordagens sobre lugar? E uma terceira questão, talvez a mais importante: existe algo essencial por trás das diversas abordagens sobre o lugar?

As respostas a essas perguntas são parte de um esquema do que será uma grande revisão que espero realizar ao longo dos próximos anos sobre o que tem sido publicado a respeito de lugar. Assim, este ensaio é uma espécie de arcabouço de mapa de pensamentos e ideias baseado no meu pensar e escrever de várias décadas, razão pela qual não possui referências exaustivas ou detalhadas.

POSSÍVEIS RAZÕES PARA O RECENTE INTERESSE POR LUGAR

Parece que há várias razões para o aumento do interesse por lugar. Na geografia, isso teve relação, pelo menos em parte, com a chamada "virada espacial". Isso, no entanto, precisa ser colocado num contexto mais amplo. Edward Casey mostrou que lugar fazia parte da preocupação dos filósofos desde a antiguidade clássica até cerca de 1600. Platão considerou lugar como "alimento do ser", enquanto outros o aproximaram de um sentido geográfico como o contexto em que os seres estão reunidos, juntos. No entanto, no século XVII, as concepções cartesiana e newtoniana de espaço, como dimensão mensurável, deixaram lugar de fora da filosofia e das ciências físicas.

Levou cerca de trezentos anos para que os geógrafos ultrapassassem essa mudança epistemológica e percebessem que sua disciplina pode ser compreendida em termos de espaço e de relações espaciais. O atraso ocorreu provavelmente porque a geografia sempre foi uma disciplina dedicada à descrição e ao mapeamento da diversidade de lugares da Terra; como foram explorados e colonizados, primeiro pelos gregos e romanos, e muito mais tarde pelos espanhóis, portugueses, ingleses, franceses e alemães. Prosperou nesse sentido enquanto ainda havia partes do mundo para os europeus colonizarem. Em meados do século xx, as colônias entram em colapso e não sobram regiões para descobrir e descrever. Outras ciências sociais tentavam se tornar mais científicas, desenvolvendo leis com base quantitativa para explicar os processos sociais. Esse foi um momento oportuno para propor uma redefinição da geografia como ciência espacial.

Em retrospecto, o momento dessa redefinição foi infeliz, pois os filósofos e os físicos já haviam ultrapassado os modelos cartesianos de espaço. Na primeira parte do século xx, filósofos fenomenologistas, especialmente Husserl, Heidegger e Merleau-Ponty, e físicos, como Einstein e Bohr, tinham, de maneiras muito distintas, identificado inadequações profundas na lógica cartesiana e na ciência newtoniana. "Positivismo", escreveu Husserl, "decapita a filosofia", o que significa que a ciência empírica deixa de fora os sentimentos, emoções, experiências e tudo que é humano. A ciência espacial, pode-se dizer, achatava a geografia, reduzindo-a a uma única dimensão. Isso deixa de fora a história, a estética, a poesia e a maioria das conexões que as pessoas têm com regiões, cidades e ambientes naturais.

A geografia foi concebida desde suas origens como o estudo de lugares e regiões e, embora nunca tenha ficado claro o que isso significava, era mais subentendida do que evidentemente ciência espacial. A defesa do lugar na geografia nos anos de 1970 e 1980 foi inicialmente uma alternativa para o achatamento da disciplina. Os cientistas espaciais haviam justificado sua abordagem apelando para a autoridade dos filósofos da ciência. Uma vez que lugar é o fenômeno da experiência, era apropriado que ele fosse explicado por meio de uma rigorosa abordagem fenomenológica que havia sido desenvolvida por Husserl e Heidegger. Uma abordagem que fundamenta o trabalho de Yi-Fu Tuan, David Seamon, Anne Buttimer, o meu próprio e de outros. Essa perspectiva passou a ser chamada de geografia humanista.

Havia também outra razão diferente para o desenvolvimento do interesse por lugar em meados do século xx. A paisagem construída do mundo, especialmente na Europa e na América do Norte, estava sendo mudada rapidamente, ficando claro que a rica diversidade de lugares que os geógrafos haviam descrito por décadas e séculos estava sendo erodida. Muito dessa erosão ocorria por causa do uso de projetos da arquitetura moderna, os quais olhavam para o futuro sem nenhuma conexão com a história local, o ambiente ou as tradições. Os projetos modernistas, em suas formas mais triviais e uniformes, eram especialmente convenientes para corporações multinacionais porque tinham aparência de progresso e eram ao mesmo tempo baratos; as logomarcas poderiam distinguir os edifícios das diferentes empresas e nenhuma outra forma de identificação era necessária. Como resultado, os anos de 1950 criaram paisagens sem-lugar, nas quais as diferenças foram relacionadas às marcas, não às localidades. A perda da diversidade e da identidade geográficas foi palpável, expressa na perda da continuidade histórica; como edifícios e bairros antigos que foram demolidos para abrir caminho para os novos. O surgimento do interesse em lugar, que foi contemporâneo ao aumento do interesse na preservação do patrimônio, pode ser entendido em parte como uma resposta direta dessas perdas.

Até cerca de 1990, o interesse em lugar como um tema acadêmico estava restrito à geografia humanista e a alguns ramos da psicologia ambiental e da arquitetura. Não era mais que um campo menor de estudo. Desde então, lugar emergiu das sombras da academia. Isso estava relacionado em parte ao movimento intelectual geral de se afastar de proposições universalistas do pensamento moderno e do projeto em direção ao pós-modernismo e à celebração da diferença, seja racial, sexual, política ou arquitetônica. Como fonte e expressão da diferença, lugar passou a atrair a atenção de várias disciplinas acadêmicas. Arquitetura e planejamento, que apenas três décadas antes haviam se dedicado à padronização e aos estilos internacionais, se voltam em busca de inspiração para as tradições regionais e para a identidade de lugar. Tudo isso me pareceu muito positivo, mas havia dois problemas. O primeiro era que as corporações multinacionais constataram que as identidades dos lugares tinham agora valor de mercado e, se necessário, começariam a explorar seu potencial, utilizando para isso a criação e a manipulação. O segundo foi que, quase ao mesmo tempo, geógrafos radicais e economistas políticos, como David Harvey e Doreen Massey, começaram a criticar as ideias humanistas de lugar como "locais de nostalgia", que eram limitados, autênticos e de algum modo entendido como eterno. Argumentaram que tais locais são excludentes, além de ser manifestações provincianas de tudo o que é radical, o que os geógrafos socialistas radicais abominavam. Forneceram uma visão alternativa que considerava lugares como nós particulares das interações das redes social, econômica e política global, na qual os lugares são manifestações locais de macroprocessos econômicos ao invés de emergirem de um contexto histórico específico. Esses nós estão associados a um progressivo "sentido global de lugar", que pode servir como base de resistência contra as injustiças sociais, exclusão e desigualdade que resultam da globalização neoliberal.

Desde os anos de 1990, interpretações sobre lugar floresceram e foram refinadas. As interpretações são frequentemente contraditórias e muitas vezes contestadas, mas na base parece haver uma visão geral de que lugar tem um papel importante a desempenhar para compreender e, talvez, corrigir a insistência neoliberal na eficiência global de ganhos que diminui a qualidade de nossas vidas, erodindo tudo que é local. Em suma, estudar e promover lugar, seja de uma perspectiva humanista, radical, seja de uma perspectiva arquitetônica ou psicológica, é uma prática de resistência.

ASPECTOS DE LUGAR

Há uma série de aspectos ou temas recorrentes nas muitas discussões recentes sobre lugar. Obviamente, nem todo artigo e livro se refere a todos os aspectos, mas são suficientemente comuns para sugerir que eles, no seu conjunto, poderiam formar a base para uma teoria válida de lugar para a compreensão tanto de lugares particulares como o fenômeno lugar e suas limitações. A distinção entre *lugar* e *lugares* é fundamental. Geografia como estudo de lugares se refere à descrição e comparação de diferentes partes específicas do mundo; geografia como estudo de lugar baseia-se (e ao mesmo tempo transcende), naquelas observações particulares para esclarecer as maneiras como os seres humanos se relacionam com o mundo.

Abaixo enumero e descrevo o que penso ser alguns dos mais importantes aspectos de lugar. A lista pretende ser um ponto de partida, um conjunto de sugestões de caminhos em que lugar tem sido ou pode ser pensado. Está longe de estar completa. Tampouco apresenta uma ordem de importância. Ela dá ênfase às lacunas sobre lugar.

Lugar como reunião: segundo a maioria dos comentaristas, lugar é uma palavra usada comumente na linguagem cotidiana, mas se trata de um conceito evasivo. Não há uma definição clara dele, sendo imprecisas as traduções entre as línguas. Provavelmente o melhor que podemos dizer é que, em seu contexto, seja um objeto, um evento ou uma experiência. Ele também está relacionado às diferenças entre esses contextos – esta sala, esta vila, esta cidade, esta praia, esta montanha, minha casa. Como indivíduos e membros de comunidades, nos conectamos com o mundo por meio de lugares que geralmente possuem nomes ou uma identidade específica – Toronto, Rio de Janeiro, Greenwood (o bairro em Seattle onde estou escrevendo isso), minha casa, seu escritório. Um lugar "reúne" ou aglutina qualidades, experiências e significados em nossa experiência imediata, e o nome se refere a lugar de uma reunião específica e única. Qualquer parte sem nome que não reúna não é um lugar. Lugar (em oposição a *um lugar*) tem em si o conceito de especificidade e abertura, que acontece em virtude da reunião.

Localização: é uma característica comum, mas não essencial de lugar; um avião ou um *website* pode ser entendido como um lugar, mesmo sem estar fixado em uma localização. *Websites* são lugares virtuais, e o caráter desses lugares e, mais genericamente, o impacto da internet e da mídia social sobre a experiência de lugar precisam ser avaliadas com cautela, pois aparecem simultaneamente em todo lugar e em lugar nenhum, alterando alguns dos princípios básicos da experiência de lugar.

Fisionomia do lugar: a palavra alemã *ortschaft* pode ser traduzida literalmente por "fisionomia do lugar" (*placescape*)[2]; em outras palavras, em seu sentido mais óbvio, o termo sugere a forma de um lugar, colinas, vales, construções, ruas, letreiros e todos os outros elementos de sua aparência. Este é o aspecto mais evidente de um lugar para quem o vê de fora, incluindo arquitetos, planejadores, turistas e pessoas mais interessadas em ambientes construídos. Como fisionomia do lugar, parece uma forma óbvia e objetiva para se compreender as diferenças entre lugares; isso de fato é uma ideia difícil de definir, pois não é possível caminhar ao redor de uma paisagem, determinar onde ela começa e termina ou dividi-la em partes menores (que consistem em ruas, edifícios, sinais, estacionamentos, pessoas e assim por diante, em vez de paisagens menores).

Espírito de lugar (*genius loci*): é uma ideia que deriva da crença segundo a qual certos lugares foram ocupados por deuses ou espíritos cujas qualidades sobrenaturais eram evidentes no cenário, cuja presença pode ser reconhecida por meio de cerimônias religiosas e construções. Os sítios de igrejas e templos são frequentemente identificados pelo poderoso espírito de lugar. Atualmente o termo "espírito de lugar" foi amplamente secularizado e refere-se a lugares que têm uma identidade muito forte e todas as partes parecem funcionar perfeitamente em conjunto. Todos os lugares possuem uma fisionomia própria (a fisionomia de lugar), mas o espírito de lugar é associado apenas a lugares excepcionais.

2   O autor se refere à mesma raiz de constituição do vocábulo inglês *landscape*, traduzido por paisagem em português, que se origina da palavra alemã *landschaft*, que se refere a criar ou produzir a terra. Refere-se à morfologia, no sentido de formatar ou modelar a terra, constituindo assim sua fisionomia, ideia fundamental atrelada ao conceito de paisagem. Sendo a palavra *ort* o termo alemão para lugar, a palavra *ortshaft* e seu correlato em inglês, *placescape* (ambas sem um correspondente direto em português), mantêm seu sentido colado ao conceito que está sendo referendado, o de paisagem. Em vista disso, optamos pela tradução "fisionomia do lugar" para expressar o sentido da forma específica que um lugar possui, no mesmo sentido atribuído à ideia de paisagem, como morfologia própria que lhe confere identidade (N. da T.).

Sentido de lugar: entendo como capacidade de apreciar lugares e apreender suas qualidades (tanto quanto podemos dizer que alguém tem um forte senso de história ou moda). Há indivíduos que têm pouco interesse por lugares e preferem plantas ou lojas, ou pessoas que não têm ou possuem um sentido pouco desenvolvido de lugar. Isto pode ser inato, mas também pode ser aprendido e melhorado. Em parte, a geografia como uma disciplina parece atrair aqueles que têm um forte sentido de lugar e também promove a melhora desse sentido. (Notem que em inglês não é incomum utilizar a expressão "sentido de lugar" para expressar o que chamei de espírito de lugar, mas considero isso uma reflexão pobre, pois as pessoas têm sentidos e lugares não.)

Raízes e enraizamento: a partir da perspectiva da experiência cotidiana, lugar é muitas vezes entendido como o onde se tem nossas raízes, o que sugere uma profunda associação e pertencimento, mas também imobilidade. A teoria rizomática, proposta por Deleuze e Guattari, parece sugerir que a noção de raízes precisa ser reconsiderada; que lugares podem se reproduzir por tubérculos que são invisíveis, ainda que conectados a uma fonte original. A teoria rizomática parece sugerir que podemos ter raízes simultaneamente em vários locais diferentes, mantendo todos conectados. Essa é uma ideia que oferece grandes possibilidades para a compreensão da transitoriedade e do transnacionalismo que agora parece permear a experiência de lugar para muitos de nós.

Interioridade: refere-se à familiaridade, conhecendo lugar de dentro para fora, diferente de como faz o turista ou um observador. Estar em casa é, para muitas pessoas, a forma mais intensa de interioridade.

Lar: é onde as raízes são mais profundas e mais fortes, onde se conhece e se é conhecido pelos outros, o onde se pertence. A ausência de lar pode nos levar à saudade. Os sem-teto são uma enfermidade social. A partir da perspectiva da experiência, lar constitui o padrão contra o qual todos os outros lugares são julgados, o que é captado nos inúmeros sentimentos populares: "Não há lugar como o lar", "Lar doce lar", "Lar é onde está meu coração". Discutirei mais adiante o significado do lar na terceira sessão deste ensaio.

Lugar-sem-lugaridade[3] e não-lugar: em sentido trivial, como localização, toda parte é um lugar, mas, em um nível mais complexo, lugar se refere às configurações diferenciadas do seu entorno, pois são focos que reúnem coisas, atividades e significados. Sempre que a capacidade do lugar de promover a reunião é fraca ou inexistente temos não-lugares ou lugares--sem-lugaridade. Essas ideias são importantes porque permitem entender lugar pela ausência, tanto quanto pela presença. Não-lugar é mais óbvio em ambientes construídos padronizados, como supermercados, lanchonetes *fast food* ou aeroportos internacionais. Já a relação entre lugar e lugares-sem-lugaridade não é uma simples oposição binária. Os processos que levam à diferenciação de lugar estão em toda parte comprometidos em uma luta contra aqueles que levam à ausência-de-lugaridade. Assim, qualquer parte, não importa o quão uniforme possa ser, tem alguns elementos de lugar. Não importa quão forte seja o espírito do lugar, este possuirá alguns aspectos de ausência-de-lugaridade compartilhados com outros lugares. A identidade de alguma parte não é ser lugar nem ausência-de--lugaridade, mas a expressão do equilíbrio entre particularidade e uniformidade.

Nós: a ideia de que lugares são onde os indivíduos e os grupos possuem suas raízes e podem se sentir mais em casa tem sido profundamente criticada por David Harvey, Doreen Massey e outros, em parte porque eles consideram isso como provinciano e sentimental e em parte porque entendem que isso implica uma visão estreita e limitada de lugar. Sua interpretação é que lugares são os nós de redes nacionais e internacionais.

3   Relph utiliza o termo *placelessness* para expressar a ausência da capacidade de lugaridade, ou seja, de constituição de lugar. A lugaridade (qualidade própria de lugar) se funda nos seus aspectos constitutivos (como a autenticidade, o encontro, o sentido de lugar, o espírito do lugar entre outros), sendo melhor entendida enquanto uma gradação, tendo níveis em contextos diferentes. Lugares autênticos seriam aqueles com forte lugaridade, enquanto os não-lugares e os *placelessness* seriam aqueles que possuem ausência de lugaridade, ou seja, lugares-sem-lugaridade. Devido à ausência de uma tradução direta da expressão original em inglês, preferimos esta expressão composta, lugar-sem-lugaridade, para expressar o sentido não maniqueísta entre lugar (lugaridade absoluta) e não-lugar (ausência de lugaridade absoluta) buscado por Relph. *Placelessness*, portanto, constitui-se numa ideia mais abrangente do que a de não-lugar (amplamente difundida pelo antropólogo Marc Augé), embora guarde parentesco com ela (N. da T.).

Exclusão/Inclusão: a crítica oriunda da economia política a lugar, como as de Harvey e Massey, tem mostrado que a manifestação de forte apego a lugar é uma atitude exclusivista – este é o meu lugar e você é diferente (por causa da renda, raça, crença política, gênero), então fique fora daqui.

Sentido contaminado de lugar: esse tipo de atitude exclusivista a que me referi é como um sentido contaminado de lugar. É baseado no enraizamento e na convicção de que este é *meu* lar, manifestando-se como uma visão preconceituosa. Na sua forma mais extrema é revelado pela limpeza étnica e pelo deslocamento compulsório daqueles que são considerados estranhos, apenas porque são diferentes de alguma forma. Em outras palavras, lugar e envolvimento com lugar têm aspectos profundamente repulsivos. Lugar é geralmente representado como sempre bom, um jeito de enfrentar as forças do mal dos lugares-sem-lugaridade. É importante lembrar que lugar pode ter um lado muito feio.

Construção de lugar: a necessidade de construir lugares é especialmente atrativa para arquitetos e planejadores. Construção de lugar é considerado por ONGS como a *Project for Public Spaces*, nos Estados Unidos, e por instituições governamentais tais como Cabe (Centre for Architecture and the Built Environment), na Inglaterra, como uma estratégia básica para conter a uniformidade da expansão de lugares-sem-lugaridade, proteger ou recuperar patrimônios e para fazer agradáveis ambientes construídos. Entendem lugares quase inteiramente em termos da fisionomia de lugar, apresentando a maioria de suas propostas sobre a proteção do que já existe e sobre a criação de espaços para pedestres. Minha perspectiva é mais complexa. Acredito que diferentes lugares só podem ser feitos por quem vive e trabalha neles, pois são tais pessoas que conseguem entender de forma conjunta as construções, atividades e significados. No entanto, é necessário um conhecimento técnico específico para conduzir e manter juntos em funcionamento esgotos, sistemas de trânsito, escolas e parques. Planejadores e arquitetos não podem fazer lugar, mas se forem sensíveis às condições locais, podem prover de infraestrutura e construir ambientes que facilitem a criação de lugares por aqueles que vivem neles.

Fabricação de lugar: em nosso mundo pós-moderno e neoliberal, surgem casos em que a identidade de lugar e a diferença dão lucro. Assim, a identidade de lugar tem sido manipulada e até mesmo inventada por empresas de desenvolvimento que visam o lucro e por políticos da cidade, para atrair investimento e turismo. Identidades de lugar podem ser baseadas em uma vaga ligação histórica ou fictícia. Os romances e filmes da saga *Crepúsculo*, atualmente muito populares, estão situados na pequena e remota Forkes, localizada a oeste do estado de Washington, cidade que a autora nunca havia visitado, mas que escolheu simplesmente porque Forkes tem uma precipitação pluviométrica muito elevada, o que era perfeito para a atmosfera fictícia desejada pela autora. agora vende a si mesma como o cenário da saga *Crepúsculo*, atraindo, por isso, um fluxo constante de adolescentes norte-americanos. Mesmo se não houver nenhuma ligação regional ou tradição local, uma identidade pode ser emprestada. Paris, na China, é a nova cidade que reproduz o centro de Paris, completa, até com uma pequena Torre Eiffel. Resumindo, lugar e identidades de lugar estão abertos à exploração, e as fisionomias de lugar podem ser treinamentos em decepção; histórias e geografias podem ser manipuladas e melhoradas. Esses lugares podem, é claro, ser divertidos, e qualquer pessoa bem sintonizada está sempre alerta para essas imitações. No entanto, nunca é agradável ser levado a pensar que existem lugares em que a imitação é autêntica.

Para mim, esses são os aspectos e tópicos mais importantes sobre lugar. Em muitos deles sublinhei o que talvez seja minha principal preocupação: muito do que está escrito e o que é feito em nome de lugar parece assumir que ele é um fenômeno inteiramente positivo, independente do caso. É fundamental abordar lugar criticamente. Esforços bem-intencionados para resistir às mudanças impostas e promover o que é local pode facilmente transformar-se em formas de exclusão e opressão. Porém, é igualmente importante compreender que é por meio de lugares que indivíduos e sociedades se relacionam com o mundo, e que essa relação tem potencial para ser ao mesmo tempo profundamente responsável e transformadora. Isso me leva à terceira questão.

ESSÊNCIA DE LUGAR

Independentemente de se conceber o tempo como uma flecha, uma volta ou uma espiral, nossa experiência do tempo é sempre fugidia. Momentos são vividos e se vão, às vezes obtidos em uma fotografia ou em uma nota, ou em uma memória, que imediatamente se tornam passado e, muitas vezes, são esquecidos. "Dentro do mesmo rio, você não poderá entrar duas vezes", declarou o filósofo pré-socrático Heráclito, sugerindo não apenas que o mundo flui através de nós, mas também que somos transportados com ele. Refletir ainda que brevemente sobre nossas experiências do tempo é induzir a um lamento, porque não há maneira de reviver o momento de desfazer decisões.

Nossas experiências de lugar, no entanto, parecem resistir ao tempo. Construções, estradas e costumes locais, que são as manifestações mais óbvias de uma lenta mudança do cenário variável de vidas individuais. Retornamos ao lugar onde crescemos e embora possa haver novas construções e pessoas, isso permanece no mesmo lugar. No caso do lugar ter sido completamente reconstruído, ficaremos consternados, pois lugar implica continuidade.

Esta simples tensão entre tempo e lugar é, entretanto, muito simplista. Gostaria muito de acreditar que lugar e sentido de lugar são constantes, isso claramente não é o caso. Tudo assegura que minha experiência de lugar seja diferente da dos meus avós, por exemplo: o crescimento e a renovação urbana, novas modas na arquitetura e jardins, novos meios de transporte e comunicação. A maior parte de suas vidas viveram em uma aldeia, raramente viajando mais de 20 km de distância dali. Apesar de viagens mais longas serem possíveis, eram caras e difíceis, por isso sua experiência de lugar foi, em grande parte, consequência das condições econômicas e tecnológicas da época. Em contrapartida, viajar hoje é relativamente barato e fácil; tenho vivido em várias cidades em três continentes diferentes e em poucos dias posso visitar lugares do outro lado do mundo. Tudo indica que o sentido de lugar deles era estreitamento limitado e profundamente enraizado. O meu é afetado por minha mobilidade e meios incomuns e cosmopolitas deste começo de século XXI. Essas mudanças em experiência de lugares se refletem em mudanças do significado de lugar ou há um núcleo permanente de significado?

Em *Place and Placelessness* (Lugar e Lugar-sem-lugaridade), sugeri que o lar, com seu caráter profundamente familiar e ambiente particular, é a essência do lugar, e que todas as outras experiências de lugar são de alguma forma comparadas com nossa experiência de lar. É evidente que a simples comparação da minha experiência "de lar" com a de meus avós, pelo aumento da mobilidade, também deve ter mudado. Minha interpretação de lar é mais complexa do que já fora. Esta deriva das recentes interpretações de Jeff Malpas do pensamento de Heidegger como uma filosofia em que ser e lugar estão intrinsecamente ligados. Lugar, argumenta Malpas, refere-se à particularidade e à conectividade com a qual sempre experienciamos o mundo. Às vezes é rico, às vezes é fraco, mas é uma inescapável parte do ser. Um lugar especial é a *reunião* que, em sentido geográfico, reúne a fisionomia de lugar, atividades econômicas e sociais, história local e seus significados. Em sentido mais psicológico, reunião integra nosso corpo, o estado do nosso bem-estar, a imaginação, o envolvimento com os outros e nossas experiências ambientais.

Para Malpas, "lar" não se refere às nossas raízes e onde crescemos, mas tem a ver com "a proximidade do ser". Ser é a existência de todas as coisas, por isso "a proximidade do ser" significa a consciência da abertura, totalidade e conectividade do mundo. Nesse sentido ontológico, o lar aparece por meio de lugares específicos, ainda que também os transcenda. Está associado frequentemente ao lugar onde vivemos e crescemos, mas pode ser qualquer parte desde que esteja enraizado num lugar simultaneamente especial, familiar e significativo, levando em conta a diferenciação e a integridade do ser no mundo. O lar, e na verdade todo lugar, não é delimitado por limites precisamente definidos, mas, no sentido de ser o foco de intensas experiências, é ao mesmo tempo sem limites. Lugar é onde conflui a experiência cotidiana, e também como essa experiência se abre para o mundo. O ser é sempre articulado por meio de lugares específicos, ainda que tenha sempre que se estender para além deles para compreender o que significa existir no mundo. Essa interpretação é, penso eu, não somente a mais importante contribuição recente para os debates sobre lugar, mas também uma perspectiva de enorme significado ético e prático.

Ser é um fenômeno óbvio e evasivo, e Heidegger utilizou muitas metáforas para tentar explicar sua compreensão do ser. A metáfora que ressoa de forma mais forte com lugar e geografia é o "habitar". Estar na terra significa morar, relacionar-se com lugar por meio da existência, estar ciente da própria mortalidade, falar com os outros, encontrar com as coisas não humanas, ter experiências de lugar que são transcendentais e inexplicáveis. Não há resposta aparente à pergunta por que nós e outras coisas existem, nem há resposta à pergunta do por que estamos cientes de nossa existência e temos a linguagem para comunicar essa consciência. Heidegger sugere que junto à consciência da existência vem a responsabilidade do cuidado do ser, uma responsabilidade que está associada ao habitar em lugares. Essa é uma ideia difícil. Entendo que significa uma forma de se relacionar com lugar que é sensível, que não impõe nossa vontade ou algum projeto abstrato, mas permite que as coisas sejam elas mesmas, trabalhando com o que já existe e, atento à forma como lugar, estar aberto para o mundo.

Há um aspecto romântico no pensamento de Heidegger que frequentemente se volta para exemplos tradicionais e clássicos, como os templos gregos e a cabana de um camponês. Talvez por isso ele tenha argumentado que a tecnologia moderna e o pensamento calculador nos distanciam do habitar e do ser. Nisso, penso que ele estava apenas parcialmente correto. A sem-lugaridade dos ambientes dos aeroportos internacionais e da exploração manipuladora da identidade dos lugares por corporações multinacionais parecem apoiar seu argumento. Mas o estritamente delimitado, enraizado na experiência geográfica, associado com cabanas camponesas, facilmente leva a atitudes de exclusão e a um senso contaminado de lugar (ao que o próprio Heidegger sucumbiu quando se associou ao nazismo). Acredito que viagem e experiência eclética foram possíveis com as modernas formas de comunicação e podem ajudar a superar a excludente estreiteza, ao invés de nos distanciar do habitar, o qual promove uma valorização da diferença e da abertura do lugar. O geógrafo Paul Adams tem escrito sobre o que denominou de "o eu sem limites", que podemos entender a partir do meu próprio exemplo: estou em um café numa rua de Seattle, longe de minha casa em Toronto, bebendo um café de El Salvador feito em uma máquina italiana, escrevendo um artigo para ser publicado no Brasil e ocasionalmente lendo e--mails de amigos de cidades distantes. Minha experiência de lugar é ao mesmo tempo intensamente local e sem limites por meio das tecnologias modernas. É difícil sustentar que isso só diminui ao invés de aumentar minha experiência de lugar. No entanto, reconheço que as tecnologias modernas têm a capacidade de prejudicar e explorar o lugar. É importante manter uma atitude crítica e reflexiva frente às várias formas que a experiência de lugar podem ser ameaçadas por pensamentos reducionistas ou distorcida por processos que tratam o mundo e seus lugares como recursos disponíveis para exploração. Lugar é uma reunião e uma abertura do ser com potencial para a continuidade, mas é constantemente desafiado pelas tecnologias e formas de pensamento que desejam diminuí-lo. A experiência de lugar precisa estar continuamente lutando para ser renovada e reforçada. Como o caráter dos desafios e das tecnologias muda, as formas de pensar lugar e habitar também precisam mudar.

Lugar não é meramente aquilo que possui raízes, conhecer e ser conhecido no bairro; não é apenas a distinção e apreciação de fragmentos de geografia. O núcleo do significado de lugar se estende, penso eu, em suas ligações inextricáveis com o ser, com a nossa própria existência. Lugar é um microcosmo. É onde cada um de nós se relaciona com o mundo e onde o mundo se relaciona conosco. O que acontece aqui, neste lugar, é parte de um processo em que o mundo inteiro está de alguma forma implicado. Isso é muito existencial e ontológico. Mas é também econômico e social, pois em toda parte estamos presos em maior ou menor grau nas forças neoliberais e da globalização. É o caso das comunicações eletrônicas que não conhecem fronteiras. É o caso também do meio ambiente, pois é evidente que tudo contribui e é afetado pela mudança climática. Então, por algum estranho e improvável desvio, parece que ideias provenientes de interpretações fenomenológicas de lugar e do ser podem ter valor pragmático a fim de encontrar caminhos para lidar com os enormes temas global/local que surgiram no início do século XXI. Se geógrafos estão desempenhando um papel crucial nessa tarefa, será necessário que mantenham um entendimento ponderado e crítico, um entendimento que admita fraquezas e susceptibilidade à exploração, ao mesmo tempo que promova a força e as possibilidades de lugar.

REFERÊNCIAS BIBLIOGRÁFICAS

ADAMS, Paul. *The Boundless Self.* Syracuse: Syracuse University Press, 2005.

BUTTIMER, Anne; SEAMON, David (eds.). *The Human Experience of Space and Place.* London: Croom Helm, 1980.

CASEY, Edward. *The Fate of Place: A Philosophical History.* Berkeley: University of California Press, 1997.

CENTRE FOR ARCHITECTURE and the Built Environment [Cabe]. *By Design: Urban Design in the Planning System – Toward Better Practice.* London: Centre for Architecture and the Built Environment, 2000.

DELEUZE, Giles; GUATTARI, Felix. *A Thousand Plateaus: Capitalism and Schizophrenia.* Minneapolis: University of Minnesota Press, 1987.

HARVEY, David. *The Condition of Postmodernity: An Enquiry into the Origins of Cultural Change.* Cambridge: Blackwell, 1990.

MALPAS, Jeff. *Heidegger's Topology.* Cambridge: MIT Press, 2006.

_____. E. *Place and Experience: A Philosophical Topography.* Cambridge: Cambridge University Press, 1999.

MASSEY, Doreen. *Space, Place and Gender.* Cambridge: Polity Press, 1994.

PROJECT FOR PUBLIC Spaces. http://www.pps.org (accessed August 2010).

RELPH, Edward. A Pragmatic Sense of Place. In: VANCLAY, Frank et al. (eds.). *Making Sense of Place.* Canberra: National Museum of Australia, 2008.

_____. Sense of Place. In: HANSON, Susan (ed.). *Ten Geographical Ideas that Have Changed the World.* New Brunswick: Rutgers University Press, 1997.

_____ *Place and Placelessness.* London: Pion, 1976. [Reprinted with a new Preface 2010.]

SEAMON, David. *A Geography of the Lifeworld: Movement, Rest and Encounter.* New York: St. Martin's Press, 1979.

SEAMON, David; MUGERAUER, Robert. *Dwelling, Place and Environment: Towards a Phenomenology of Person and World.* New York: Columbia University Press, 1989.

TUAN, Yi-Fu. *Space and Place.* Minneapolis: University of Minnesota Press, 1977.

_____. *Topophilia: A Study of Environmental Perceptions, Attitudes and Values.* Englewood Cliffs: Prentice-Hall, 1974.

O Triunfo do Lugar
Sobre o Espaço

João Baptista Ferreira de Mello

Os espaços dos homens guardam mistérios, dores e desesperanças. Os lugares, o aconchego, o trabalho, as festas, os atritos e as recordações. No âmbito de tal perspectiva, pretendemos, neste ensaio, percorrer espaços labirínticos, mas muito mais do que isso, atravessar lugares amplos, resplandescentes, entre o alarido e o corre-corre das pessoas, o rufar dos tambores e o toque mágico dos sinos. Dos espaços sufocados pela distância, desconhecimento ou escuridão, partiremos para a extrema luminosidade dos lugares, conduzidos pelas relações do dia a dia, do labor, da arte, do lazer, da religiosidade e toda sorte de elementos, em meio à abnegação, ócio e prazer efetivados pelos seres humanos.

Aqui é o meu lugar. Mas desconheço o que existe do outro lado da montanha. Amo o meu bairro e a minha cidade. Todavia, não os conheço inteiramente. Estimo lugares onde nunca estive pessoalmente, porém a mim transmitidos por amigos, parentes ou pelos meios de comunicação tradicionais ou pela parafernália emitida pela computação. Ao lado disso, a pátria amada e até mesmo o planeta Terra – nestes tempos de consciência ecológica – adquirem simbolicamente o *status* de lares ou lugares[1]. Ambivalentemente

---

1   J. B. F. de Mello, Explosões e Estilhaços de Centralidades no Rio de Janeiro, *Espaço e Cultura*, n. 1, p. 23-44.

admito que abomino ou rejeito diversas porções espaciais de minha própria cidade ou de meu país. No entanto, sonho em ancorar em paraísos naturais ou construídos pelo homem em meu torrão natal ou além-mar.

Nessas condições, a senda, por excelência, para a compreensão dos lares dos homens ou de suas "geografias existenciais"[2] tem sido trilhada por meio da construção de conceitos, tarefa esta de fundamental importância e muito cara às ciências humanas. O saber geográfico, por sua vez, contempla como conceitos prioritários "o espaço, a região, a paisagem, o território e o lugar"[3]. Os estudos humanistas em geografia, particularmente, se esmeram em distinguir e explorar o espaço e o lugar como categorias matriciais. Na realidade, os vocábulos indivíduo e lugar comparecem com frequência nas análises do horizonte humanístico. Na esteira dessa persistência se apresentam, por extensão e complementariedade, os grupos sociais e o espaço. O presente ensaio, afinado com os preceitos da vertente humanista, exibe como questão central a elaboração do conceito lugar. Em meio a esse turbilhão de entendimentos e afetividade, os vínculos entre as pessoas e seus locais de moradia, trabalho, orações, lazer e entretenimento estabelecem uma relação de "dominância e afeição", sendo o meio ambiente entendido – como na obra de Yi-Fu Tuan, *Dominance and Affection: The Making of Pets* (Dominância e Afeição: Produzindo Animais de Estimação) – tal qual um animal de estimação a ser cuidado e protegido, mas atuando, igualmente, como uma concha protetora. Nessas circunstâncias, vale reforçarmos a ideia de que enquanto as atenções dos geógrafos, de modo geral, estão voltadas para a organização espacial, os geógrafos da tendência humanista estão preocupados com os espaços e os lugares dos homens. Na verdade, é conveniente frisar, nossos mundos são realmente segmentados, como lembra Tuan, e plenos de continuidades e descontinuidades[4], de espaços e lugares forjados existencialmente no curso de horas, dias, por conta da feiura ou beleza, do inesperado, do descortinar de

2   M. S. Samuels, An Existential Geography, em M. E. Harvey; B. P. Holly, *Themes in Geographic Thought*, p. 131.
3   R. L. Corrêa, Espaço, em I. E. Castro; P. C. C. Gomes; R. L. Corrêa (orgs.), *Geografia*, p. 16.
4   Y.-F. Tuan, Continuity and Discontinuity, *The Geographical Review*, v. 74, n. 3, p. 235-256.

O TRIUNFO DO LUGAR SOBRE O ESPAÇO 35

pontos paradisíacos ou em decorrência de acontecimentos desoladores ou de agradabilidade.

Consideremos uma pergunta simples, mas ao mesmo tempo de extrema relevância: o que é geografia? O pensador Yi-Fu Tuan, quando indagado a respeito, costuma recorrer a uma conceituação em voga nos anos quarenta e por ele retomada ao final do milênio passado: "geografia é o estudo da Terra como o lar das pessoas"[5]. O citado pensador aprecia tal aforismo por vários motivos e esclarece um deles imediatamente dizendo que devido ao arsenal sofisticado de seus subcampos especializados, essa disciplina não é conhecimento remoto ou esotérico, mas preferivelmente um pilar voltado para os seres humanos. Estes, em todos os lugares, procuram entender a natureza de seus lares. Tal discernimento tem sido articulado em palavras, mapas ou como projetos. Em outros termos, "enquanto os homens existirem, haverá, sempre, geografias", conforme já apontara Sauer[6].

O BALÉ-DO-LUGAR

Na imensidão ou no recolhimento, o ser humano percorre espaços e lugares, espontânea ou contingencialmente. Na realidade, o homem migra por meio do pensamento, caminhando com os próprios pés ou recorrendo a veículos rústicos ou sofisticados. O termo migração – tradicionalmente empregado para definir passagem de um país para outro ou entre regiões – ampliou o seu significado para designar, além dos deslocamentos definitivos, igualmente os rotineiros e episódicos, merecendo várias conceituações ao longo da evolução do pensamento geográfico.

As contribuições e investigações de natureza teórica a respeito da mobilidade espacial acentuam essa prática como um dos pontos centrais do saber geográfico. Neste ponto, e com base no tripé homem, tempo e espaço, Seamon elaborou

5 Idem, A View of Geography, *The Geographical Review*, v. 81, n. 1, p. 89.
6 Idem, p. 90.

o conceito referente ao balé-do-lugar[7]. Para esse geógrafo da ala humanista, o balé-do-corpo e as rotinas espaço-temporais compõem o balé-do-lugar. Por balé-do-corpo são entendidos os gestos, passos, itinerários e movimentos que fazem parte de uma tarefa ou um objetivo qualquer, como lavar pratos ou operar um maquinário. A rotina espaço-temporal incorpora o balé-do-corpo e envolve atividades tais como levantar da cama ou caminhar para a fábrica. Desse modo, o suporte ambiental, as rotinas espaço-temporais e o balé-do-corpo se fundem completamente[8]). Aplicando tais formulações conceituais, Mello sublinharia que, nessa dinâmica, além da "coreografia encenada no teatro da vida fazem parte, outrossim, os veículos que conduzem os transeuntes a diversos pontos em suas alegres ou sofridas migrações cotidianas ou definitivas, podendo-se dizer que os meios de transporte"[9] são atores coadjuvantes do balé-do-lugar. Edificando o seu raciocínio a partir da categoria analítica formulada por Seamon[10], o geógrafo Oliveira acentua que o conceito de balé-do-lugar "procura analisar a dinâmica das interações sociais e as coreografias do cotidiano"[11].

Este processo – "abordando os fixos e a convergência para diversas direções" – gera centralidades de diferentes graus de grandeza. Na realidade, os deslocamentos, ou como possam ser conceituadas as interações espaciais ou fluxos, não são realizados tão somente com destino aos fixos criados no bojo da fabulosa versão humanizada da natureza.

Convém ainda acrescentar que, sem amarras no tempo ou no espaço, tradicionalmente, o homem tem recorrido à sua faculdade de estabelecer fugas por meio do pensamento como meio de escapar de ações aborrecidas, das agruras da vida ou na tentativa de locomoção rumo aos ninhos de amparo, à resolução de problemas ou aos lugares emoldurados por sonhos, esperança e felicidade.

7 D. Seamon, Body-subject, Time-space Routines and Place-ballets, em A. Buttimer; D. Seamon (eds.), *The Human Experience of Space and Place*, p. 148-165.
8 Idem, ibidem.
9 J. B. F. Mello, *O Rio de Janeiro dos Compositores da Música Popular Brasileira – 1928/1991*, p. 118.
10 D. Seamon, op. cit.
11 R. da S. Oliveira, Do Espaço Fechado ao Espaço Coletivo, em Simpósio Nacional de Geografia Urbana, *Anais do 6º Simpósio Nacional de Geografia Urbana*.

A CASA E O BAIRRO: O UNIVERSO VIVIDO

"Não há lugar como o lar". Mas o que é o lar? Tuan inicia uma de suas obras com essa indagação e, logo em seguida, oferece a resposta: é a velha casa, o bairro, a cidade ou a pátria[12]. A explicação aparentemente simples encobre uma infinita e complexa rede de sentimentos e entendimentos a propósito do que une os homens aos "seus" nichos de proteção e convivência ou concepção simbólica.

Os esforços de construção do conceito lugar, convém reconhecer, não se restringem aos filósofos ou adeptos da corrente humanística, notadamente nos últimos tempos, quando beneficiando-se e em confronto ou em paralelo ao ritmo das inovações da instantaneidade dos fluxos em um mundo globalizado assomam geografias vividas e pulsantes em um planeta fragmentado cujos estilhaços encontram-se pulverizados nos mais diversos longínquos recantos.

A questão do lugar tem atraído igualmente estudiosos como Ana Clara Torres Ribeiro. Capturando sua essência, a partir de Yi-Fu Tuan, a socióloga argumenta: "talvez possa ser dito que os lugares de pertencimento necessitam ser refeitos e expandidos diante do extraordinário nível atingido nas culturas contemporâneas"[13]. Em seguida, aderindo aos princípios distintos estabelecidos pelo autor, a respeito do espaço e do lugar, Ribeiro pondera: a noção de espaço "indica o universo exterior a cada cultura, pleno de mistério, oportunidades a serem desvendadas e sedução. A incorporação e a reelaboração do espaço são, portanto, constitutivas do universo cultural de cada povo, o que não deveria significar o abandono, mas sim a incorporação mais plena – do lugar de pertencimento, com as suas qualidades de abrigo e de memória compartilhada"[14].

Como Sartre sentenciou, "não me é possível não ter um lugar"[15]. "Existir é ter um lugar"[16]. A cama, a casa, a rua e o bairro são lugares eleitos e demarcados a partir de nossas ex-

---

12 Y.-F. Tuan, *Espaço e Lugar*, p. 3.
13 A. C. T. Ribeiro, O Espetáculo Urbano no Rio de Janeiro, *Cadernos IPPUR*, p. 157.
14 Idem, p. 158.
15 J. P. Sartre, *O Ser e o Nada*, p. 269.
16 J. N. Entrikin, O Humanismo Contemporâneo em Geografia, *Boletim de Geografia Teorética*, v. 10, n. 19, p. 16.

periências diretas. Todavia, a cidade, a região, a pátria e até mesmo o planeta Terra, nestes tempos de consciência ecológica, alçam simbolicamente à condição de lugares[17]. "A Terra é o nosso lar"[18]. Da mesma forma a casa, revestida "de um valor excepcional pela sua universalidade, pela profundidade das suas significações"[19]. Todo espaço habitado, explicitou Bachelard, "traz a essência da noção casa"[20], verdadeiro cosmo, e, ao mesmo tempo, um ninho, por conter a grandeza do universo e a infinidade aconchegante de um refúgio, pleno de aspectos familiares e indissociáveis, tais como aromas, sons, paisagens íntimas, amigos, conhecidos, ensinamentos, lutas, "canções que minha mãe me ensinou"[21] e toda sorte de evocações que permite à pessoa "sentir-se em casa". Centro de apoio, referência e ação, afora estabilidade e confinamento, o lugar integra o âmago dos nossos seres. Além dos seus limites, descortina-se um mundo livre, contudo caótico e temeroso.

De certa forma, artistas em geral antecederam o fenômeno claustrofílico da *home office* ou da "centralidade da casa", conceituação esta forjada por Castells[22], concernente ao desenvolvimento das mais diversas atividades no próprio endereço domiciliar, como hodiernamente sucede sobretudo nos lares das pessoas de estrato de renda privilegiado, em decorrência da intensificação dos fluxos singrados pelas infovias, da inovação tecnológica e do surgimento ou aprimoramento dos mais diversos artefatos. Nessas condições, o lar cristaliza-se como um lugar central por excelência e em toda a sua grandeza. Por um lado, por ser um refúgio íntimo, trançado por laços de afinidade e significados e, ao mesmo tempo, impregnado por experiências do passado e do presente e, por conseguinte, explorado com desenvoltura; por outro, seu "múltiplo uso" e "múltiplas propostas"[23] o transformam em centro ou no "ponto para onde as coisas convergem", como apontam os dicionários e os teóricos,

17 J. B. F. Mello, Explosões e Estilhaços de Centralidades no Rio de Janeiro, *Espaço e Cultura*, n. 1, p. 23-44.
18 Y.-F. Tuan, *Escapism*, p. 7.
19 A. Frémont, *A Região, Espaço Vivido*, p. 122.
20 G. Bachelard, *A Poética do Espaço*, p. 22.
21 A. Schutz, *Fenomenologia e Relações Sociais*, p. 291.
22 M. Castells, *A Sociedade em Redes*, p. 423.
23 Y.-T. Tuan, *Dominance and Affection*, p. 1.

O TRIUNFO DO LUGAR SOBRE O ESPAÇO

por ser um local emissor e receptor de ideias, trabalho, divertimento, afora a sua destinação original de moradia.

Nesse contexto, no ambiente doméstico mesclam-se atividades diversas e as tarefas do lar. Aparentemente "mundos privados e particulares penetram um no outro"[24]. No entanto, na estrutura funcional deste ou daquele aconchegante, ou confortável apartamento/casa, os corredores e portas estabelecem limites. Apenas aos mais íntimos – como familiares, empregados ou secretários – são concedidos os cômodos privativos. Festas, bate-papos, jogos, reuniões ou afazeres acontecem, de um modo geral, na sala de visitas e, quando muito, ampliados até as dependências como a cozinha e o banheiro. Nas comunidades e nas periferias, a rua é a extensão da casa. Símbolos, referenciais, significados e permanência contribuem para forjar o sentido de lugar. As brincadeiras no espaço coletivo, a respeitabilidade e a convivência em endereços diversos despertam um profundo sentimento de bairrofilia, sensação essa de apego, pertencimento, desenvoltura, filiação e bem-estar.

Por símbolo entende-se a parte representativa do todo[25]. O *habitué* de um lugar se apropria, simbolicamente, dos logradouros, dos prédios e dos artefatos expostos pelo equipamento urbanístico. A destruição ou a mutilação de qualquer objeto geográfico causa ressentimento e protestos, pois afeta as pessoas e suas relações. Na experiência repetida, as pedras portuguesas de mera aparência física transformam-se em "veículo de significado"[26], transcendem sua condição de simples chão de toda gente. Como na reflexão filosófica deste autor, "não existem marcas e signos em si", mas "somente em virtude do significado que um ser humano ou grupos"[27] lhes atribuem. Essa questão de posse, defesa e significado remonta à noção fenomenológica do mundo vivido, contemplando indissociavelmente os pertences privados ou públicos, parentes, amigos, turistas e a base territorial intrinsecamente imbricados e fazendo parte do acervo íntimo do indivíduo ou grupo social. Em outras palavras, consoante à alma dos lugares.

24 Idem, Continuity and Discontinuity, *The Geographical Review*, v. 74, n. 3.
25 Idem, *Topofilia*.
26 H. Wagner, *Fenomenologia e Relações Sociais*, p. 20.
27 Idem, p. 21.

As rotas, a casa, o bairro, bem como os seus componentes mais diversos, como as pedras do caminho, integram a expressão e a alma dos lugares. Estes, quando efêmeros, podem igualmente se perpetuar no íntimo das pessoas. Os passos seguintes dedicam-se ao estudo dessa ambivalência: o lugar como uma criação transitória e/ou eterna.

LUGAR: UMA CRIAÇÃO TRANSITÓRIA E/OU ETERNA

Os lugares de nossas experiências podem ser transitórios e/ou eternos. A efemeridade dos lugares seria, em parte, advinda das metamorfoses operacionalizadas pelo homem no incessante monta e desmonta, no esquecimento desmedido e na destruição criativa dos mais diversos recantos e, em parte, da metamorfose dos nossos valores, ambiguidades e temores.

A construção/destruição dos lugares não se reduz às mudanças da forma, da função ou do conteúdo, como nos exemplos dos campos agrícolas transfigurados em espaços urbanos, das periferias de ontem, convertidas em bairros nobres, em razão dos atrativos/amenidades como mar/verde/montanha ou da devastação inclemente proporcionada pelas cirurgias urbanas. Nesses termos, os lugares outrora tidos como sólidos em suas características materiais e econômicas, bem como a configuração ostentatória esculpida no cerne das transformações espaciais, não podem ser enquadradas no rol dos lugares transitórios, na medida em que a cristalização de suas fisionomias, durante um certo período do tempo, confere às paisagens pretéritas ou hodiernas um grau de permanência na alma deste ou daquele indivíduo ou grupo social. Todavia, os lugares do modismo e as centralidades, em seus mais diversos patamares – para citar apenas estas ilustrações –, podem desabrochar, sofrer uma espécie de torpor ou até mesmo fenecer, ao sabor das oscilações periódicas e de outras injunções.

No íntimo das pessoas, transitivos ou duradouros, os lugares da atualidade ou do passado podem variar de acordo com os valores, a quebra de preconceitos, a formação de conceitos e a aceitação de novas normas. Nesses termos, a ambivalência colabora

O TRIUNFO DO LUGAR SOBRE O ESPAÇO

para tal alternância, gerando atitudes inconstantes. Um dia a cor azul é bela e preferida, em outra oportunidade não tão vistosa e preterida. Por ora, a música alegre e estridente é bem-vinda, em outros momentos desejamos a companhia da solidão e do silêncio. Os paradoxos ocorrem igualmente com relação ao espaço e ao lugar. Senão vejamos: os paraísos naturais conservam sua aura diante da luz solar. Esta fomenta vida e abundância. Em contraponto, a escuridão noturna pressagia morte, e mesmo que o homem tenha procurado vencer os horrores da noite alumiando o meio ambiente com clarões produzidos por substâncias gordurosas e combustíveis, afora lamparinas e velas, e tentado copiar a luz natural, recorrendo a fontes tecnologicamente avançadas, como a energia elétrica, o gás neon e o mercúrio, ainda assim, em meio à noite artificialmente iluminada, persistem os receios com relação aos universos noturnos. Entretanto, convém registrar, as noites enluaradas exercem um grande fascínio, ainda que a maioria das pessoas prefira não se aventurar nas praias, montanhas ou nos bosques junto aos mistérios da noite.

Espaço e lugar – expressando, metafórica e respectivamente, as noções de penumbra e claridade –, corporificados a partir das experiências, ambiguidade e valores humanos, manifestam níveis distintos de especificidades. Como sublinhado por Tuan, "as pessoas não são máquinas de calcular. Os seus desejos e atos, e até mesmo as suas conclusões teóricas, são sempre confusas, causadas pela ambivalência"[28].

Ambiguidade, sentimentos topofílicos, temores e a maneira filosófica de agir das pessoas forjam espaços e lugares no decurso de horas, para um mesmo local. Os centros das grandes cidades, notabilizados por apresentarem de dia uma vida dinâmica, fantástica, constituem evidências de tal assertiva, na medida em que o apinhamento populacional, o corre-corre diário e a experiência repetida convertem as áreas centrais das cidades, no horário de expediente, em lugares. À noite e nos finais de semana, os centros – como o da cidade do Rio de Janeiro – são, durante ou principalmente após os horários das sessões de cinema e teatro, locais de encontro, permanência e vivência de parcelas consideráveis de artistas, homossexuais, boêmios, alcoólatras, população de rua,

28 Y.-F. Tuan, Ambiguidades nas Atitudes para com o Meio Ambiente, *Boletim Geográfico*, v. 245, n. 33, p. 6.

prostitutos (mulheres, homens e travestis), desocupados, pedintes etc. Para essa gente, o centro é uma extensão do lar, logo, lugar. Mas para quem percorre esses pontos de dia, com desembaraço (lugares), os centros das cidades, tais como o do Rio de Janeiro – à noite – desertos ou frequentados por "pessoas exóticas" –, são evitados ou causam aflição, sendo, portanto, espaços.

A título de reflexão, focalizemos, como exemplo representativo do espaço e do lugar, sua transitoriedade e/ou perpetuação, a arena das realizações artísticas: o palco, destinado às representações, seja firme, giratório ou móvel. Dependendo dos impactos nele impressos, o palco pode despertar sentimentos diversos junto ao público e aos artistas.

O palco, como ribalta de emoções ou altar de expressões múltiplas, constitui-se em lugar sagrado para os artistas. Os profissionais do ramo das artes comumente relatam aspectos relacionados à sacralidade e inviolabilidade do palco. Um simples objeto colocado sobre o tablado das representações desorienta, desconcentra, quem está em cena.

O lugar sagrado, *strictu sensu*, diz respeito à ocorrência da hierofania, a manifestação do sagrado materializada em imagens, pedras, árvores ou em um centro pleno de devoção e espiritualidade. A sagração do lugar não se refere tão somente "a uma limitada área pertinente aos deuses"[29], uma vez que o palco e outros recintos como as Unidades de Tratamento Intensivo e as quadras esportivas acenam com respeitabilidade e reverência, consagrados dessa maneira, como santuários. Seriam, nesse contexto, lugares sagrados ou cerimoniais. Convém, então, enfatizar: lugares sagrados irrompem fundamentados nas mais diversas procedências. Contudo, para não profanarmos o halo sacrossanto dos lugares religiosos, recorramos, neste breve e divagante parêntese, ao conceito de lugares cerimoniais.

O ritual de visitação no Centro de Tratamento Intensivo (CTI) compreende uma indumentária impecavelmente limpa – uma espécie de véu ou manto colocado sobre a roupa –, bem como silêncio ou conversação, praticamente ao nível de sussurros, introspecção e o incômodo reconhecimento da vulnerabilidade da existência humana. Passemos do ambiente macambúzio

29 Y.-F. Tuan, Sacred Space, em Karl W. Butzer, *Dimension of Human Geography*, p. 84.

O TRIUNFO DO LUGAR SOBRE O ESPAÇO 43

dos hospitais para a euforia das quadras de basquete. Entre as quatro linhas, como um dogma, há uma obediência no que concerne aos lugares demarcados para o desenvolvimento dessa modalidade esportiva. A invasão, seja de pessoas ou de qualquer espécie de material, durante o período dos jogos, provoca a sua imediata interrupção. No bojo dessas perspectivas, espaço e lugar seriam sinonímias, respectivamente, de profano e sagrado, expressões essas não restritas ao tablado esportivo, mas espraiado igualmente à assistência que demarca seus lugares por meio do domínio efetivado pela presença e pela simbologia exponencial de bandeiras, uniformes ou gritos de defesa do time e do lugar, sagrado nesse âmbito (ou seria sacralizado?) e contrário à equipe adversária e ao espaço desta, em sua essência, profano, herético e desprezado.

Solenidade e encantamento são condições impostas e seguidas nos palcos, em unidades hospitalares, nas regras das modalidades esportivas e em outros diversos redutos. Concomitantemente, a etiqueta, os ambientes pomposos e a polidez podem igualmente inibir e sugerir um conjunto de formalidades e, nessas condições, aproximar ou confundir o caráter sagrado da perspectiva profana/cerimonial. Seja como for, para o artista e para o público, o palco constitui-se em um púlpito a ser zelado e, ao mesmo tempo, por sua nobreza, permanecer imaculado em seu aspecto de tribuna sagrada das artes.

O artista sente-se à vontade no palco, ancoradouro e arena de labor, pleno de virtualidade, um lugar interiorizado em seu ser, não importando sua dimensão – seja um micropalco ou um gigantesco tablado – ou a localização geográfica.

O palco, como lugar, reveste-se de uma transitoriedade inerente à sua própria natureza. Dissipada a sua função de entretenimento, cultura e reflexão, e despovoado de assistência, torna-se um espaço desolado, esquecido em sua descartabilidade ou contendo um lugar imorredouro, carregado de lembranças, regozijo e contemplação.

Alçado à categoria de lugar, o palco – transitório ou eterno – necessita do artista e da plateia. À primeira vista, o artista é o centro das atenções. No entanto, sem a plateia, o palco não se constitui em lugar, exceto para o ator ou o cantor. Mesmo assim o artista entende o palco como lugar exatamente em meio aos aplausos e reações da plateia. Mais do que empatia ou envolvimento, há uma imbricação nessa criação transitória do lugar que pode eternizar-se no íntimo do indivíduo/artista ou do público. Nesse caso, a construção do lugar ou do espaço estabiliza-se ou oscila de acordo com o momento e a propriedade das efemérides, e a passagem de uma para outra situação ocorre de maneira gradual. Durante os ensaios há uma expectativa, um poder de sedução a ser alcançado, um espaço a ser desbravado para ser dotado de características intrínsecas das trocas, querência, familiaridade e sentimentos. Como resultado, o espetáculo em curso engendra afetividade, simpatia e proximidade e, nessas condições, promove o triunfo do lugar sobre o espaço. Nesse processo, artista, plateia, tempo e espaço são primordiais. Sem essa integração, um mundo esvaece, e o palco se reduz à categoria espaço, exceto se retido na memória singrando como ícone no âmago de *sua* gente.

Evidenciemos outra escala, a da olímpica e maravilhosa cidade de São Sebastião do Rio de Janeiro, por si só uma cidade espetáculo, um palco privilegiado de formosura inigualável. A *fashion* e esplendorosa urbe carioca, por meio da sua exuberante natureza e arquitetura formosa, bem como de sua vocação para grandes festas de rua, oferece uma ambiência propícia para os ajuntamentos em "ocasiões convivais"[30], seja à beira-mar, seja em imensos parques e artérias transformados em arenas para aglomerações espetaculares. Como assinala Maffesoli, hodiernamente corre-se atrás das festas para se viver "a graça de estar junto", o "gozo partilhado" e o "sentimento coletivo"[31]. Música, esporte, religião ou mesmo política, sublinha Maffesoli, certames de beleza, shows e assim por diante são pretexto para as reuniões gigantescas nas quais se pode comungar e vivenciar com os outros.

Os palcos "armados" para o Carnaval e o Réveillon, respectivamente, na Cinelândia e em Copacabana, no Rio de Janeiro, são complementos valiosos para o sucesso de tais empreendimentos culturais. Cantores, misses, bailarinos, celebridades, cabrochas, socialites, músicos, compositores, entre outros, atuam como figuras relevantes em razão de seus papéis como

30 M. Maffesoli, *A Transfiguração do Político*, p. 256.
31 Idem, ibidem.

O TRIUNFO DO LUGAR SOBRE O ESPAÇO

expressões do Carnaval brasileiro. Suas exibições são notórias. Estamos focalizando o acontecimento da folia momesca e, ao mesmo tempo, passemos em revista a aurora do ano novo. Nesses festejos de emoção partilhada há "uma harmonia coletiva"[32], experienciada, convém enfatizar, pleonasticamente, em comum. Tal "interação social ou intersubjetividade"[33] alastra-se pelo palco, a Cidade Maravilhosa, estrategicamente demarcando pontos simbólicos e de grande afluxo nas praças, praias, ginásios, estádios e outros logradouros ou recintos (re)apropriados e (re)conquistados, com vistas às comemorações das multidões e, para tanto, proibida ou reorganizada a circulação de veículos nas "ágoras". No bojo desse turbilhão, novas centralidades são forjadas, transbordando a partir do espetáculo das multidões. São barracas que negociam miudezas diversas, "carrocinhas" de pipoqueiro ou de sorvete e, entre outros, ambulantes de bebidas, quitutes e várias guloseimas.

Os lugares-símbolos de união e congraçamento, assim convertidos em consequência das reuniões gigantescas promovidas pelo Carnaval e Réveillon carioca, vale repetir, são a Cinelândia e a avenida Atlântica, lugares centrais que funcionam nos períodos diurno-noturno e madrugada adentro, demonstrando pujança e fôlego como decorrência de uma série de fatores e acontecimentos nessas centralidades permanentemente rotativas, mas marcadas pela relevância do lazer e da cultura[34].

Por Cinelândia entende-se o conjunto de ruas e praças junto ao final da avenida Rio Branco, principal traçado na área central do Rio de Janeiro em sua verticalidade marcada pelos setores financeiro, de gestão e via de transporte ou protestos, na qual estão situadas a Câmara dos Vereadores, a Biblioteca Nacional, o Clube Bola Preta, o Museu Nacional de Belas-Artes, o Centro Cultural da Justiça Federal, o Cinema Odeon, o Teatro Rival e o Theatro Municipal, afora diversas casas bancárias, restaurantes, bares e o metrô que lhes emprestam a nomenclatura expressa apenas na vontade popular, nunca oficialmente lavrada, fruto da imaginação do empresário Francisco Serrador em direção à Broadway carioca.

32 Idem, p. 176.
33 Idem, ibidem.
34 J. B. F. Mello, Explosões e Estilhaços de Centralidades no Rio de Janeiro, *Espaço e Cultura*, n. 1, p. 23-44.

Com sua eterna efervescência cultural e os diferentes usos de seu espaço para manifestações carnavalescas, políticas, religiosas, bem como da boemia, encontros, trabalho, de atividades do mercado informal, de população de rua etc., afora o trânsito comum do vaivém cotidiano, costuma ser eleita como a tribuna mais democrática do espaço urbano carioca. Todavia, no tocante ao Carnaval, como nos versos do poeta W. B. Yeats, "as coisas se desfazem; o centro não se mantém"[35]. Na realidade, o Carnaval de rua da área central do Rio de Janeiro é apenas um pálido arremedo do passado, induzido pela própria transformação da folia, a mudança no panorama musical e até mesmo pelo agigantamento da cidade, com a descentralização das atividades terciárias e o surgimento de subcentros[36] nos últimos anos com a honrosa exceção dos blocos, notadamente o Cordão do Bola Preta, que tem arrastado uma multidão no dia inaugural de cada Carnaval carioca. Nessas circunstâncias, a construção de um palanque na Cinelândia, com a participação de artistas consagrados, e os esforços dos meios de comunicação, no sentido de uma ampla divulgação do evento, constituem tentativas de manter a tradição e até mesmo resgatar o passado de esplendor da Cinelândia, outrora "ponto máximo do carnaval", como anunciava a mídia, e assim atrair, para esse lugar central, as multidões ávidas de sons, luzes, imagens espetaculares e lembranças da calorosa fraternidade proporcionada pelo Carnaval promovido nos espaços públicos.

Se na área central do Rio de Janeiro o Carnaval de rua perde em intensidade – com exceção do "maior espetáculo da Terra" vivido na "passarela do samba" e o pulsar das bandas e blocos de rua –, o Réveillon sobrepuja o chamado "Reinado de Momo", mormente nas solenidades ocorridas na avenida Atlântica, no afamado bairro de Copacabana, com a rede de hotelaria atingindo os píncaros da lotação. Trata-se, para os fatalistas, de um caos anunciado, mas nunca efetivado. Muito pelo contrário, a cada passagem de ano multidões portentosas acorrem à orla "para cantar, vibrar, emocionar-se" juntas, "tocar-se, estabelecer contatos, entrar em fusão", como escreveu Maffesoli para outro contexto, em uma de suas comunicações teóricas[37].

35 D. Harvey, op. cit., p. 22.
36 R. L. Corrêa, *O Espaço Urbano*.
37 M. A. Maffesoli, op. cit., p. 255.

A avenida Atlântica, dotada de requintados apartamentos residenciais, hotéis sofisticados, concorridos restaurantes e bares, bem como – além de privilegiada orla – ciclovia, calçadão e amplas pistas para viaturas, desfiles, como a parada gay, assim como uma mixórdia proporcionada por transeuntes, shows, jogos, prostituição de rua e pedintes, continua apresentando uma fervilhante vida cultural. Contudo, o grande momento de sua permanente centralidade verifica-se na noite do Réveillon, tido como acontecimento festivo de maior popularidade na "mui leal e heroica vidade de São Sebastião do Rio de Janeiro".

Nas comemorações do Ano-Novo, entre o belíssimo espetáculo das luzes dos fogos de artifício e as explosivas felicitações de praxe, as janelas dos prédios, o calçadão, as várias pistas e as areias ficam "formigando" de gente, em sua maioria vestida de branco, que brinda a chegada de um novo tempo e, simultaneamente, transforma a avenida Atlântica no ponto que consegue a proeza de concentrar a mais expressiva aglomeração de pessoas da cidade do Rio de Janeiro.

Com vistas à continuidade do espírito festivo do Réveillon, em alguns poucos palcos dispostos ao longo da orla acontecem shows com cantores de sucesso ou com verdadeiros mitos das artes brasileiras e, desnecessária e desconcertantemente, em algumas passagens de ano, intérpretes de além-mar. Nessas condições, cabe indagar, as festas, os shows, a sensação de brilho, contentamento e de prazer participativos construiriam/preservariam toda uma aura de lugar interiorizado/eternizado nos indivíduos, nas legiões e nos artistas? Ou, assim como os eventos que ocorrem esporadicamente, os lugares, no íntimo das pessoas, guardariam "qualidades fugidias"[38], um vasto turbilhão de *flashes* implodidos em sua efemeridade?

Os seres humanos carregam os seus lugares e esses vicejam no contágio e na interação estabelecida, não importando se aqui, ali, acolá ou alhures. Em suma, convém ressaltar, uma torrente de lugares traça seu sulco no íntimo das pessoas por intermédio de comemorações festivas, no dia a dia, em meio aos dramas vividos ou mesmo por intermédio de uma obra de arte. Na realidade, espetáculos encenados para aglomerações

38 D. Harvey, op. cit., p. 148.

ou plateias diminutas conseguem estabelecer troca de energia entre espectadores, artistas e uma ambiência propícia para a demonstração de canto, dança e interpretação. Para o público, os protagonistas e os coadjuvantes, o lugar das festas, dos sonhos e dos louvores pode ser eterno, se recordado em seu esplendor. Por outro lado, olvidado em sua volatilidade, o lugar torna-se transitório, se carente de reminiscências marcantes ou mesmo distante do ambiente participativo das plateias, dos festivais de luzes, ritmos e emoção. De um modo ou de outro, a "correspondência mágica"[39] entre artistas e plateia se espraia pelo palco ao reduto circundante, favorecendo a intersubjetividade e elevando toda essa porção espacial ao estágio de lugar. Como nas palavras de Shakespeare (na peça *Como Gostais*, ato II, cena 7), "o mundo todo é um palco. Os homens e as mulheres seus atores. Eles têm suas saídas e entradas. E um único homem representa, em sua época, muitos papéis". Do mundo, vale sublinhar, o artista extrai elementos para o seu ofício, e no palco utiliza a sua verve para entreter, denunciar, divertir, proclamar e ensinar.

A PROCLAMAÇÃO DOS LUGARES

Os indivíduos, os grupos sociais e os artistas registram, com êxito, a riqueza das experiências vividas com relação aos espaços e aos lugares, contribuindo assim para a criação, o conhecimento ou a consciência de porções espaciais vividas, próximas ou distantes. Na realidade, a experiência pode ser direta ou íntima, ou indireta e conceitual, mediada por símbolos[40] e burilada no curso da própria existência, bem como transmitida na escola ou por meio dos relatos, dos meios de comunicação e da promoção da arte.

O vocábulo arte procede do latim *ars*, significando saber fazer ou talento[41]. Como guardiões do passado e do presente e dotados de habilidade excepcional, todo e qualquer ser humano transforma-se em geógrafo informal, divulgando geogra-

39 M. A. Maffesoli, op. cit., p. 155.
40 Y.-F. Tuan, *Espaço e Lugar*.
41 R. Haesbaert, Território, Poesia e Identidade, *Espaço e Cultura*, p. 20-32.

O TRIUNFO DO LUGAR SOBRE O ESPAÇO

fias diversas. Neste ponto, ciência, experiências existenciais e arte avizinham-se, sobretudo se deixarmos de entender a ciência como "veículo único da verdade"[42], reinventando, no caso particular da ciência espacial, uma geografia aberta "à literatura e à arte"[43] e recuperando "um pouco velhas tradições"[44] e a capacidade de reflexão artística/crítica do geógrafo. A ideia não encontra coro muito afinado na academia, mas a investigação científica, a geografia da alma do povo e a sensibilidade da arte não são opostas. Ao lado disso, no mundo da vida, as pessoas são incitadas e guiadas "por instruções, exortações e interpretações"[45] diversas que lhes são oferecidas e apreendidas também de imprevisto ou espontaneamente. De qualquer modo, o estoque de conhecimento geográfico não está confinado à educação formal e a partir de contextos institucionais[46], derivando igualmente dos ecos da arte, assim como da poesia, dos relatos comuns, afora outros canais de expressão.

O ato de proclamar constitui-se em um dos mais relevantes veios para a aprendizagem. Proclamar, na acepção da palavra, refere-se a anunciar em público, manifestação essa canalizada pelas ondas radiofônicas ou por intermédio do cinema, falações coloquiais, assim como em peças teatrais, composições musicais e shows, na realidade, ambientes e elementos de trabalho nos quais emanam as mais diversas lições de vida e de geografia.

No que tange às emissoras radiofônicas, essas se credenciaram como veículos de divulgação da alma geográfica das pessoas e povos dos mais diversos pontos, além de lugares concebidos e/ou míticos, nascidos das passagens e dos relatos que acentuam a compreensão geográfica dos ouvintes. Outros meios de comunicação e de arte, como a televisão, o cinema, as peças teatrais e a internet são, da mesma forma, pródigos em apresentar os modos de vida, as tradições religiosas, as motivações migratórias e os contrastes espaciais. Com efeito, uma lembrança, um episódio, uma referência ou até mesmo uma simples interjeição (olé!, por exemplo) remetem ou podem

---

42 D. Lowenthal, *The Past is a Foreign Country*, p. 18.
43 A. Frémont, op. cit., p. 262.
44 R. Haesbaert, Território, Poesia e Identidade, *Espaço e Cultura*, n. 3, p. 21.
45 H. Wagner, op. cit., p. 19.
46 A. Buttimer, *Values in Geography*, n. 24.

estar carregados pelo significado triunfal de lugar. Canções e shows também apresentam depoimentos ou conceitos, enunciando as experiências vividas pelos indivíduos e grupos sociais em suas geografias particulares ou coletivas.

A amostra inicial com relação à proclamação dos lugares apresenta, como motivo de elucidação, um show conceitual. Trata-se da montagem de *Marlene Olê, Olá*, em cartaz no Teatro do Hotel Glória, Rio de Janeiro, durante o ano de 1973, com roteiro e direção de Haroldo Costa, formulando, com base em uma ideia tecida por meio de letras e músicas, uma geografia bordada por tons e versos evocativos de aromas, ritmos, paladares, conhecimentos e descobertas. Portanto, uma "estranha lição de geografia" tirando "do conhecimento" "detalhes ignorados de todos os geógrafos do mundo", se pudermos utilizar livremente as elucubrações de Antoine de Saint-Exupéry. Em sua obra *Terra dos Homens*, uma personagem não ensina a Espanha para uma outra. Ela a faz amiga. Não lhe fala do Ebro, rio de interesse dos geógrafos porque "mata a sede das grandes cidades". Mas daquele "pequeno córrego escondido sob as ervas", que alimenta as flores e "encharca os campos". Não mapeia Lorca, mas sim "uma simples fazenda perto de Lorca. Uma fazenda viva", com seu fazendeiro e fazendeira. "Aquele homem e aquela mulher" "bem instalados na vertente de sua montanha, como guardas de um farol, sob as estrelas" "estavam sempre prontos a socorrer homens"[47].

Da mesma forma, outra vívida e descompromissada lição de vida e de geografia era ministrada à assistência do show Marlene Olé, Olá. Na prática, prosseguindo com a evidência em tela e assemelhando-se a uma professora que transmite aos seus alunos os ensinamentos aprendidos na universidade e aqueles registrados em livros, a cantora Marlene torna-se interlocutora das mensagens dos compositores e do diretor do show no tocante a lugares que ela tanto domina ou conhece, como outrossim de geografias a ela apresentadas. Desse modo, e da mesma maneira que os estudantes dos bancos escolares, o público trava contato com outras porções espaciais, o que amplia o seu horizonte geográfico.

47   A. S. Exupéry, *Terra dos Homens*, p. 7.

O show *Marlene, Olê, Olá*, abrilhantado por uma proveitosa geografia do Brasil, autoproclamando-se "um delicioso roteiro musical de canções que fazem a alegria eterna dos brasileiros", percorria um "Brasil diferente", de acordo com a própria canção de abertura, composta por Gadé e Sá Roriz, expositora, ao trafegar por diversas unidades da federação, de frutos, da culinária e da beleza da mulher brasileira. Outros depoimentos musicados mergulhavam na alegria do maracatu e do frevo, em emboladas e no lamento corrosivo de toadas e baiões sobre o sertão nordestino. Dentre as filigranas musicais selecionadas pela direção do show, havia folias e procissões, convites sedutores, exaltação a este ou aquele lugar, diferenciações espaciais e mensagens à idealização de lugares celebrados como verdadeiros *shangri-lás*.

A música, na verdade, aguça a paixão e o orgulho pelo lugar vivido, seja como resposta a uma simples menção, seja como decorrência de uma colocação hiperbólica ou por meio de estereótipos. Acresce, porém, que locais próximos ou distantes, em diferentes escalas, mesmo não vividos pessoalmente, podem se tornar lugares concebidos e/ou míticos, a partir dos relatos ou quando cantados, na medida em que haveria nesses tipos de interação, realizados por meio de narrativas, certa relação de intimidade. Nesse caso, as fronteiras afetivas e/ou intelectuais demarcariam novos lugares, concebidos e/ou míticos, dispostos além do espaço – estranho, ignorado, distante "física" ou emocionalmente.

A distinção entre o concebido e o mítico sugere certa dificuldade de compreensão. O primeiro assoma como uma transposição do que fora captado, todavia, quando confrontado pessoalmente, pode não ser fiel à formulação legada, ao passo que o lugar mítico, disposto no topo da imaginação e do simbólico, é idealizado por intermédio da cultura, das filosofias religiosas, entre outros aspectos. O lugar mítico, situado em um dos níveis mais sofisticados do pensamento humano, diz respeito aos eldorados ou terras fantásticas, paradisíacas ou infernais, ou relativo aos projetos irrealizáveis, aos sonhos, ao inacessível ou cultivado como um éden a ser alcançado nesta ou em outra dimensão[48], mas pode ser fabulosamente vivido

---

48 Y.-F. Tuan, *Espaço e Lugar*; J. B. F. Mello, Geografia Humanística, *Revista Brasileira de Geografia*; J. B. F. Mello, *O Rio de Janeiro dos Compositores da Música Popular Brasileira – 1928/1991* e *A Humanização da Natureza*.

seja em Paris, no Caribe, nas Ilhas dos Mares do Sul, em Fernando de Noronha ou na Cidade Maravilhosa.

Do ato ou efeito de anunciar em público, como no show acima referido, passemos a outro ângulo concernente à proclamação: o de apresentar-se ou fazer-se aclamar. Dessa feita, utiliza-se como material ilustrativo a manchete "Marlene chega à baixada e reza", exibida em 27 de outubro de 1980 pelo jornal *O Fluminense*, por ocasião da estreia do projeto Pixinguinha, com as participações de Marlene e do cantor/compositor João Bosco, no Teatro Sesc de São João de Meriti, no estado do Rio de Janeiro[49].

A manchete refere-se a uma foto da cantora ajoelhada após a interpretação de "Linha de Montagem", escrita em 1980 por Chico Buarque de Hollanda e Novelli. Os versos da música compartilhavam dos anseios e reivindicações dos metalúrgicos em prol de melhores condições de trabalho e direito de greve, negado pela ditadura militar vigente na época. O jornal, no entanto, utilizava um ambíguo jogo de palavras como pretexto para sintetizar o quadro de abandono e mazelas exposto na chamada Baixada Fluminense, parte integrante da região metropolitana do Rio de Janeiro, composta por um conjunto de "cidades-dormitórios", contrastando com municípios dotados de alguns dos maiores parques industriais do país (Nova Iguaçu ou Duque de Caxias), bem como valas abertas, altas taxas de mortalidade infantil, apinhamento populacional, crescimento urbano desordenado, ocupação desnorteada dos loteamentos periféricos e das favelas, afora endemias, violência, narcotráfico, poluição ambiental, calamidades naturais e, consequentemente, estresse.

Perante esse vendaval de questões não solvidas, todavia longe do esmorecimento ou da sensação de topocídio[50] – a aniquilação deliberada dos lugares –, o matutino, ao estampar tal mensagem, adere a uma espécie de toporreabilitação[51], concernente às ações de resgate ou recobramento de estima e recuperação dos lugares. Assim sendo, ao noticiar a chegada da cantora com o emprego da expressão de duplo sentido –

49 J. B. F. Mello, *Dos Espaços da Escuridão aos Lugares de Extrema Luminosidade.*
50 Y.-F. Tuan, *Topofilia.*
51 Idem.

"Marlene chega à baixada e reza" –, o jornal faz crer que a "estrela", compadecida e em socorro à combalida situação do local, recorreria a preces com o intuito de rogar o afastamento dos males existentes na Baixada Fluminense.

Como observado, a proclamação dos lugares foi delineada, neste texto, por meio de um tripé composto pelo "anúncio em público e em voz alta", como apontam os dicionários, e o exemplo representativo ateve-se a um show conceitual, explorando uma geografia do Brasil musicada. Em seguida, a proclamação restringiu-se ao ato de eleger-se ou fazer aclamar, e a ilustração concentrou-se na manchete de um jornal de grande circulação. Desse modo, convém enfatizar, as ideias articuladas pelos seres humanos sobre o mundo vivido são "fruto da experiência pessoal, aprendizado, imaginação e memória"[52]. As pessoas guardam vestígios, fragmentos e vastos trechos de conversas, depoimentos e leituras comunicados das mais diversas formas e fontes. Como indicado por Bosi,

é preciso reconhecer que muitas de nossas lembranças, ou mesmo de nossas ideias, não são originais: foram inspiradas nas conversas com os outros. Com o correr do tempo, elas passam a ter uma história dentro da gente, acompanham nossa vida e são enriquecidas por experiências e embates. Parecem tão nossas que ficaríamos surpresos se nos dissessem o seu ponto exato de entrada em nossa vida. Elas foram formuladas por outrem, e nós, simplesmente, as incorporamos ao nosso cabedal[53].

De tanto ouvirmos canções consagradas, de "convivermos" com artistas, que "invadem" nossas casas ou a quem buscamos em suas representações ou de considerarmos suas confissões, com eles nos identificamos, da mesma forma que interiorizamos os nossos lugares ou aqueles a nós proclamados. Nesse processo de difusão, assimilação e troca rechaçamos e aprovamos ideias. Por conseguinte, os artistas, quando divulgam, das mais diferentes maneiras, geografias próprias ou alheias, contribuem para a aprendizagem e apropriação dos lugares, condições essas de acessibilidade permitidas (indiretamente) até

---

52 D. Lowenthal, *The Past is a Foreign Country*, p. 141.
53 E. Bosi, *Memória e Sociedade*, p. 407.

mesmo no âmbito dos claustros de pertencimento e exclusão, tarefas de que se ocupam os passos seguintes desta pesquisa.

LUGARES: CLAUSTROS DE PERTENCIMENTO E EXCLUSÃO

Claustros e ágoras, detentores ou desprovidos de portões e muros do resguardo e da exclusão, remetem ao cerne da segregação espacial. Inicialmente, "o termo técnico" para os "lugares de contemplação", "os jardins fechados ou claustros era paraíso"[54]. A ideia causa horror aos claustrófobos, os indivíduos avessos a elevadores, túneis, ginásios e toda sorte de recintos fechados. Livre de anteparos, a ágora, para os gregos, era a praça onde se reuniam as assembleias políticas ou o mercado aberto. Ágoras e claustros, desimpedidos ou subordinados às muralhas da imaginação ou àquelas criadas pela cultura – o esnobismo, os níveis de renda, o preconceito, a intolerância religiosa, os trâmites ideológico-políticos –, ou mesmo próprias do meio ambiente natural, como montanhas e rios, conduzem a fobias, medos, aversão, pavor e/ou, por outro lado, à filiação, ternura, empatia, enfim, ao amor.

Claustrofobia, agorafilia, claustrofilia e agorafobia são, portanto, categorias espaciais e podem estimular sentimentos significativos, dependendo do tempo, das pessoas e da demarcação ou inexistência de fronteiras, ainda que, na atualidade, as concepções de claustros e ágoras possam se confundir, tendo em vista os "medos urbanos" típicos e contemporâneos, com "bairros vigiados", dotados de "espaços públicos com proteção cerrada e administração controlada, guardas bem armados no portão dos condomínios e portas operadas eletronicamente – tudo isso para afastar concidadãos indesejados, não exércitos estrangeiros, salteadores"[55] ou saqueadores.

Em certo sentido, toda construção humana – seja mental ou material – é um componente de uma paisagem do medo porque ela existe para conter o caos [...]. Falando genericamente, cada fronteira feita pelo homem na superfície da Terra – cerca do jardim,

54 Y.-F. Tuan, *Topofilia*, p. 159.
55 Z. Bauman, *Globalização*, p. 55.

O TRIUNFO DO LUGAR SOBRE O ESPAÇO   55

muro da cidade, ou "barreira" do radar – é uma tentativa de manter as forças inimigas afastadas. Limites existem em todos os lugares porque as ameaças são onipresentes: o cão do vizinho, criança com sapatos lamacentos, estranhos, o louco, exércitos estrangeiros, doenças, lobos, vento e chuva[56].

Espaços fechados/segregados, fronteiras e muralhas configuram os instrumentos para a formulação conceitual dos lugares como claustros de pertencimento e exclusão. Dos claustros de pertencimento e exclusão, o texto dedica nas páginas posteriores especial atenção ao lugar como uma arena de liberdade e escapismo.

LUGAR: UMA ARENA DE LIBERDADE E ESCAPISMO

Uma arena corresponde a um terreno circular, área circunscrita para as lutas de gladiadores e feras, como nos antigos circos romanos, ou de boxeadores, na atualidade, assim como um palco teatral colocado em meio à assistência ou ainda um recinto destinado a discussões e debates. Todas essas especificações conduzem a um ambiente fechado. Ampliemos, contudo, os significados claustrófobos do termo e passemos a entendê-lo como um campo aberto, da aventura, extenso e radiante, ou seja, uma arena de liberdade, expressão e escapismo. Esse processo de desconstrução conceitual pode soar paradoxal se insistirmos, obstinadamente, em entender o espaço como temido, vasto ou em sua "vulnerabilidade e liberdade", enquanto o lugar íntimo, humanizado[57], como "estabilidade e confinamento"[58]. Não se trata de uma heresia, visto que o lugar não se encerra no bairro vivido ou nos pontos de encontros, lazer, compras ou trabalho, situados aqui e acolá, afetivamente recortados e interiorizados. O lugar, erigido no íntimo do indivíduo e dos grupos sociais, independentemente da conectividade, não pode ser medido "em milhas, tempo de viagem ou custo, mas em termos de importância", como "centro de significação"[59]. Nesse con-

56   Y.-F. Tuan, *Paisagens do Medo*, p. 12.
57   Idem, *Espaço e Lugar*.
58   Idem, *Escapism*, p. 175.
59   J. N. Entrikin, O Humanismo Contemporâneo em Geografia, *Boletim de Geografia Teorética*, p. 17.

56   QUAL O ESPAÇO DO LUGAR?

texto, as viagens a trabalho e turísticas contribuem para a eleição e a demarcação de novos lugares.

E o que são tais viagens? Como classificá-las? O que representam para as pessoas? As respostas são, evidentemente, múltiplas, assim como os conceitos para clarificar tais movimentos. Nesses termos, a alta mobilidade dos artistas e suas impressões podem ser relevantes como tentativas de esclarecimento e avaliação conceitual.

No bojo das experiências como as acima relatadas são formados os laços topofílicos concernentes a todo tipo de ligação afetiva entre os seres humanos e o meio ambiente. Esses vínculos "diferem profundamente em intensidade, sutileza e modo de expressão"[60], de modo que o local de turismo, ainda que envolvendo, de certa maneira, enraizamento, significado e amizade, varia em gradação quando comparado à escala do bairro ou da casa, o universo vivido. Isso posto, convém sublinhar, nas viagens, um pedaço da pessoa fica para trás, muito embora, aparentemente, os problemas sejam esquecidos. Os lugares de turismo ou de férias são, na realidade, descanso e pausa nas atribulações cotidianas e verdadeiros momentos de escapismo.

O turista, por seu turno, regozija-se com a magnificência dos prédios, a diversidade das culturas, a profusão de ritmos e aromas ou da gastronomia, longe, possivelmente, da monotonia ordeira do lugar de residência. Os turistas são ávidos por museus e, pode-se dizer, por diferentes tipos de temporalidades, as velhas paisagens que perduram, por vezes, lado a lado às paisagens modernas e pós-modernas. Os contrastes definitivamente encantam os turistas que se deliciam com antigos e vistosos edifícios – ou torres, como são chamadas na atualidade –, espaços abarrotados de gente e até mesmo procuram vislumbrar as marcas da miséria incrustradas nos campos e no espaço urbano. Do mesmo modo, ladeiras íngremes, tortuosas podem ser agradáveis a certas pessoas, ao passo que outras anseiam por paisagens naturais/paradisíacas. Ou seja, o belo e o inusitado são procurados pelos turistas e podem se tornar lugares no âmbito de tal perspectiva.

60   Y.-F. Tuan, *Topofilia*, p. 107.

O TRIUNFO DO LUGAR SOBRE O ESPAÇO

Os quadros vivenciados/fotografados nas viagens são flagrantes/*flashes* de lembranças retidos na retina como obras de arte e transmudados em símbolos em razão da empatia provocada nas relações estabelecidas com os nativos ou por algum aspecto formal de beleza, ou ainda outra condição qualquer. Com efeito, as jornadas turísticas podem ser reconhecidas como fuga ou escape e reforçam a ideia de que a distância "física" não altera a afeição compartilhada por lugares espacialmente remotos, mas revelados como veículos de gestos fugazes e arena de desfrute de intenso *glamour* ou acontecimentos valorosos. Assim, alguns locais muito próximos estão afetiva e culturalmente afastados (espaços). Em contrapartida, outros pontos distantes revividos pela nostalgia, pela fantasia, e carregados de satisfação, reminiscência e felicidade, bem como os locais de nascimento de um ente querido ou aqueles descritos pela mídia tornam-se lugares amados, imediatos e reverenciados. No entanto, a despeito dessa empatia e querença, estar longe das "raízes" não contenta as sempre bem-vindas personalidades do *show business* ou mesmo os cidadãos comuns. Por conseguinte, a volta ao lar é sempre revestida de emoção. Os artistas e atletas, por exemplo, reclamam das viagens incessantes e da estadia em hotéis. Nesse particular, a referência ao lar – como aos seres humanos, em geral – é constante, pois, de fato, ainda que sejam bem recebidos, eles não pertencem a todo e qualquer lugar.

Para artistas e atletas, as experiências vividas, longe do assédio das multidões, conduzem ao "gosto da liberdade", "uma conquista impossível". Essa expansão do horizonte geográfico – combinando o deleite proporcionado por uma viagem e o alheamento às restrições impostas pela fama – remete ao lugar como uma arena de liberdade, portador de diversas formas de escapismo.

Por liberdade entende-se independência, autonomia, ausência de opressão e direito de ir e vir ou de agir, de acordo com as suas crenças e opiniões; já o vocábulo escapismo refere-se à tendência de fugir a qualquer situação desagradável, incômoda ou difícil de ser contornada. Por isso mesmo na investigação conceitual estabelecida por Yi-Fu Tuan ao longo da obra *Escapism*, o geógrafo avisa, na parte introdutória do livro: "escapismo possui um significado negativo" "possivelmente em todas as sociedades"[61]. "Escapismo", contudo, "é humano e inescapável". "Não há nada errado em escapar"[62]. "Quem não tem – algumas vezes – vontade de escapar? Mas de quê? Para onde?" "Certamente todos tiveram desejo de estar em outro lugar em momentos de stress e incertezas"[63]. "Essa compelida necessidade humana"[64] desponta de diversas maneiras. "A migração é claramente um tipo de escape"[65], assim como as viagens turísticas.

Dentre os diversos patamares escapistas, Tuan classifica "o parque temático como uma irrealidade, um mundo fantástico", o shopping center como um "éden escapista" e até mesmo a cidade "escapista por excelência", por ter se distanciado – escapado, como indica – "da natureza e de seus ritmos"[66].

A imaginação é, da mesma maneira, um veículo de liberdade e condutora de escapadas temporárias, em meio à desatenção, ou sonhadoras, como voar ou ancorar em portos seguros. Quando rodeado de problemas ou em instantes felizes, o indivíduo espairece, caminhando por outros mundos, com o próprio corpo, ou por intermédio de novelas, livros, filmes, canções, jogos etc. Na realidade, o pensamento não obedece a fronteiras. Consequentemente, as distâncias não são obstáculos. Assim, do seu lugar vivido, o ser humano tem a capacidade de transitar em lapsos de segundo e de viver simultaneamente em vários mundos/lugares[67].

Do lugar, como uma arena de liberdade e escapismo, o ensaio evolui, em seguida, para os lugares de outrora eternizados na memória.

OS LUGARES DE OUTRORA ETERNIZADOS NA MEMÓRIA

A recomposição criativa da casa da infância e a memória compartilhada na recuperação dos lugares de outrora, arrasados por diversos motivos, constituem as sentinelas luminosas das páginas

61 Idem, *Escapism*, p. 1.
62 Idem, p. xv.
63 Idem, p. xi.
64 Idem, p. xiv.
65 Idem, p. xii.
66 Idem, ibidem.
67 J. B. F. Mello, Geografia Humanística, *Revista Brasileira de Geografia*, n. 4.

O TRIUNFO DO LUGAR SOBRE O ESPAÇO

seguintes, para a compreensão dos lugares eternizados na memória. Distinguem-se, portanto, de um lado, a memória pessoal não "inteiramente isolada e fechada", na medida em que "um homem, para evocar seu próprio passado, tem frequentemente necessidade de fazer apelo às lembranças dos outros. Ele se reporta a pontos de referência que existem fora dele e fixados pela sociedade. Mais ainda, o funcionamento da memória individual não é possível sem esses instrumentos que são as palavras e as ideias, que o indivíduo não inventou e que emprestou de seu meio"[68].

Neste ponto, então, convém ressaltar: toda memória biográfica faz parte da história em geral, ainda que nossa memória não se confunda com a dos outros. Por outro lado, a memória coletiva (ou seletiva, como preferem alguns) advém de

acontecimentos, dos quais digo que me lembro, mas que não conheci a não ser pelos jornais ou pelos depoimentos daqueles que deles participaram diretamente. Eles ocupam um lugar na memória da nação. Porém, eu mesmo não os assisti. Quando eu os evoco, sou obrigado a confiar inteiramente na memória dos outros. [...] Carrego comigo uma bagagem de lembranças históricas, que posso ampliar pela conversação ou pela leitura. Mas é uma memória emprestada[69].

Segundo Lowenthal, "o passado é um país estrangeiro"[70], perímetro de difícil penetração e domínio. Porém, o estoque de lembranças individuais e a memória coletiva/intersubjetiva têm sido cada vez mais utilizados como tentativas, ancoradouros e (re)descobertas dos lugares de outrora.

A casa da infância – cenário dos dramas da vida e "reservatório de lembranças e sonhos"[71], revestida em sua originalidade, solidez e encantamento por um desfile de festas de aniversário, casamentos, celebrações natalinas, bem como toques, cheiros, pinturas, ora vibrantes, ora esmaecidos e mapas íntimos – está "inscrita em nós"[72]. Assim, o lugar do passado

---

68 M. Halbswachs, *A Memória Coletiva*, p. 54.

69 Idem, ibidem.

70 D. Lowenthal, Geografia, Experiência e Imaginação, em A. Christofoletti (org.), *Perspectivas da Geografia*.

71 Y.-F. Tuan, *Espaço e Lugar*, p. 184.

72 G. Bachelard, op. cit., p. 28.

ganha permanência. Não se trata de uma simples forma material ou de uma máquina para habitar, como consignou Le Corbusier, mas de um lugar que "proporciona abrigo"[73], experiências espacializadas, emoções e devaneios.

Quando alguém recorda as casas da infância e da adolescência fala dos tamanhos das residências de outrora, de referenciais geográficos diversos como templos, estabelecimento de ensino e as vias eternizadas em seu mapa introjetado, além de acontecimentos familiares e da "história muito bonita desta casa".

Nas palavras de Tuan, "a consciência do passado é um elemento importante no amor pelo lugar"[74]. As pessoas continuam com os "pés fincados no chão" de suas experiências da infância ou do passado, mesmo após longos anos de afastamento. Tal como em relação ao primeiro amor, que não se esquece, o lugar de nascimento ou do passado continua a ser lealmente cultuado. Por conseguinte, as experiências nos cenários pretéritos são tesouros guardados com muita ternura. Todavia, o mundo familiar de outrora nem sempre confere, quando cotejado com outra época. As árvores ou a casa não possuem as dimensões imaginadas, porém exercem uma forte expressão[75]. Longínqua no tempo e, ao mesmo tempo, próxima/interiorizada espacialmente, a casa da infância, altamente significativa para a pessoa, pode ser desprovida de notoriedade para os outros, entretanto, para o indivíduo, atado por laços topofílicos ao passado, subsiste como símbolo de identificação imorredoura.

"Da casa em sua realidade e em sua virtualidade, através do pensamento e dos sonhos"[76] e dos logradouros de outrora circulemos, doravante, sobre os trilhos da saudade e da imaginação, na Praça Onze e cercanias, no chamado "berço do samba", no Rio de Janeiro, ex-capital da Colônia, do Reino, do Império e da República. O exemplo é expressivo. Dessa feita, um logradouro e seus arredores comparecem como agentes veiculadores, que se integram à memória coletiva eternizada em documentos como textos científicos, fotografias, livros, música e em shows dedicados

73 Y.-F. Tuan, *Espaço e Lugar*, p. 184.
74 Idem, *Morality and Imagination-paradoxes of Progress*, p. 114.
75 J. B. F. Mello, *O Rio de Janeiro dos Compositores da Música Popular Brasileira –
    1928/1991*.
76 G. Bachelard, p. 22.

O TRIUNFO DO LUGAR SOBRE O ESPAÇO 61

à restauração de um lugar do passado, destruído pela tirania devastadora de uma reforma urbana ocorrida na área central do Rio de Janeiro com vistas à abertura de uma artéria majestosa: a avenida Presidente Vargas, inaugurada na simbólica data de 7 de setembro de 1944, durante a administração do prefeito Henrique Dodsworth na gestão do presidente Getúlio Vargas.

As intervenções urbanísticas "realizadas sobre as paisagens herdadas do passado"[77] tornaram-se constantes no espaço urbano carioca com o propósito de se eliminar os vestígios do passado, pleno de vielas acanhadas e lamacentas, espaços encortiçados e velhos hábitos substituídos por monumentos magnificentes, vias amplas e higiênicas, bairros oxigenados e posturas civilizadas. Por conseguinte, as cirurgias urbanas, nascidas com o propósito de extirpar os males da cidade, encontraram: "grande acolhida entre as elites modernizadoras do país, que jamais hesitaram em enfrentar qualquer apego a antigos valores, a antigas 'usanças urbanas', tachando sempre esse comportamento como um indicador de conservadorismo, de atraso, de subdesenvolvimento"[78].

Como resultado, "na esteira do tempo", "demoliram paisagens de uma vida inteira"[79]. Nas últimas décadas, contudo, engajados em um movimento de preservação do passado, encontram-se lado a lado historiadores, geógrafos, arquitetos, fotógrafos, antropólogos, músicos, museólogos, entidades diversas e o povo em geral, em meio a uma tradição viva e de impacto, capaz de acender um fervor contagiante e de grande pompa, porquanto gravada e insistentemente evocada na literatura, no cancioneiro popular, nos próprios domínios remanescentes de outros tempos, nos desfiles populares e em shows. Nesse contexto, "paisagens excluídas"[80]continuam firmes e recebendo adendos, continuidade, acréscimos, renovação e preservação.

Em face da "dimensão lendária"[81], da Praça Onze e entorno, se erguem, no tempo e no cotidiano, como uma espécie de

77 M. A. Abreu, Sobre a Memória das Cidades, *Território*, p. 9.
78 Idem, ibidem.
79 E. Bosi, op. cit., p. 21.
80 D. Cosgrove, Em Direção a uma Geografia Cultural Radical, *Espaço e Cultura*, p. 105.
81 M. Rébérioux, Os Lugares da Memória Operária, em Departamento do Patrimônio Histórico, *O Direito à Memória*, p. 53.

arquivo temático ou ainda um museu, *locus* coletivo, apropriado, "usufruído por todos" e usado "para o benefício coletivo"[82]. Em outras palavras, tal como uma instituição preservadora do patrimônio cultural, meio educativo e de comunicação, o lugar embrionário do samba, a despeito da pulverização de sua forma material, persiste – ainda que virtualmente – pulsante e vivo na memória das pessoas e das instituições.

Os sambas-enredo são, possivelmente, os documentos registrados pela indústria fonográfica mais insistentes na busca e na restauração da Praça Onze. Praticamente a cada ano há pelo menos um exemplar, no desfile do "maior espetáculo da Terra", tecendo loas ou algum aspecto memoralístico sobre o lugar sagrado do samba. Outras canções do chamado gênero meio de ano continuam a embrenhar-se pelo lugar de origem dessa modalidade rítmica, rendendo-lhe também homenagens e contribuindo para transformá-lo em lugar eternizado na memória. Encaixilhados no nicho desse panorama, diretores de shows, cantores, pesquisadores e assim por diante reúnem pérolas do cancioneiro popular, nascidas no local, bem como depoimentos orais, fotos ou músicas que discorrem ou retratam explicitamente sobre esse universo da cultura carioca, seja no passado, seja após a sua destruição material. Desse modo, não apenas a academia, mas, igualmente e de um modo geral, cantores, músicos, compositores ou artistas plásticos reagem às transformações espaciais e trazem à memória a feição que os lugares assumiam em tempos pretéritos.

Nesses termos, verdadeiras aulas sobre essa porção espacial da cidade elucidam o reduto dos "bambas", lugar de moradia e centro de lazer para a gente mais simples, ao final do século XIX e nas primeiras décadas do século passado. Estamos falando de um ponto de resistência à cultura europeizada de outros locais da cidade por meio de seus cortiços, bares, cabarés, além de manifestações da cultura negra esnobadas pelo resto da cidade e perseguidas pela polícia, como os jogos de capoeira, o candomblé e o samba, derivado do batuque. Lá estavam na Praça Onze os talentos natos e geniais de Pixinguinha, João da Baiana, Caninha, Sinhô, Heitor dos Prazeres e outros ilustres produtores

---

82 M. A. Kerriou, Museu, Patrimônio e Cultura, em Departamento do Patrimônio Histórico, op. cit., p. 99.

O TRIUNFO DO LUGAR SOBRE O ESPAÇO

da música popular, incorporados à magia do lugar. Ponto aglutinador de negros, ao final do século XIX e início do século XX, todo o conjunto da Praça Onze e redondezas foi denominado, pelo compositor Heitor dos Prazeres[83], de "Pequena África do Rio de Janeiro" ou uma "África em miniatura", por concentrar, em seu lugar e nos bairros vizinhos, um enorme contingente de negros libertos da escravidão ou egressos das plantações de café do Vale do Paraíba ou de uma grande seca ocorrida na Bahia.

Nos dias de hoje, no mesmo local, onde outrora se encontrava a Praça Onze, há outro logradouro com o mesmo nome, todavia sem a criatividade e a empatia da anterior, ainda que marcas da negritude e dos carnavais perdurem em seus arredores, sobretudo na "Passarela do Samba" ou "Sambódromo", com os gigantescos desfiles das escolas de samba, manifestação essa exposta primeiramente em suas vias e ainda no "Terreirão do Samba", uma centralidade esporádica ocorrida no período próximo e durante a folia momesca entre demonstrações de alegria, ritmo e dança, ao sabor de quitutes, bebidas e da batida do samba.

Em resumo, o acesso aos lugares remotos, transfigurados ou destruídos, tem sido efetivado em cerimônias diversas, garantindo a compreensão a respeito do fascínio exercido por esses lugares, seja na escala íntima da casa, seja ao nível dos redutos, fontes e desaguadouros da cultura eminentemente popular. Na realidade, tal qual em uma delicada reconstituição arqueológica, os destroços do passado são juntados e recompostos, permitindo o ingresso à magia das preciosidades dos lugares pretéritos, que continuam presentes/interiorizados no íntimo do indivíduo e da coletividade.

EPÍLOGO

Esses passos derradeiros iniciam o seu percurso com uma ideia cunhada por Wright, em 1947: ainda há muita *terrae incognitae* para ser explorada. Nesse sentido, o presente ensaio, procurando focalizar geografias vívidas, pulsantes, sofridas, empáticas, de desafios, alegrias, dilemas, delírios e sonhos, ao mesmo

83 R. Moura, *Tia Ciata e a Pequena África do Rio de Janeiro.*

tempo íntimas e coletivas, utilizou como meio trajetórias singulares e coletivas.

Como sublinhado por Cosgrove, "a geografia está em toda parte"[84] e – arrematamos com o raciocínio defendido nestas páginas – em todas as pessoas. Trata-se, como se sabe, de um canal negligenciado pelo saber geográfico. Contudo, o mundo vivido dos indivíduos e grupos sociais prossegue, e novos espaços e lugares continuam sendo descortinados.

O ensaio iniciou sua jornada na cadência de passos, gestos e itinerários. A coreografia do balé-do-lugar foi marcada também, tornando os ambientes coletivos das festas um lugar atraente. Em oposição, no recolhimento/imensidão do lar, diversas outras atividades na plenitude do lar/*home office* acontecem no recolhimento da "centralidade da casa"[85], como na expressão utilizada, entre outros, por Castells.

Lugares, na realidade, podem ser, no decorrer do tempo ou no mesmo momento, transitórios e/ou eternos. Como nas palavras de Tuan, "uma cidade desperta atenção para si mesma, alcançando poder e eminência, por meio da solenidade de seus ritos e festivais"[86].

Por outro lado, livre de amarras, o conceito lugar foi construído, nestes parágrafos, igualmente, a partir de sua própria negação, ou seja, como uma arena de liberdade e escapismo, não como algo fechado, mas um campo aberto, tal qual os ambientes turísticos a serem desbravados ou os cassinos, redutos de escapismo e ilusões.

Quanto à restauração dos lugares do passado, na escala íntima, perpetuam-se, no movimento memorialístico, as casas da infância e da adolescência e, por outro lado, adere e apodera-se da memória coletiva, retransmitida pela magia pretérita de lugares eternizados na memória, como a Praça Onze "dos bambas do samba", na Cidade Maravilhosa de São Sebastião do Rio de Janeiro.

O lugar transcende a materialidade, mas não está dissociado desta, pois aos objetos os homens atribuem significados que são construídos na vivência individual ou dos grupos. As-

84 D. Cosgrove, op. cit., p. 91.
85 M. Castells, *A Sociedade em Redes*.
86 Y.-F. Tuan, *Espaço e Lugar*, p. 192.

O TRIUNFO DO LUGAR SOBRE O ESPAÇO

sim, as marcas e as formas espaciais não se limitam unicamente à aparência física do objeto, visto que essa visibilidade "é meramente um veículo de significado em potencial"[87]. A geografia humana está preocupada com a organização do espaço. Os geógrafos da ala humanista não negam tal perspectiva e retrabalham o conceito lugar a partir do sentimento e do entendimento, apontando a sua multidimensão e as diversas vias para sua compreensão.

Pausa, movimento, morada, consciência, conflitos, sonhos e devaneios, persistentes ao longo desta pesquisa, conferem ao mundo vivido distinções como espaço e lugar. Perante esse contexto, nestas últimas linhas, convém retornar à parte inicial deste ensaio. Assim, vale ressaltar, o ser humano está sempre em busca do lar, refúgio de aconchego, luz, esperança e felicidade. O entendimento sobre o lar/lugar é múltiplo, divergente, descontínuo e surge em diversas escalas. A procura e as destinações, para os monoteístas, não se limitam a essa dimensão. No ato da santa missa e nas orações, como prêmio de redenção, os fiéis, em comunhão, clamam que "no fim da peregrinação terrestre" todos mereçam chegar "à morada eterna", plena de luminosidade. Nessas condições, movimento, destino, morada/lar/lugar persistem nesta e em outra dimensão. A busca pelo triunfo dos lugares envoltos em claridade continua...

Por fim, neste fecho/desfecho/inconcluso, cabe lembrar que a aurora, a cada dia, triunfa sobre a obscuridade ou os espaços, abrindo clareiras para os lugares de extrema luminosidade.

REFERÊNCIAS BIBLIOGRÁFICAS

ABREU, M. A. Sobre a Memória das Cidades. *Território*. Rio de Janeiro, n. 4, jan./jun. 1998.

BACHELARD, Gaston. *A Poética do Espaço*. São Paulo: Abril Cultural, 1978. (Coleção Os Pensadores.)

BAUMAN, Zygmunt. *Globalização: As Consequências Humanas*. Rio de Janeiro: Zahar, 1999.

BOSI, Ecléa. *Memória e Sociedade*. São Paulo: Companhia das Letras, 1995.

BUTTIMER, Anne. Geography, Humanism and Global Concern. *Annals of the Association of American Geographers*, v. 80, n. 1, 1990.

---

87 H. Wagner, op. cit., p. 20.

66 QUAL O ESPAÇO DO LUGAR?

_____. Aprendendo o Dinamismo do Mundo Vivido. In: CHRISTOFOLETTI, Antonio (org.). *Perspectivas da Geografia*. São Paulo: Difel, 1985.

_____. Hogar, Campo de Movimiento y Sentido del Lugar. In: GARCÍA RAMON, Maria D. *Teoría y Método en la Geografia Humana Anglosajona*. Barcelona: Ariel, 1985b.

_____. Erewhon or Nowhere Land. In: GALE, Stephen; OLSON, Gunnar. *Philosophy in Geography*. Dordrecht, Holland: D. Reidel Publishing Company, 1979.

_____. *Values in Geography*. Washington: Association of American Geographers (Commission on College Geography), Research Report, n. 24, 1974.

CASTELLS, Manuel. *A Sociedade em Redes*. São Paulo: Paz e Terra, 1999.

CORRÊA, Roberto. L. *O Espaço Urbano*. São Paulo: Ática, 1999.

_____. Espaço: Um Conceito-chave da Geografia. In: CASTRO, Iná E.; GOMES, Paulo César C; CORRÊA, Roberto L. (orgs.). *Geografia: Conceitos e Temas*. Rio de Janeiro: Bertrand Brasil, 1995.

COSGROVE, Denis. Em Direção a uma Geografia Cultural Radical: Problemas da Teoria. *Espaço e Cultura*, Rio de Janeiro, n. 5, jan./jun 1998.

ELIADE, Mircea. *O Sagrado e o Profano: A Essência da Religião*. Lisboa: Livros Brasil, 1991.

ENTRIKIN, John. N. O Humanismo Contemporâneo em Geografia. *Boletim de Geografia Teorética*. São Paulo, v. 10, n. 19, 1980.

EXUPÉRY, Antoine S. *Terra dos Homens*. Rio de Janeiro: José Olympio, 1982.

FRÉMONT, Armand. *A Região, Espaço Vivido*. Coimbra: Livraria Almadina, 1980.

GARCÍA RAMÓN, Maria. D. *Teoría y Método en la Geografía Humana Anglosajona*. Barcelona: Ariel, 1985.

GODKIN, Michael A. Identidad y Lugar: Aplicaciones Clínicas Basados en las Naciones de Arraigo y Desarollo. In: GARCÍA RÁMON, Maria D. *Teoría y Método en la Geografía Humana Anglosajona*. Barcelona: Ariel, 1985.

HAESBAERT, Rogério. Território, Poesia e Identidade. *Espaço e Cultura*, Rio de Janeiro, n. 3, 1996.

HALBSWACHS, Maurice. *A Memória Coletiva*. São Paulo: Vértice, 1990.

HARVEY, David. *Condição Pós-Moderna*. São Paulo: Loyola, 1993.

HERRERA, Antonia H. Arquivos, Documentos e Informação. In: DEPARTAMENTO DO Patrimônio Histórico, *O Direito à Memória: Patrimônio Histórico e Cidadania*. São Paulo: DPH/SMC, 1992.

HERIN, Robert. Las Dimensiones Personales de la Geografía Social. In: BALLESTEROS, Aurora. *Geografía y Humanismo*. Barcelona: Oikos-tau.

KERRIOU, Miriam A. Museu, Patrimônio e Cultura: Reflexões sobre a Experiência Mexicana. In: DEPARTAMENTO DO Patrimônio Histórico, *O Direito à Memória: Patrimônio Histórico e Cidadania*. São Paulo: DPH/Secretaria Municipal de Cultura, 1992.

LEY, David. Fragmentation, Coherence and Limits to Theory in Human Geography. In: KOBAYASHI, Audrey; MACKENZIE, Suzanne (eds). *Remaking Human Geography*. Boston: Unwin Hyman, 1989.

LOWENTHAL, David. *The Past is a Foreign Country*. Cambridge: Cambridge University Press, 1985a.

O TRIUNFO DO LUGAR SOBRE O ESPAÇO 67

_____. Geografia, Experiência e Imaginação: Em Direção a uma Epistemologia Geográfica. In: CHRISTOFOLETTI, Antonio (org.). *Perspectivas da Geografia*. São Paulo: Difel, 1985b.

MAFFESOLI, M. *A Transfiguração do Político: A Tribalização do Mundo*. Porto Alegre: Sulina, 1997.

MELLO, João B. F. de. O Rio dos Símbolos Oficiais e Vernaculares. In: ROSENDAHL, Zeny; CORRÊA, Roberto L. *Espaço e Cultura: Pluralidade temática*. Rio de Janeiro: Eduerj. 2008.

_____. Descortinando e (Re)pensando Categorias Espaciais com Base na Obra de Yi-Fu Tuan. In: CORRÊA, Roberto L.; ROSENDAHL, Zeny. *Matrizes da Geografia Cultural*. Rio de Janeiro: Eduerj. 2001.

_____. Dos Espaços da Escuridão aos Lugares de Extrema Luminosidade: O Universo da Estrela Marlene como Palco e Documento para a Construção de Conceitos Geográficos. Tese de Doutorado em Geografia, Universidade Federal do Rio de Janeiro, Rio de Janeiro, 2000.

_____. Explosões e Estilhaços de Centralidades no Rio de Janeiro. *Espaço e Cultura*, Rio de Janeiro, n. 1, 1995.

_____. A Humanização da Natureza: Uma Odisséia para a (Re)conquista do Paraíso. In: SILVA, Solange T.; MESQUITA, Olindina V. *Geografia e Questão Ambiental*. Rio de Janeiro, IBGE, 1993.

_____. O Rio de Janeiro dos Compositores da Música Popular Brasileira – 1928/1991: Uma introdução à Geografia Humanística. 1991. Tese de Mestrado em Geografia, Universidade Federal do Rio de Janeiro, Rio de Janeiro, 1991.

_____. Geografia Humanística: A Perspectiva de Experiência Vivida e uma Crítica Radical ao Positivismo. *Revista Brasileira de Geografia*. Rio de Janeiro: IBGE, 52(4), 1990.

MONTEIRO, Carlos A. F. Travessia da Crise (Tendências Atuais na Geografia). *Revista Brasileira de Geografia*. Rio de Janeiro: IBGE, n. 50 (nº especial), 1988.

MOURA, Roberto. *Tia Ciata e a Pequena África do Rio de Janeiro*. Rio de Janeiro: Funarte, 1983.

O'BRIEN, Richard. *Global Financial Integration: The End of Geography*. London: Chatham House/Pinter, 1992.

OLIVEIRA, Rafael da S. Do Espaço Fechado ao Espaço Coletivo: Territorialidade da Prostituição dos Travestis na Área Central de Nova Iguaçu, RJ. In: SIMPÓSIO NACIONAL de Geografia Urbana, 6, *Anais do 6º Simpósio Nacional de Geografia Urbana*. Presidente Prudente, 1999.

PALMER, Richard E. *Hermenêutica*. São Paulo: Martins Fontes, 1970.

POCOCK, Douglas C. D. Geography and Literature. *Progress in Human Geography*, v. 12, n. 1, 1988.

RÉBÉRIOUX, Madeleine. Os Lugares da Memória Operária. In: *O Direito à Memória: Patrimônio Histórico e Cidadania*. DEPARTAMENTO DO PATRIMÔNIO Histórico. São Paulo: DPH/Secretaria Municipal de Cultura, 1992.

RELPH, Edward. As Bases Fenomenológicas da Geografia. *Geografia*, v. 4, n. 7, 1979.

RIBEIRO, Ana C. T. O Espetáculo Urbano no Rio de Janeiro: Comunicação e Promoção Cultural. *Cadernos IPPUR*, Rio de Janeiro, v. 1, n. 4, 1995.

ROCHA, Oswaldo P. *A Era das Demolições*: Cidade do Rio de Janeiro 1870/1920. Rio de Janeiro: Biblioteca Carioca, 1986.

ROSENDAHL, Zeny. *Hierópolis: O Sagrado e o Urbano*. Rio de Janeiro: Eduerj, 1999.

SAMUELS, Marmyn S. An Existential Geography. In HARVEY, Milton E.; HOLLY, Brian P. *Themes in Geographic Thought*. New York: St. Martin's Press, 1981.

_____. Existentialism and Human Geography. In: LEY, David; SAMUELS, Marmyn S. *Humanistic Geography: Prospect and Problems*. Chicago: Maaroufa Press, 1978.

SANTOS, Milton. *Metamorfoses do Espaço Habitado*. São Paulo: Hucitec, 1988.

SARTRE, Jean P. *O Ser e o Nada*. Petrópolis: Vozes, 1956.

SCHILD BECKER, Olga M. Mobilidade Espacial da População: Conceitos, Tipologia, Contextos. In: CASTRO, Iná E.; GOMES, Paulo C. C., CORRÊA, Roberto L. (eds.) *Explorações Geográficas*. Rio de Janeiro: Bertrand Brasil, 1997.

SCHUTZ, Alfreed. *Fenomenologia e Relações Sociais*. Rio de Janeiro: Zahar, 1979.

SEAMON, David. Body-subject, Time-space Routines and Place-ballets. In: BUTTIMER, Anne; SEAMON, David. (eds.) *The Human Experience of Space and Place*. New York: St. Martin's Press, 1980.

SOARES, Luiz E. Hermenêutica e Ciências Humanas. In: *Estudos Históricos. Caminhos da Historiografia*. São Paulo: Vértice, 1988.

SOUZA SANTOS, Boaventura de. *Um Discurso sobre as Ciências*. Porto: Afrontamento, 1997.

TINHORÃO, José R. *Pequena História da Música Popular*. Petrópolis: Vozes, 1969.

TUAN, Yi-Fu. *Paisagens do Medo*. São Paulo: Editora da Unesp, 2006.

_____. *Escapism*. Baltimore: The Johns Hopkins University Press, 1998.

_____. *Cosmos and Hearth: A Cosmopolite's Viewpoint*. Mineapolis: The University of Minesota Press, 1996.

_____. A View of Geography. *Geographical Review*, v. 81, n. 1, 1991.

_____. *Morality and Imagination-paradoxes of Progress*. London: The University of Wisconsin Press, 1989.

_____. *The Good Life*. Madison: The University of Wisconsin Press, 1986.

_____. Geografia Humanística. In: CHRISTOFOLETTI, Antonio (org.) *Perspectivas da Geografia*. São Paulo: Difel, 1985.

_____. Continuity and Discontinuity. *The Geographical Review*, v. 74, n. 3, 1984b.

_____. *Dominance and Affection: The Making of Pets*. New Haven: Yale University Press, 1984a.

_____. *Espaço e Lugar*. São Paulo: Difel, 1983.

_____. *Segmented Worlds and Self: Group Life and Individual Consciousness*. Minneapolis: University of Minnesota Press, 1982.

_____. *Topofilia*. São Paulo: Difel, 1980.

_____. Sacred Space: Explorations of an Idea. In: Butzer, Karl W. *Dimension of Human Geography*. University of Chicago, 1978b.

_____. The City. Its Distance from Nature. *Geographical Review*, v. 68, n. 1, 1978a.

_____. Ambiguidades nas Atitudes para com o Meio Ambiente. *Boletim Geográfico*, v. 245, n. 33, 1975.

WAGNER, H. *Fenomenologia e Relações Sociais*. Rio de Janeiro: Zahar, 1979.

WRIGHT, John K. Terrae Incognitae: The Place of the Imagination in Geography. *Annals of the Association of American Geographers*, v. 37, 1947.

Tradições Humanistas na Cartografia e a Poética dos Mapas

Jörn Seemann

Por muito tempo, a cartografia foi considerada como um método objetivo e exato de representar a realidade. No decorrer das últimas três décadas, os debates epistemológicos na disciplina têm revelado outros lados mais humanos dessa "aventura cartográfica"[1]. Literalmente, os mapas "não se fazem", mas são feitos por alguém. Atrás dos pontos, linhas e polígonos impressos no papel escondem-se homens (e mulheres) e suas razões, ações e contradições cartográficas que influenciam ou até determinam como devem ser a aparência e os conteúdos de um mapa. Mapas são textos culturais, e não espelhos do mundo, embora eles ajudem a fabricar essas realidades[2]. Assim sendo, a cartografia poderia ser definida como "um corpo de saberes teóricos e práticos que os fazedores de mapas utilizam para construir mapas como um modo distinto de representação visual"[3].

Nos seus esforços de desconstruir o modelo normativo da cartografia, os críticos deram uma maior ênfase à história da disciplina

---

1   J. Seemann, Metáforas Espaciais na Geografia, em Encontro de Geógrafos da América Latina, 10.
2   J. B. Harley, Deconstructing the Map, *Cartographica*, v. 26, n. 2; Cartography, Ethics and Social Theory, *Cartographica*, v. 27, n. 2.
3   Idem, Deconstructing the Map, *Cartographica*, p. 4.

e a conceitos como território, região e espaço. Portanto, o lugar como tema central ainda está aguardando uma consideração mais aprofundada. Quais são as relações entre cartografia e lugar? Como representar lugares cartograficamente? Será que conseguimos visualizar o espaço vivido adequadamente por meio da linguagem cartográfica?

À primeira vista, parece que as filosofias que fundamentam e norteiam a disciplina cartográfica e o conceito de lugar estão seguindo em direções opostas. Enquanto a cartografia se arroga frequentemente a produzir (falsas) posições privilegiadas "lá de cima", que autores pós-modernistas definiram como "olhar onisciente"[4] ou "truque divino"[5], o lugar como pedaço de espaço único no mundo não se encaixa muito bem nessa visão desinteressada da realidade. É um projeto com múltiplas vozes. A visão tradicional na cartografia separa a representação do espaço dos agentes, ações e mecanismos, que são responsáveis pela transferência e transformação (carto)gráfica de dados geográficos para uma folha de papel.

É preciso ir além das medidas, coordenadas e objetos para cartografar lugares e incluir contextos e significados na folha de papel. O desafio é estabelecer um diálogo entre as duas culturas da sociedade moderna, as ciências exatas e as humanidades[6]. Para realmente projetar lugares num mapa, precisamos fundir as duas culturas da cartografia: a tradição científica e a tradição humanista:

Se mapas são apenas definidos em termos da medição de precisão de longitude e latitude, isso vai reduzir o ato de mapear a uma atividade matemática [...] e ignorar a possibilidade de que o mapeamento poderia ser uma atividade cultural. Há um perigo muito grande nesta busca por precisão sem [levar em consideração] o significado do seu contexto. Você bem pode saber sua longitude e latitude com precisão de até cem metros, mas você não vai ser capaz de relacionar isso com os seus arredores; você nunca vai encontrar o seu caminho de volta para casa[7].

4   C. Harris, The Omniscient Eye, *Surveillance and Society*, v. 4, n. 1/2.
5   D. Haraway, *Simians, Cyborgs and Women*.
6   C. P. Snow, *As Duas Culturas e um Segundo Olhar*.
7   D. Woodward, The "Two Cultures" of Map History, em D. Woodward; C. Delano-Smith; C. D. K. Yee (eds.), *Plantejaments i Objectius d'una Història Universal de la Cartografia*, p. 66.

TRADIÇÕES HUMANISTAS NA CARTOGRAFIA E A POÉTICA DOS MAPAS   71

Mapas na tradição humanista não são necessariamente impressões numa folha de papel, mas podem ser melhor entendidos como processos e não como produtos[8]. Trata-se de mapeamentos que são "medidas" do mundo, podendo ser comunicadas entre pessoas, lugares ou tempos, e que não se restrinjam às imagens do senso comum da cartografia na nossa sociedade:

A medição do mapeamento não é restrita ao matemático, ela igualmente pode ser espiritual, política ou moral. Pelo mesmo sinal, o registro do mapeamento não é confinado ao que é para arquivar, mas também inclui o que é lembrado, imaginado, contemplado. O mundo figurado através do mapeamento assim pode ser material ou imaterial, existente ou desejado, inteiro ou em partes, experimentado, lembrado ou projetado em várias maneiras[9].

Neste ensaio, meu objetivo é estabelecer uma aproximação entre o lugar e a cartografia. Meu intuito não é discutir estratégias de como usar símbolos, projeções e escalas para representar lugares. Restrinjo-me a uma reflexão mais poética ("ao pé da letra") sobre alguns mecanismos básicos da cartografia e as suas implicações para estudos sobre lugares.

A POÉTICA DOS MAPAS

Ao narrar a história cartográfica da Grande Bacia de Nevada no oeste dos Estados Unidos, o geógrafo Richard Francaviglia estabelece uma ligação entre mapas e o conhecimento quando pergunta se "o mapeamento de um lugar em detalhes cada vez maiores é mesmo sinônimo de conhecer ou compreendê-lo verdadeiramente"[10]. Francaviglia chega à conclusão de que ter mais detalhes não necessariamente leva a um "conhecimento completo", porque somente o mapeamento de "todos os outros aspectos que compõem esse lugar" faria justiça ao lugar, "[desde] o movimento errático dos redemoinhos-de-poeira

8   R. Rundstrom, Mapping, Postmodernism, Indigenous People and the Changing Direction of North American Cartography, *Cartographica*, n. 28, v. 1.
9   D. Cosgrove, Introduction, *Mappings*, p. 2-3.
10 R. Francaviglia, *Mapping and Imagination in the Great Basin*, p. 186.

passando pela planície [*playa*], o cheiro acre do arbusto da sálvia pairando na brisa fresca após uma pancada de chuva [até] a sensação escaldante do basalto cor-de-chocolate [na sola do seu pé] sob o sol do verão da Grande Bacia"[11]. Portanto, seria impossível mapear todos esses "aspectos" de modo que "a imaginação sempre estará um passo à frente do mapeamento que se inspira nela"[12].

Essas descrições da paisagem do oeste americano transpiram poética. A paisagem se torna lugar, mas a sua leitura sempre permanece incompleta, porque há movimentos, fenômenos efêmeros e inúmeros outros detalhes potenciais a serem mapeados.

É exatamente essa poética que gostaria de usar como ponto de partida para minhas reflexões, que objetivam explorar a combinação da "poética" (= lugar) com a "política" (= mapa) nas pesquisas em geografia humana[13]. Pode-se dizer que todas as pesquisas em geografia se submetem (e até se subordinam) a um projeto político que prescreve uma linguagem acadêmica e científica normativa para obter "certezas" e resultados "objetivos" e "aceitáveis". Portanto, a leitura nas entrelinhas desses textos (e mapas) e o questionamento da validade incondicional dessas normas revelam que o ato de escrever e representar não é sequer um processo meramente mecânico que consiste em "listar palavras na ordem correta"[14]. Nesse sentido, formas diferentes e provocantes de (d)escrever levam a uma poética do espaço que "não é equivalente à linguagem floreada ou ao uso desenfreado da linguagem, pelo contrário. É sobre como tratar palavras [e mapas] com respeito, reconhecer seu poder, sua paixão e seu potencial e utilizá-las com precisão e significância"[15]. Esse tipo de linguagem não é muito corriqueiro nas publicações acadêmicas. A inspiração vem de outras áreas, como a arte ou a literatura, que utilizam "estratégias narrativas diferentes, tropos novos e vocabulários alternativos para representar um conjunto de novas metas teóricas e críticas como reflexividade,

11 Idem, ibidem.
12 Idem, ibidem.
13 T. Barnes; D. Gregory, *Reading Human Geography*.
14 T. Barnes, Poetics of Geography, em R. Johnston et al. (eds.), *Dictionary of Human Geography*, p. 588.
15 Idem, ibidem.

TRADIÇÕES HUMANISTAS NA CARTOGRAFIA E A POÉTICA DOS MAPAS   73

transparência e inclusão ou a desnaturalização de relações geralmente aceitas"[16].

Essa maneira lúdica (mas séria) de usar palavras para inspirar e gerar imagens, mapas e lugares se estabeleceu tanto nas ciências sociais quanto na literatura. Por um lado, publicações na sociologia, antropologia e na área de estudos culturais empregam cada vez mais termos cartográficos como mapa ou cartografia nos seus títulos. Educadores mapeiam o trabalho docente[17], psicólogos cartografam desejos[18] e antropólogos fazem mapas da violência urbana[19], para mencionar apenas alguns exemplos no Brasil. Portanto, o leitor e a leitora não irão encontrar mapas verdadeiros nesses livros, mas apenas metáforas espaciais.

Por outro lado, mapas também estão atraindo cada vez mais escritores, que os tornam um objeto central em seus romances que relatam "contos verdadeiros de amor, assassinato e sobrevivência"[20] que incluem atlas secretos[21], ladrões de mapas[22] ou mapas de tesouros[23]. Um exemplo ilustrativo é a coletânea de histórias com o título *Cartografias*, da escritora americana Maya Sonenberg. Ela narra a história de amor de um casal de fazedores de mapas que começa a decifrar um ao outro e a si mesmos como se estivessem lendo os símbolos, as linhas e os pontos de um mapa. O fazedor pensa que a linha costeira da América do Sul se assimila ao fígado da sua amada, e os rios, às suas veias. Os oceanos preenchem seu ventre, seus músculos são a terra, e se ele fosse afagar a sua face, ele iria varrer as copas das árvores da Tanzânia. Ele apanha o mundo impresso num pergaminho e dobra-o na sua mente. A fazedora de mapas, por sua vez, tenta ler as paisagens pessoais do fazedor. Ela chama uma de suas bochechas de "meu Congo mais escuro", a outra de "minhas planícies não mapeadas do Quênia", seu queixo de "minha Bacia Amazônica", sua boca de "minha Antártida", sua testa de "meu Delta do Nilo". Os pensamentos do fazedor, portanto, são tão

16 Idem, ibidem.
17 C. M. C. Geraldi et al. (orgs.), *Cartografias do Trabalho Docente*.
18 S. Rolnik, *Cartografia Sentimental*.
19 G. Diógenes, *Cartografias da Cultura e da Violência*.
20 R. Whitaker, *The Mapmaker's Wife*.
21 A. Bosch, *O Atlas Proibido*.
22 H. Terrel, *The Map Thief*.
23 A. Péréz-Reverte, *A Carta Esférica*.

espessos e profundos que estão turvando as águas, tanto que a fazedora de mapas não consegue ver as formações rochosas submersas no fundo desse oceano. Quando ela acaricia o rosto dele com todos esses nomes, ela só sente a superfície plana e morta de um mapa (Figura 1).

Figura 1: Paisagens pessoais de um cartógrafo
Desenho: Jörn Seemann.

A metáfora do mapa estimula a nossa imaginação[24]. Ver as veias como uma rede fluvial nos faz olhar os rios como algo que vai além das aparências das linhas azuis-claras, um líquido que está vivo, pulsando, correntes essenciais para alimentar a vida. Vemos a nossa existência como seres humanos, tal qual um mapa, mas os mapas também testemunham a nossa existência. De certa forma, o mapa é um paradoxo, porque, fisicamente, são meras marcas numa folha de papel, mas visualmente traz à mente um mundo multidimensional que contém objetos e até emoções que não são diretamente percebíveis no papel[25].

Em seguida, apresentarei outros exemplos que abordam essas dimensões humanistas na cartografia e indicam uma conexão com o conceito de lugar.

24 P. Turchi, *Maps of the Imagination*.
25 P. Muehrcke; J. O. Muehrcke, Maps in Literature, *Geographical Review*, v. 64, n. 3, p. 323.

"O MAPA É A CERTEZA DE QUE EXISTE O LUGAR"

Essa frase do poema "Legendas com Mapa" da poetisa mineira Adélia Prado aponta para a tensão entre a representação do lugar e o lugar representado. Prado inicia seu texto com nomes e topônimos dos tempos bíblicos que "dispensam meu discurso". Os mapas, com as suas legendas belas, suas cores tranquilizantes e seus significados profundos, lhe servem como inspiração quase religiosa. A poetisa finaliza suas reflexões com as seguintes palavras:

> Você está louca, dizem-me, um mapa é um mapa.
> Não estou, respondo.
> O mapa é a certeza de que existe O LUGAR,
> O mapa guarda sangue e tesouros.
> Deus nos fala no mapa com sua voz geógrafa[26].

Qual a relação entre lugar e mapa? Adélia Prado escreve que o mapa confirma a existência do lugar. A realidade se inverte. É o mapa que comprova o local de uma casa, de um povoado, de uma rodovia, de uma floresta. Não é mais o fenômeno que vemos diante dos nossos olhos que, em seguida, é transcrito ou inscrito em um mapa. Será que lugares precisam de mapas para serem aceitos como existentes? Será que o mapa pode substituir o testemunho ocular? Isso faz lembrar uma frase consagrada do filósofo francês Jean Baudrillard: "o território já não precede mais o mapa"[27]. Nos redemoinhos da pós-modernidade é o mapa que surge primeiro, é o significante que precede o significado de modo que esses novos signos se tornam simulacros que não representam mais o espaço real. A ligação entre a realidade e sua representação se rompe:

Hoje a abstração já não é a do mapa, do duplo, do espelho ou do conceito. A simulação já não é a simulação de um território, de um ser referencial, de uma substância. É a geração pelos modelos de um real sem origem nem realidade: hiper-real. O território já

---

26 A. Prado, *Poesia Reunida*, p. 266, grifado no original.
27 J. Baudrillard, *Simulacros e Simulação*, p. 8.

não precede o mapa, nem lhe sobrevive. É agora o mapa que precede o território – precessão dos simulacros –, é ele que engendra o território cujos fragmentos apodrecem lentamente sobre a extensão do mapa[28].

Um exemplo mais extremo do descaso entre o significado e o significante é dado pelo filósofo-cronista e autor de livros de autoajuda Rubem Alves. Ele nos conta um incidente durante uma viagem de avião de São Paulo para Londrina. Olhando pela janela da aeronave, Alves avista um curso d'água grande que se destaca na paisagem. Ao perguntar à comissária de bordo sobre o nome desse rio, ela responde que era o rio São Francisco – o que é geograficamente impossível (Figura 2). Alves tira a conclusão de que a moça não aprendeu a conectar o mapa ao espaço que representa:

Então, como explicar que ela visse o São Francisco no norte do Paraná? A resposta é simples: não foi ensinado a ela que o mapa, coisa que se faz com símbolos para representar o espaço, só tem sentido se estiver ligado a um espaço que não é símbolo, feito de montanhas, rios de verdade, planícies e mares. Saber um mapa é ver, pelos símbolos, o espaço que ele representa. Pobre aeromoça! Se o avião caísse, ela pensaria que estava caindo ao lado do rio São Francisco e invocaria o santo do mesmo nome[29].

Figura 2: O rio São Francisco na divisa entre os estados de São Paulo e Paraná? Desenho: Jörn Seemann.

28 Idem, ibidem.
29 R. Alves, O Rio São Francisco no Paraná, *Folha de S.Paulo.*

TRADIÇÕES HUMANISTAS NA CARTOGRAFIA E A POÉTICA DOS MAPAS   77

Em resumo, lugares podem existir mesmo que fiquem invisíveis no papel. O mapa é uma "re-representação" da realidade, no sentido de que é o produto de observações diretas e indiretas, outras formas de representação.

"O MAPA NÃO É O TERRITÓRIO"

Sabemos que mapas são "miniaturas" do espaço que o representam de uma forma "reduzida". Com algumas exceções (os botânicos, por exemplo, costumam aumentar o tamanho do desenho de uma planta para mostrar a haste, as veias e a forma das folhas), não é possível nem desejável fazer um mapa do tamanho do espaço representado. O escritor argentino Jorge Luis Borges nos relata a impossibilidade de fazer um mapa do tamanho do território que representa (escala 1:1)[30]. Ele nos conta a história fictícia de um império no qual a "arte da cartografia atingiu uma tal perfeição" que os cartógrafos chegaram a produzir um mapa do império que tinha o tamanho do império, coincidindo ponto por ponto com ele. As gerações seguintes, portanto, se apegaram menos a esse megaprojeto, o qual acharam extenso demais e inútil, de modo que "não sem impiedade o entregaram às inclemências do sol e dos invernos", sobrando ainda algumas ruínas do mapa nos desertos do oeste, habitadas por animais e mendigos. Talvez seja uma crítica ao burocratismo cartográfico e à "crise" da geografia quando Borges constata o desaparecimento do mapa gigantesco: "Em todo o país não resta outra relíquia das disciplinas geográficas". Será que o mapa na escala 1:1 seria a morte da geografia porque "o espaço real é suficiente a si mesmo e se apresenta sem ser representado?"[31] Jean Baudrillard tomou esse episódio como pretexto para declarar que a realidade acabou: "É o real, e não o mapa, cujos vestígios subsistem aqui e ali, nos desertos que já não são o do Império, mas o nosso. *O deserto do próprio real*"[32].

O escritor e semiólogo italiano Umberto Eco analisou o texto de Borges sob uma perspectiva teórica para provar que

30 J. L. Borges, *História Universal da Infâmia*.
31 L. Grison, L'Empire des cartes, *Mappemonde*, v. 52, n. 4, p. 44.
32 J. Baudrillard, op. cit., p. 8, grifado no original.

o mapa na escala 1:1 seria impossível, inviável e indesejável por mais de uma razão. Para ele, há pelo menos seis pressupostos que precisam ser levados em conta antes de partir para a produção desse mapa em escala natural[33]:

1. O mapa deve ter o mesmo tamanho que o território.

2. A representação precisa ser um mapa e não um molde de gesso em cima do território, porque isso não seria cartografia, mas um processo de empacotar ou pavimentar.

3. O mapa não pode ser produzido e colocado em outro território separado.

4. O mapa precisa ser fidedigno e representar não apenas o relevo do território, mas também seus artefatos e seus habitantes.

5. A representação deve ser um mapa e não um atlas, porque nas páginas de um atlas o território é apenas representado em fragmentos e parcialmente.

6. O mapa precisa ser uma ferramenta semiótica, isto é, um significante que aponta para um significado, neste caso o território real.

Além dessas observações, Eco filosofou sobre o material e as qualidades do suposto mapa. O mapa não poderia ser transparente e alterado porque qualquer manipulação de um ponto no mapa também implicaria uma interferência no ponto real[34]. Por outro lado, um mapa opaco esconderia o real e tornaria o território invisível. O mapa ficaria inútil porque não permitiria mais uma comparação com a realidade. Um outro aspecto é que se o mapa cobre o território, seria preciso fazer outro mapa indicando a existência do mapa em cima do território, já que esse agora pode ser considerado como um fenômeno ou "acidente" geográfico na paisagem. Esse novo mapa também precisaria ser representado em outro mapa que, por sua vez, exigiria outro mapa e assim por diante. Nas palavras do filósofo polaco-americano Alfred Kor-

33 U. Eco, On the Impossibility of Drawing a Map of the Empire on a Scale of 1 to 1, *How to Travel with a Salmon and Other Essays*, p. 96-97.
34 Idem, p. 97.

TRADIÇÕES HUMANISTAS NA CARTOGRAFIA E A POÉTICA DOS MAPAS   79

zybski, "o mapa não é o território [...]. Um mapa ideal conteria o mapa do mapa, o mapa do mapa do mapa... sem fim"[35].

Um caso semelhante de um mapa na escala 1:1 é contado por Lewis Carroll. Sylvie e Bruno, os protagonistas de um dos seus romances, viajaram para o país de fadas onde um nativo (*Mein Herr*) lhes relatou o estado da arte da cartografia da sua terra. Os cartógrafos produziram mapas em escalas cada vez maiores até chegarem ao ponto de levantar uma pergunta bastante prática:

"O que você considera o maior mapa que ainda seria de utilidade?"
"Mais ou menos seis polegada pela milha [~1:100 000]."
"Apenas seis polegadas!", exclamou *Mein Herr*. "Nós chegamos rapidamente a seis jardas pela milha [~1:3 000]. Depois tentamos cem jardas pela milha [~1:175]. E depois veio a ideia mais grandiosa de todas! Fizemos realmente um mapa do país na escala de uma milha por uma milha!"
"Vocês chegaram a usar bastante esse mapa?"
"Até agora, nunca foi estendido", disse *Mein Herr*, "os fazendeiros desaprovaram: eles disseram que cobriria o país inteiro e bloquearia a luz do sol! Assim sendo, agora usamos o próprio país como o mapa dele mesmo, e posso lhe garantir que isso funciona quase tão bem"[36].

A mensagem que poderia ser tirada do trecho acima é que a melhor representação da realidade é a própria realidade! Tanto que o mapa do Brasil não é o Brasil[37], o mapa de um lugar não é o lugar. Mapas representam lugares, mas são apenas abstrações e reduções deles. Nas palavras do geógrafo francês Yves Lacoste, "as cartas são as representações geográficas por excelência, mas não é possível considerar que elas são o reflexo, o espelho ou a fotografia da realidade"[38]. No caso do estudo geográfico dos lugares, o mapa seria apenas um substituto insuficiente para as nossas experiências mediadas pelos cinco sentidos.

35 A. Korzybski, A Non-Aristotelian System and Its Necessity for Rigour in Mathematics and Physics, em *Science and Sanity*.
36 L. Carroll, *Sylvie and Bruno Concluded*, p. 169.
37 J. L. B. da Silva; N. A. Kaercher, O Mapa do Brasil Não É o Brasil, em J. Seemann (ed.), *A Aventura Cartográfica*.
38 Y. Lacoste, *A Geografia, Isso Serve em Primeiro Lugar para Fazer a Guerra*, p. 211-212.

COM UM MAPA NÃO FICAREMOS PERDIDOS

Em 1977, o poeta tcheco Miroslav Holub publicou um poema com o titulo "Reflexões Breves sobre Mapas" no caderno de literatura da *Sunday Times*[39]. Nele o poeta descreveu o remorso de um jovem tenente húngaro que enviou um pequeno destacamento de soldados para uma missão de reconhecimento aos campos gelados dos Alpes, apesar das condições irregulares do tempo. Nevava por dois dias e não havia sinal dos soldados, mas no terceiro dia, para o alívio do jovem superior, o grupo voltou. A narração seguiu da seguinte maneira:

Onde estavam eles? Como foi que conseguiram achar o caminho? Sim, disseram, pensamos que estávamos perdidos e esperamos pelo nosso fim. Aí um de nós achou um mapa no seu bolso. E isso nos acalmou.

Armamos a nossa barraca, aguentamos a nevasca, e então com o mapa encontramos o nosso rumo.

E aqui estamos agora[40].

Até aqui essa história parece um exemplo de como os mapas nos ajudam na nossa orientação e navegação. O mapa serviu como garantia para trazer os soldados de volta das montanhas. Quando estamos perdidos, basta olhar no mapa e re-encontraremos o nosso caminho. Portanto, o desfecho da história é outro. Quando o tenente olhou nesse "mapa extraordinário", ele reparou que não era um mapa dos Alpes, mas dos Pirineus, uma cadeia de montanhas a mais de dois mil quilômetros de distância! Os soldados encontraram o caminho num mapa que nem sequer servia para a sua orientação.

Essa história levanta questões sobre a autoridade dos mapas. No caso dos soldados, o mapa não tinha a mínima utilidade na prática, mas sua formalidade e austeridade serviam como conforto e apoio espiritual. Para a patrulha, o mapa se tornou um placebo, um remédio sem efeito, que ajudou a superar os seus problemas. A aviadora Beryl Markham resume bem essa ingênua confiança nos mapas:

39 M. Holub, Brief Thought on Maps, *Times Literary Supplement*.
40 Idem.

TRADIÇÕES HUMANISTAS NA CARTOGRAFIA E A POÉTICA DOS MAPAS   81

Um mapa nas mãos de um piloto é um testemunho da confiança de um homem em outro; é um símbolo de fé e certeza. Não é como uma página impressa que carrega meras palavras, ambíguas e artísticas e cujos leitores fiéis – talvez também o seu autor – devem permitir um resquício de dúvida na sua mente. Um mapa fala para você, "Leia-me com cuidado, siga-me de perto, não duvide de mim". Ele diz, "Eu sou a terra na palma da sua mão. Sem mim, você está sozinho e perdido"[41].

O fazedor de mapas quer fazer o leitor acreditar que um mosaico composto de pontos, linhas e áreas numa simples folha de papel seja equivalente a um mundo multidimensional no espaço e no tempo[42] ou, nas palavras do poeta português Álvaro de Campos (mais conhecido como Fernando Pessoa), "o esplendor dos mapas [é um] caminho abstrato para a imaginação concreta"[43], um "enigma visível do tempo" e "o nada vivo em que estamos".

MAPEANDO O VAZIO

Apresentarei mais um exemplo do mundo da literatura para ilustrar a cartograficidade nos poemas. Na "Caça ao Snark", Lewis Carroll conta as aventuras de uma expedição que navegava no oceano em busca de um animal mitológico chamado Snark. Para se orientar nas águas do mar aberto, o líder do grupo comprou "um mapa grande do mar, sem um vestígio de terra" (Figura 3), que deixou a tripulação satisfeita porque era "um mapa que todos eles entenderam". Não precisavam se preocupar com "o Mercator e seus polos nortes e equadores, os trópicos, as zonas e as linhas de meridianos", pois o mapa era "um vazio perfeito e absoluto"[44].

---

41 B. Markham, *West with the Night*, p. 245.
42 P. Muehrcke; J. O. Muehrcke, op. cit, p. 319.
43 F. Pessoa, *Poesias de Álvaro de Campos*, p. 51.
44 L. Carroll, *The Hunting of the Snark and Other Poems and Verses*, p. 14.

82 QUAL O ESPAÇO DO LUGAR?

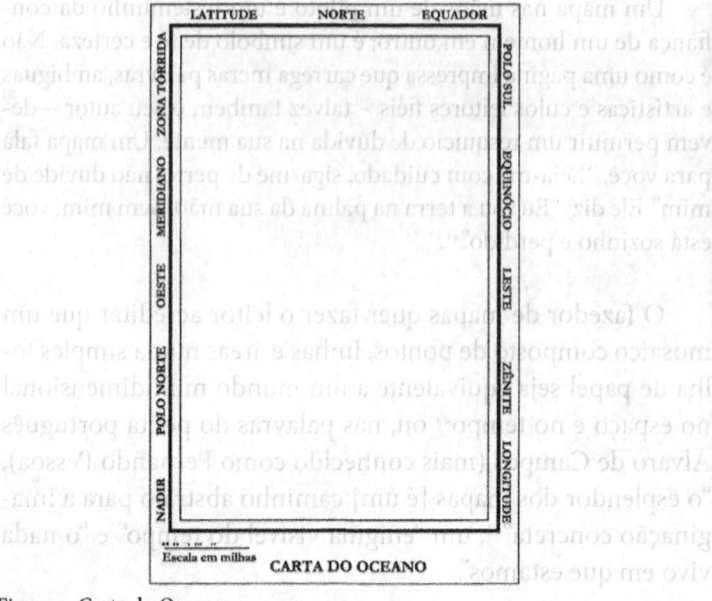

Figura 3: Carta do Oceano
Fonte: Modificado de Carroll (1903, p. 15).

Esse exemplo mostra que mapas podem representar o vazio ou até não lugares. Curiosamente, esse vazio cartográfico não é uma fantasmagoria de Lewis Carroll, mas também documentado em casos reais. Por exemplo, o quadrante 41112C6 da série topográfica na escala 1:24.000 do Serviço Geológico dos Estados Unidos (folha de Rozel Point SW), no meio do Grande Lago Salgado, consiste exclusivamente de água. Apenas os nomes do lago e da localidade específica (Gunnison Bay) emergem em letras garrafais na imensidão azul do lago, enquanto a informação sobre a altitude em cima do mar do ponto central da folha (4200 pés) foi discretamenta acrescentado entre os dois textos.

No Brasil, podemos mencionar o caso da folha SA-24-ZC-I da série topográfica 1.100.000 da Sudene (Lagoa de São Pedro, no Ceará). Os nomes de alguns riachos, curvas de nível e cotas de altitude constam no canto inferior da esquerda, enquanto aproximadamente 95% da folha apenas representam as linhas retas da grade UTM sob o azul-claro do mar.

Por um lado, esse último exemplo diz respeito à meticulosidade e burocracia dos levantamentos sistemáticos. Tecnicamente foi impossível acrescentar o pedaço em outra folha. Por

TRADIÇÕES HUMANISTAS NA CARTOGRAFIA E A POÉTICA DOS MAPAS   83

outro lado, o mapa nos mostra que o vazio e a não informação também podem ser cartografados: "Tudo que é espacialmente concebível também pode ser mapeado"[45].

O MAPA COMO BIOGRAFIA

O geógrafo britânico John Brian Harley nos conta que o mapa é como um livro conhecido ou um álbum de família[46]. O leitor é capaz de ler o mapa como um texto com um significado, porque ele traz ao olho da mente paisagens, eventos e pessoas do próprio passado, envolvendo a própria identidade na representação. Ou, em outras palavras, mapas são uma rica fonte de história pessoal que proporcionam um conjunto de coordenadas para o mapa da memória. Mapas são como transcrições de nós mesmos. O mapa pode ser uma biografia em quatro sentidos diferentes:

1. O próprio mapa no papel tem a sua biografia como objeto material elaborado, desenhado e utilizado em diferentes espaços e tempos;

2. O mapa nos ajuda a estabelecer uma ligação com as biografias dos seus fazedores e de outras pessoas envolvidas no processo;

3. O mapa é uma biografia da paisagem que a retrata de uma forma mais eloquente do que muitas palavras de texto;

4. O mapa vai ao encontro das biografias humanas, porque contém referências às vidas e práticas sociais das pessoas que estimulam a sua memória[47].

O exercício é simples: pegar um mapa do lugar que nos é familiar (quanto maior a escala, melhor), ler as informações contidas nele, visualizar o espaço representado na mente e relacionar os conteúdos com a nossa biografia. A experiência pessoal e as associações aos lugares dão um significado diferente ao mapa com a sua aparência austera, com a sua escala de pre-

---

45 A. H. Robinson; B. Petchenik, *The Nature of Maps*, p. 15.
46 J. B. Harley, *The Map as Biography*, *The Map Collector*, n. 41.
47 Idem, p. 18.

cisão e as suas convenções cartográficas. O mapa deixa de ser um documento para localização e orientação ou um produto utilitário para autoridades como a prefeitura e o governo do Estado. A leitura pessoal do mapa não obedece às regras da geometria, precisão e produção técnica: ela é feita por meio do código privado e íntimo da memória. Os nomes das ruas e das localidades não são uma listagem objetiva, nem um árido exercício de um desenho do trajeto casa-trabalho, mas uma relembrança de pessoas, algumas já mortas, outras distantes, outras ainda caminhando pelo calçadão do povoado. Dessa maneira, o mapa se torna uma autobiografia gráfica, um memorial espacial de uma pessoa, porque ele recupera o tempo no espaço e o espaço no tempo, reconstruindo a memória do passado[48]. Assim, o mapa serve como um complemento importante para engenheiros e planejadores que frequentemente pensam no futuro dos lugares e raramente nos seus passados.

O mapa-biografia não é uma viagem sentimental repleta de nostalgia e saudosismo, mas é uma (re)afirmação de que existimos. Ainda sobra uma dúvida: o que fazer quando não temos um mapa do nosso lugar? O que fazer quando o mapa não está disponível, pois a burocracia dos órgãos públicos ou das empresas executoras não permite o acesso? Quando o mapa que procuramos simplesmente não existe, nunca existiu? Nesse caso, a nossa tarefa será fazer o nosso próprio mapa. Não usaremos um mapa para escrever a nossa biografia, mas exploraremos a nossa memória para fazer o nosso mapa! A relação entre a memória e as representações cartográficas é bilateral.

RUMO A UMA CARTOGRAFIA DOS LUGARES

Apenas discuti alguns aspectos mais teóricos acerca das redes de significados estabelecidas entre a cartografia e o lugar. Deixei de falar dos processos de converter lugar em mapa e vice-versa e representar lugares em uma folha de papel. Portanto, há um número considerável de exemplos na literatura, desde

48 J. Seemann, My Place on the Map, *You Are Here: The Journal of Creative Geography*, v. 9.

TRADIÇÕES HUMANISTAS NA CARTOGRAFIA E A POÉTICA DOS MAPAS   85

manuais de design de mapas[49] e formas alternativas ou subversivas de mapear[50] até tramas de romances e diários de viagem transformados em "narrativas cartográficas"[51].

Aqui deve ser enfatizado que a cartografia é, de fato, uma ferramenta de comunicação com a capacidade de converter espaço em lugar. Em outras palavras, "A cartografia é um ato de comunicação intersubjetivo, é também uma maneira de se colocar no mundo, a arte ou ciência de representá-lo, de se orientar, trazer o lá para aqui, tornar o espaço familiar, torná-lo um lugar"[52].

Essa definição se assemelha com as maneiras de concebermos lugares: é um ato de se posicionar e orientar no mundo, uma tentativa de trazer o que é distante e intangível para mais perto e uma maneira de converter a anonimidade fria do espaço em um pedaço com significado. Seja qual for a abordagem, o ponto de partida para cartografar lugares é a pessoa que mapeia as suas ideias sobre a realidade, o que torna o mapeamento dos nossos lugares uma atividade essencialmente humana. O ser humano não é apenas um *homo geographicus*[53], mas também um *homo cartigraphicus*:

> Parece-me que se pode pensar do ato de fazer mapas como uma atividade humana fundamental, senão a atividade humana mais fundamental [...] aprender consiste em olhar para algo novo e começar a ver caminhos. Você constrói um mapa ou uma série de mapas, cada um sendo uma aproximação e provavelmente está errado nos seus detalhes, mas cada um o ajuda a adentrar mais no território[54].

---

49 J. Szegö, *Human Cartography*; M. Monmonier, *Mapping It Out*; J. Krygier; D. Wood, *Making Maps*.

50 D. Wood, Introducing the Cartography of Reality, em D. Ley; M. S. Samuels (eds.), *Humanistic Geography*; D. Dorling, Human Cartography, *Environment and Planning A*, v. 30, n. 2; D. Pinder, Subverting Cartography, *Environment and Planning A*, v. 28, n. 3; L. Mogel; A. Bhagat, *An Atlas of Radical Cartography*.

51 F. Moretti, *Atlas of the European Novel, 1800-1900*; M. Pearce, Framing the Days, *Cartography and Geographic Information Science*, v. 35, n. 1; M. Pearce; M. Hermann, *They Would not Take me There*.

52 W. Holzer; S. Holzer, Cartografia para Crianças, em J. Seemann (ed.), *A Aventura Cartográfica*, p. 201.

53 R. D. Sack, *Homo Geographicus*.

54 T. Kallet, Homo Cartographicus, em T. Kallet (ed.), *Few Adults Crawl*.

Mapas facilitam o diálogo com o lugar, tornam a experiência pessoal mais intensiva e inspiram a nossa imaginação. Por um lado, o que está longe ou perto, temido ou desejado, fictício ou verdadeiro, concreto ou espiritual se estende na nossa frente, igual ao caso dos nobres da corte espanhola no romance *Dom Quixote*: "Os cortesãos, sem sair dos seus aposentos, nem dos umbrais da corte, passeiam por todo o mundo, olhando para um mapa, sem que lhes custe dinheiro, nem padecerem calor ou frio, fome ou sede"[55].

Por outro lado, cabe dizer que, embora a leitura de mapas seja essencial para compreender lugares, o ato de mapear deve ser considerado ainda mais importante, porque "ao fazer mapas fazemos distinções importantes – não apenas referentes ao nosso mundo interno de ideias, valores e experiências lembradas, mas simultaneamente [são] distinções sobre a rede de vida a qual estamos ligados através das nossas atividades"[56].

Nas palavras do próprio Dom Quixote, os "mapeadores" de verdade são "os verdadeiros cavaleiros andantes, ao sol, ao frio, ao ar, às inclemências do céu, de noite ou de dia, a pé e a cavalo; medimos toda a terra com os nossos pés; e não só conhecemos os inimigos em pinturas, mas em suas próprias pessoas"[57]. Essas cartografias se intensificam ainda mais quando utilizamos os mapas não apenas no seu sentido estrito, mas também como metáforas. Enquanto mapas como representações são analogias e modelos que explicam e explicitam a realidade, mapas como metáforas cartográficas evocam imagens implícitas e expressam ideias[58]. Como dispositivo linguístico, a linguagem cartográfica vira uma ferramenta analítica para interpretar a realidade[59]: "O ato de mapear deve ser abordado metaforicamente porque é uma certa maneira de contar histórias. Acredito que cada pessoa potencialmente é um *homo cartigraphicus* e que precisamos compreender a experiência cartográfica como ser arraigada na

---

55 M. de. Cervantes, *Dom Quixote de la Mancha*, v. 2, p. 313.
56 R. V. Peavy, *Socio-dynamic Counseline*, p. 164.
57 M. de. Cervantes, op. cit., p. 313.
58 R. M. Downs, Maps and Metaphors, *The Professional Geographer*, v. 33, n. 3, p. 288.
59 B. de S. Santos, *A Crítica da Razão Indolente*; J. Seemann, Metáforas Espaciais na Geografia, op. cit.

TRADIÇÕES HUMANISTAS NA CARTOGRAFIA E A POÉTICA DOS MAPAS 87

experiência visual, cinestésica, emocional, cognitiva e na memória também"[60].

Está feito o convite para nos envolver com as representações cartográficas dos lugares e paisagens a fim de desenhar os nossos próprios mapas: "Até certo ponto, o que estou sugerindo aqui é que os geógrafos, eles mesmos, poderiam usar desenhos e mapeamentos não apenas como uma maneira de compreender a paisagem, mas também *para desinibir seu proprio "eu geográfico"* e ganhar uma experiência do lugar e do tempo"[61].

Ao conceber os processos de fazer mapas como parte indissociável do ser humano, podemos dizer que, sob uma perspectiva humanista, o que tem mais relevância não é representar lugares e suas peculiaridades, mas mapeá-los, incluindo as diferentes formas de pensar, perceber e comunicar detalhes sobre espaço, paisagem e lugar. Por fim, o nosso pensamento é espacial: "Pensar é como fazer e usar mapas, e mapear é necessário para o pensamento"[62].

CODA: MAPAS PESSOAIS E INVISÍVEIS

A todas essas reflexões sobre mapas e lugares, gostaria de ascrescentar um episódio da minha própria experiência cartográfica. O resultado desse exemplo do meu *dasein* não foi um mapa, mas o resgate de um poema sobre o espaço.

Entre 1995 e 1996, passei uma longa temporada em Belém do Pará. Por razões financeiras, tive de morar fora da cidade. Uma vez por semana pegava um ônibus urbano para o centro para fazer compras e tentar resolver a minha situação. A rota do ônibus passava pelo principal corredor de acesso a Belém, a avenida Almirante Barroso. Depois de ter feito o percurso inúmeras vezes, reparei em um texto de grafite no cercado fe-

---

60 R. V. Peavy, op. cit., p. 164.
61 K. Lilley, Landscape Mapping and Symbolic Form, em I. Cook et al. (eds.), *Cultural Turns/Geographical Turns*, p. 382, grifos nossos.
62 D. Matless, The Uses of Cartographic Literacy, em D. Cosgrove (ed.), *Mappings*, p. 198.

chado de madeira que foi levantado em torno do projeto de reforma do bosque Rodrigues Alves. Cada vez que passava, eu pegava um pedaço do poema, uma palavra, uma linha completa. Às vezes, não conseguia anotar nada, porque estava sentado no lado errado do ônibus, ou a multidão de passageiros barrava minha visão: *rio, a água, lá pro fim, continua meu desejo, eu*... Registrei os trechos do poema conforme as condições do momento e nos poucos segundos que tive para olhar. Desesperadamente procurava preencher mais uma lacuna da obra poética. A transcrição completa e a produção desse mapa invisível levaram vários meses. Não fiz um mapa do lugar, mas das palavras que captei no movimento (Figura 4).

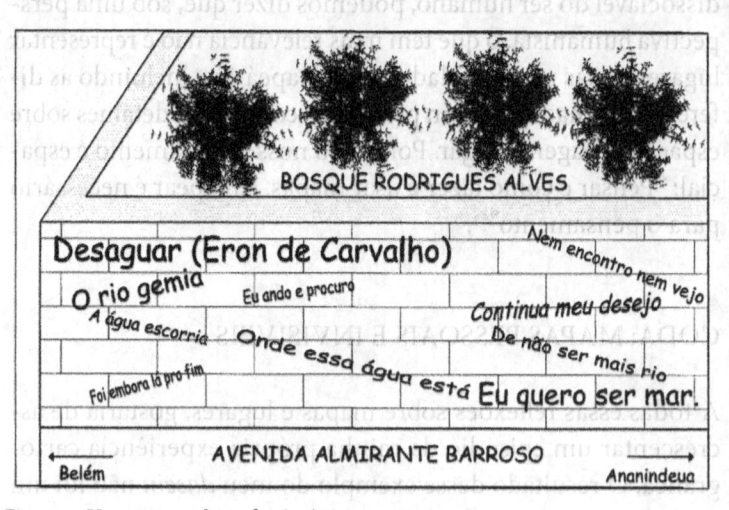

Figura 4: Um mapa poético do rio Amazonas
Desenho: Jörn Seemann.

Esse episódio é um convite a mapear nossa realidade. Para realmente experimentar e compreender o lugar, não basta filosofar e refletir sobre ele. Precisamos nos entrosar, nos engajar e literalmente nos "enfiar" nele para captar as nossas impressões. Para esse desafio, a linguagem (carto)gráfica pode ser um dos nossos maiores aliados.

AGRADECIMENTOS

Gostaria de agradecer às seguintes pessoas que, de uma forma ou outra, foram inspiração para a minha "carto-poética": Regina Araújo de Almeida, que me enviou alguns poemas cartográficos mais ou menos uma década atrás, o que me ajudou a iniciar as minhas reflexões sobre o tema; Adele Haft, do Hunter College em Nova York, e Margaret Pearce por serem prestativas e por compartilharem seus conhecimentos sobre mapas, literatura e narrativas; e o poeta paraense Eron de Carvalho por ter me posto, sem saber (e sem querer), o desafio de captar poemas em movimento.

REFERÊNCIAS BIBLIOGRÁFICAS

ALVES, Rubem. O Rio São Francisco no Paraná. *Folha de S.Paulo*, São Paulo, 11/7/1999.

BARNES, Trevor. Poetics of Geography. In: JOHNSTON, Ron et al. (eds.), *Dictionary of Human Geography*. Oxford: Blackwell, 2000.

BARNES, Trevor; GREGORY, Derek. *Reading Human Geography: The Poetics and Politics of Human Inquiry*. Londres: John Wiley, 1997.

BAUDRILLARD, Jean. *Simulacros e Simulação*. Lisboa: Relógio D'Água, 1991.

BORGES, Jorge Luiz. *História Universal da Infâmia*. Porto Alegre: Globo, 1986.

BOSCH, Alfred. *O Atlas Proibido*. São Paulo: Ediouro, 2001.

CARROLL, Lewis. *The Hunting of the Snark and Other Poems and Verses*. New York: Harper, 1903.

_____. *Sylvie and Bruno Concluded*. New York: MacMillan, 1893.

CERVANTES, Miguel de. *Dom Quixote de la Mancha*. V. 2. Rio de Janeiro: Ediouro, 2002.

COSGROVE, Denis. Introduction: Mapping Meanings. In: _____ (ed.). *Mappings*. Londres: Reaktion Books, 1999.

DIÓGENES, Glória. *Cartografias da Cultura e da Violência: Gangues, Galeras e o Movimento Hip Hop*. São Paulo: AnnaBlume, 1998.

DORLING, Danny. Human Cartography: When it is Good to Map. *Environment and Planning A*, v. 30, n. 2, 1998.

DOWNS, Roger M. Maps and Metaphors. *The Professional Geographer*, v. 33, n. 3, 1981.

ECO, Umberto. On the Impossibility of Drawing a Map of the Empire on a Scale of 1 to 1. In: _____. *How to Travel with a Salmon and Other Essays*. New York: Harcourt, 1994.

FRANCAVIGLIA, Richard. *Mapping and Imagination in the Great Basin: A Cartographic History*. Reno: University of Nevada Press, 2005.

GERALDI, Corinta M. C.; FIORENTINI, Dario; PEREIRA, Elisabete M. de (orgs.). *Cartografias do Trabalho Docente. Professor(a) – Pesquisador(a)*. Campinas: Mercado de Letras, 1998.

GRISON, Laurent. L'Empire des cartes. *Mappemonde*, v. 52, n. 4, 1998.

HARAWAY, Donna. *Simians, Cyborgs and Women: The Reinvention of Nature.* New York: Routledge, 1991.

HARLEY, J. B. Cartography, Ethics and Social Theory. *Cartographica*, v. 27, n. 2, 1990.

_____. Deconstructing the Map. *Cartographica*, v. 26, n. 2, 1989.

_____. The Map as Biography: Thoughts on Ordnance Survey Map, Six-inch Sheet Devonshire CIX, SE, Newton Abbot. *The Map Collector*, n. 41, 1987.

HARRIS, Chad. The Omniscient Eye: Satellite Imagery, "Battleship Awareness" and the Structures of the Imperial Gaze. *Surveillance and Society*, v. 4, n. 1/2, 2006.

HOLUB, Miroslav. Brief Thought on Maps. *Times Literary Supplement*, February 04, 1977.

HOLZER, Werther; HOLZER, Selma. Cartografia para Crianças: Qual é o seu Lugar? In: SEEMANN, Jörn (ed.), *A Aventura Cartográfica. Perspectivas, Pesquisas e Reflexões sobre a Cartografia Humana.* Fortaleza: Expressão Gráfica, 2006.

KALLET, Toni. Homo Cartographicus. In: KALLET, Toni (ed.). *Few Adults Crawl: Thoughts on Young Children Learning.* Grand Forks: Center for Teaching and Learning/University of North Dakota, 1995.

KORZYBSKI, Alfred. A Non-Aristotelian System and Its Necessity for Rigour in Mathematics and Physics. In: _____. *Science and Sanity. An Introduction to Non-Aristotelian Systems and General Semantics.* Lakeville: The International Non-Aristotelian Library Publishing Company, 1948.

KRYGIER, John; WOOD, Denis. *Making Maps: A Visual Guide to Map Design for Gis.* New York: Guilford Press, 2005.

LACOSTE, Yves. *A Geografia, Isso Serve em Primeiro Lugar Para Fazer a Guerra.* Campinas/SP: Papirus, 1997.

LILLEY, Keith. Landscape Mapping and Symbolic Form. Drawing as a Creative Medium in Cultural Geography. In COOK, Ian et al. (eds.), *Cultural Turns/Geographical Turns. Perspectives on Cultural Geography.* New York: Prentice Hall, 2000.

MARKHAM, Beryl. *West with the Night.* Boston: Houghton Mifflin, 1982.

MATLESS, David. The Uses of Cartographic Literacy: Mapping, Surveys and Citizenship in Twentieth Century Britain. In: COSGROVE, Denis (ed.), *Mappings.* Londres: Reaktion Books, 1999.

MOGEL, Lize; BHAGAT, Alexis. *An Atlas of Radical Cartography.* Los Angeles: Journal of Aesthetics and Protest Press, 2007.

MONMONIER, Mark. Mapping It Out. Expository Cartography for the Humanities and Social Sciences. Chicago: University of Chicago Press, 1993.

MORETTI, Franco. *Atlas of the European Novel, 1800-1900.* London: Verso, 1998.

MUEHRCKE, Phillip; MUEHRCKE, Juliana O. Maps in Literature. *Geographical Review*, v. 64, n. 3, 1974.

PEARCE, Margaret. Framing the Days: Place and Narrative in Cartography. *Cartography and Geographic Information Science*, v. 35, n. 1, 2008.

PEARCE, Margaret; HERMANN, Michael. *They Would not Take me There: People, Places and Stories from Champlain's Travels in Canada, 1603-1616.* (Escala 1:1 000 000) Orono/ME: University of Maine Canadian-American Center, 2008.

TRADIÇÕES HUMANISTAS NA CARTOGRAFIA E A POÉTICA DOS MAPAS   91

PEAVY, R. Vance. *Socio-dynamic Counseling: A Constructivist Perspective*. Victoria/Canada: Trafford, 1997.

PÉREZ-REVERTE, Arturo. *A Carta Esférica*. São Paulo: Companhia das Letras, 2001.

PESSOA, Fernando. *Poesias de Álvaro de Campos*. Lisboa: Ática, 1944.

PINDER, David. Subverting Cartography. Situationist and the Maps of the City. *Environment and Planning A*, v. 28, n. 3, 1996.

PRADO, Adélia. *Poesia Reunida*. São Paulo: Siciliano, 1991.

ROBINSON, Arthur H.; PETCHENIK, Barbara. *The Nature of Maps: Essays Towards Understanding Maps and Mappings*. Chicago: University of Chicago Press, 1976.

ROLNIK, Suely. *Cartografia Sentimental: Transformações Contemporâneas do Desejo*. São Paulo: Estação Liberdade, 1989.

RUNDSTROM, Robert. Mapping, Postmodernism, Indigenous People and the Changing Direction of North American Cartography. *Cartographica*, n. 28, v. 1, 1991.

SACK, Robert D. *Homo Geographicus: A Framework for Action, Awareness and Moral Concern*. Baltimore: Johns Hopkins University Press, 1997.

SANTOS, Boaventura de Sousa. *A Crítica da Razão Indolente: Contra o Desperdício da Experiência*. São Paulo: Cortez, 2000.

SEEMANN, Jörn. My Place on the Map: On Sentimental Cartographies, Experience of Place, and Spatial Biographies. *You Are Here: The Journal of Creative Geography*, v. 9, 2007.

_____. Metáforas Espaciais na Geografia: Cartografias, Mapas e Mapeamentos. In: ENCONTRO DE Geógrafos da America Latina, 10. *Anais do X Encontro de Geógrafos da América Latina*, São Paulo, 2005.

SILVA, Jorge L. B. da; KAERCHER, Nestor A. O Mapa do Brasil não é o Brasil. In: SEEMANN, Jörn (ed.). *A Aventura Cartográfica. Perspectivas, Pesquisas e Reflexões sobre a Cartografia Humana*. Fortaleza: Expressão Gráfica, 2006.

SNOW, Charles P. *As Duas Culturas e um Segundo Olhar*. São Paulo: Edusp, 1993.

SONENBERG, Maya. *Cartographies*. New York: The Ecco Press, 1990.

SZEGÖ, Janos. *Human Cartography: Mapping the World of Man*. Stockholm: Swedish Council for Building Research, 1987.

TERRELL, Heather. *The Map Thief*. New York: Ballantine Books, 2009.

TURCHI, Peter. *Maps of the Imagination: The Writer as Cartographer*. San Antonio: Trinity University Press, 2004.

WHITAKER, Robert. *The Mapmaker's Wife: A True Tale of Love, Murder and Survival in the Amazon*. New York: Delta, 2004.

WOOD, Denis. *The Power of Maps*. New York: Guilford Press, 1992.

_____. Introducing the Cartography of Reality. In: LEY, David; SAMUELS, Marwyn S. (eds.). *Humanistic Geography: Prospects and Problems*. Chicago: Maaroufa Press, 1978.

WOODWARD, David. The "Two Cultures" of Map History: Scientific and Humanistic Traditions – A Plea for Reintegration. In: WOODWARD, David; DELANO-SMITH, Catherine; YEE, Cordell D. K. (eds.). *Plantejaments i Objectius d'una Història Universal de la Cartografia. Approaches and Challenges in a Worldwide History of Cartography*. Cicle de Conferències sobre Història de la Cartografia, 11 è curs. Barcelona: Institut Cartogràfic de Catalunya, 2001.

Lugar e Sujeito

perspectivas teóricas[1]

Vincent Berdoulay e J. Nicholas Entrikin

Nas recomposições territoriais contemporâneas, a questão das identidades não cessa de se afirmar. A recrudescência dos regionalismos, e mesmo de nacionalismos reivindicativos, é a parte mais visível de um fenômeno de afirmação cultural e identitária que se produz atualmente em diversas escalas espaciais. Se a identidade é frequentemente invocada hoje em dia, é porque ela traduz – ainda que confusamente – uma vontade de recolocar em discussão a maneira habitual de pautar a relação das sociedades e dos indivíduos com o espaço. Nós a encontramos, aliás, no seio das propostas de ordenamento territorial, nas quais o esforço prospectivo corresponde, mais que a um retorno a objetivos e procedimentos do passado, a uma vontade de rediscutir a planificação racional. Enquanto esta última se construía contra a viscosidade de territórios moldados pela tradição, a abordagem e as tentativas contemporâneas inscrevem-se na tela de fundo constituída pelo devenir da modernidade[2]. Sem querer entrar no debate sobre a existência de uma crise da

1 Traduzido por Oswaldo Bueno Amorim Filho (PUC-MG), do original publicado em francês no *L'Espace Géographique*, n. 2, 1998, p.111-121.

2 V. Berdoulay; O. Soubeyran, Retour de la Prospective et crise de la Modernité, *Espaces et sociétés*, n. 74-75.

modernidade (mais do que simples ajustes) ou de uma passagem a uma pós-modernidade, não há dúvida de que – como atestam, por exemplo, os fenômenos pré-citados – a relação com o espaço conhece, atualmente, transformações interessantes[3]. Alguns procuraram, aliás, sublinhar sua significação histórica, econômica ou sociológica[4]. Mas, ao fazê-lo, impôs-se uma retórica da fragmentação que caracterizaria tanto o sujeito quanto sua relação com o espaço.

Quaisquer que sejam a importância desse fenômeno e a antiguidade de seus componentes, tem-se o direito de se perguntar se essa visão, fundamentada em uma comparação com uma espacialidade que teria sido, outrora, mais global e integradora, não tende a desviar a atenção de fenômenos em que se manifestam diferentemente o sujeito e sua relação com o espaço. As mutações modernas, reconhece Zumthor, "nada mais fazem do que aflorar o espaço mais próximo, o ambiente imediato de cada um de nós. Por certo, elas tendem a atenuar seus contornos, a distorcer os laços que nos ligam ao espaço; mas, é em torno desse nicho espacial pessoal que se busca uma abertura, uma revolução dos costumes e das ideias, trinta anos para cá"[5]. Nessa perspectiva, o sujeito não pode mais ser posto entre parênteses, nem ser considerado como uma entidade passiva, determinada por circunstâncias exteriores: ele forja sua própria identidade, sua consciência de si mesmo, em interação com o contexto de suas ações[6]. Não há, portanto, fenômenos, ainda que sutis, cujo interesse e mesmo a novidade poderiam escapar à nossa abordagem científica? Para apreendê-los, servimo-nos de redes cujas malhas conceituais estariam suficientemente adaptadas? É a tal objetivo de método que se prende este ensaio, e não a uma avaliação da importância mesma das mudanças na relação espaço-lugar-sujeito através da história.

As manifestações voluntaristas contemporâneas, planejadas ou não, e qualquer que seja seu grau de novidade, consti-

---

3   J.- P. Ferrier, Abitare la terra: nuovo medio evo et "uscita" della crisi, em C. Copeta (org.), *Esistere e abitare*.

4   P. Zumthor, *La Mesure du monde*; D. Harvey, *The Condition of Postmodernity*; A. Giddens, *Les Conséquences de la Modernité*.

5   P. Zumthor, *La Mesure du monde*, p. 414.

6   C. Taylor, *Sources of the Self*; A. Giddens, *Modernity and Self-identity*; A. Touraine, *Critique de la Modernité*.

LUGAR E SUJEITO 95

tuem um desafio posto para o conhecimento geográfico. Por certo a geografia possui os meios, e ela o demonstra continuamente, ao contribuir para o fornecimento das respostas, das análises e das proposições. Mas se tem o direito de perguntar se elas são suficientes para apreender a originalidade de certos fenômenos contemporâneos e se nós não estamos convidados a revisitar os conceitos sobre os quais repousa a análise geográfica atual, ela não encontra seus limites naqueles dos próprios conceitos que utiliza? A modernidade e seus avatares, na medida em que envolvem uma reorganização territorial da sociedade contemporânea, não solicitam a pesquisa de conceitos mais apropriados à consideração do contexto cultural imposto por esta modernidade? Como podem tais conceitos acomodar a exigência contemporânea que os indivíduos fazem de ter uma participação maior na construção de sua própria identidade?

Nós nos dedicaremos, portanto, neste ensaio, a avançar em tal via. Sublinharemos algumas insuficiências das análises territoriais atuais, à luz de nossa perspectiva. Veremos melhor, então, aquilo sobre o que a noção de lugar atrai a atenção. Poderemos, em seguida, voltarmo-nos para a questão da relação que o sujeito e a identidade mantêm com certos aspectos da territorialidade contemporânea. É assim que será possível refletir sobre o alcance do conceito de lugar para certas questões fundamentais desta sociedade de fim de século.

TERRITÓRIOS SEM SUJEITO

O conceito ou a noção de território alimenta atualmente numerosas pesquisas. Ele acompanha os vários exercícios de previsão territorial que se multiplicam ultimamente e cujos projetos mobilizadores visam a reintegrar os espaços no contexto nacional ou europeu[7]. Desde 1995, a lei francesa de ordenamento territorial propôs uma política de desenvolvimento centrada na consideração formal dos *pays*[8]. Mesmo não sendo convocada

7 R. Brunet, *Le Territoire dans les turbulences*; J. Beauchard (org.), *Destins atlantiques*; J.-L. Guigou, *Une Ambition pour le territoire*.
8 Termo polissêmico francês "*pays*", que, na acepção usada no presente texto, não possui equivalente adequado em português. Em seu sentido mais geral e

explicitamente, a dimensão identitária e regional raramente está ausente desse tipo de debate, tão presente nas preocupações contemporâneas[9].

O termo território – mais em voga nos países francófonos do que aquele, mais desgastado, de região – recupera uma boa parte dos debates que esse último conceito possa ter inspirado. Se a referência naturalista é, de fato, mais frequentemente deixada de lado, ninguém imaginaria negar a materialidade dos territórios. É verdade, entretanto, que são as relações de poder, as estruturações sociais e as representações que têm, sobretudo, mobilizado os pesquisadores. No fundo, busca-se compreender como se estrutura a territorialidade. Serão observados, todavia, no seio de uma literatura já abundante, algumas dificuldades que esse tipo de noção ou conceito enseja quando de sua comprovação nos fenômenos contemporâneos.

Será citado, de início, o tropismo da extensão. Pensar o território implica, por metonímia, uma porção do espaço, uma superfície cartografável, no interior de limites precisos. Seu arquétipo é a divisão administrativa ou política moderna. Ora, o aspecto reticular de numerosos fenômenos socioeconômicos contemporâneos, e mesmo político-administrativos, questiona esse tropismo. É claro que, conceitualmente, não há necessariamente contradição entre território e rede; um servindo para construir o outro[10]. De todo modo, as questões de extensão, limites e escala permanecem, frequentemente, incontornáveis para quem quer, ou deve, utilizar a noção de território. Sua utilização torna-se ainda mais difícil quando nos interessamos

conhecido, é traduzido por país, equivalente bem próximo de estado-nação. Mas, nesse texto de Berdoulay e Entrikin, o termo "pays" refere-se a uma "entidade percebida e vivida" (P. Baud et al., *Dicionario de Geografia*, p. 309) que, a nosso ver, tem um forte componente histórico e uma superfície pequena. Ao nível de maior detalhe, outros geógrafos franceses (BRUNET; FERRAS; THÉRY, p. 371) assim se manifestam: "O 'pays', na tradição geográfica, é considerado co mo uma unidade de vida, de ação e de relação, correspondendo mais ou menos ao território tribal, antigo, ou ao feudo medieval, e que é um dos níveis de agregação sistêmica do espaço geográfico. É uma extensão em torno de 1.000 km², algo como 30 km por 30 km [...]: um espaço que se atravessa, a pé [...], em uma jornada, logo, um espaço de interconhecimento" (N. da T.).

9 P. Claval, *La Géographie aux temps de la Chute des murs*.

10 R. Brunet; R. Ferras; H. Théry (orgs.), *Les Mots de la géographie*; M. Le Berre, Territoires, em A. Bailly et al. (orgs.), *Encyclopédie de géographie*; J.-M. Offner; D. Pumain (orgs.), *Réseaux et territoires. Significations croissés*.

pelas representações, pelos sentimentos de pertencimento territorial, por todos os aspectos (inclusive afetivos e emocionais) dos laços que o homem mantém com seu meio[11]. A constatação das múltiplas territorialidades, que podem caracterizar a vida social e cultural contemporânea, vem reforçar a dificuldade de se referir ao território para compreender as instâncias e o sentido desses fenômenos[12]. A multiplicidade das cartografias de territórios vem, com efeito, obscurecer o que a noção mesma de território deveria simplificar.

No fundo, encontra-se aqui a dificuldade crônica da geografia regional de sair dos trilhos, nos quais a tinha colocado o debate sobre os limites das regiões e, mais grave ainda, sobre os pertencimentos múltiplos da vida moderna de relações. A consideração das representações e do vivido buscou escapar do peso do territorial[13]. Na prática, entretanto, os trabalhos que ela inspirou foram fragmentados entre dois extremos: aquele da redução do fenômeno regional a uma porção do espaço bem delimitado e aquele da rejeição dos pertencimentos múltiplos na esfera de um imaginário sem verdadeira correspondência material.

Mas, em todos esses estudos, é revelador constatar o lugar – débil, senão inexistente – ocupado pela preocupação com o indivíduo, considerado em sua complexidade, com a pessoa capaz de iniciativas e decisões, com o sujeito que, em suma, contribui para forjar sua própria vida. Na prática da geografia regional clássica, inclusive quando o autor adota o possibilismo, o indivíduo não existe como ser autônomo[14]. Ele parece executar o que as estruturas ambientais, econômicas ou histórico-culturais teriam determinado para o espaço em que vive. Certamente, uma geografia regional, enfatizando as lógicas dos atores, nasceu também[15]. Mas é preciso assinalar

11 G. Di Méo, *L'Homme, la société, l'espace*; B. Debarbieux, Le Lieu, le territoire et trois figures de rhétorique, *L'Espace géographique*, n. 2.

12 X. Piolle, Proximité géographique et lien social, de nouvelles formes de territorialité, *L'Espace géographique*, v. 20-21, n. 4.

13 Y.-F. Tuan, *Space and Place*; A. Frémont, *La Région, espace vécu*; A. Buttimer, Les Temps, l'espace et le monde vécu, *L'Espace géographique*, n. 4; J.-P. Guérin, Géographie et représentation, em Y. André et al., *Représenter l'espace*.

14 Por exemplo, R. Hartshorne, *The Nature of Geography*; e *Perspective on the Nature of Geography*.

15 Como ilustrada por M. Chadefaud, *Aux origins du tourisme dans les Pays de l'Adour*.

que esses atores parecem obedecer a lógicas determinadas não por eles próprios, como sujeitos, mas segundo os critérios de otimização do poder e do lucro.

LUGAR DO SUJEITO – SUJEITO DO LUGAR

O problema para a análise regional ou, mais geralmente, territorial permanece então na conceitualização do papel do ator. Os trabalhos que o abordam tendem, todavia, a enfatizar o resultado espacial de suas ações e mesmo os grandes processos que conduziram a tal resultado[16]. Ora, o problema não se limita à geografia e atravessa o campo das outras ciências sociais. É assim que os especialistas contemporâneos da teoria social têm buscado superar a divisão tradicional entre micro e macroperspectivas em seus domínios, ao desenvolver uma concepção mais nuançada da ação e, portanto, do ator social. As teorias da prática, como aquela elaborada por Pierre Bourdieu[17], deram os primeiros passos no sentido de reunir as duas perspectivas. Porém, o ator, segundo Bourdieu, limita-se essencialmente a uma lógica utilitarista em função da qual todos os agentes chegam a calcular racionalmente os ganhos culturais de suas ações e a entrar em competição pela posição social. Como evoca muito bem Alexander, a insistência de Bourdieu sobre as estratégias de atores revela que, nem as disposições afetivas destes, nem seus esquemas simbólicos, são as verdadeiras motivações na fonte da ação[18]. A despeito de sua localização ontológica interna (ao sujeito), esses elementos permanecem externos do ponto de vista epistemológico, no sentido de que eles não modificam nem condicionam a natureza mesma da intenção. Daí resulta que a "motivação é conceitualizada como racional, de um modo puramente estratégico"[19].

Eis por que certas pesquisas teóricas tentaram ampliar e desenvolver os tipos de lógicas explicativas da ação. Por exemplo,

16 A. Turco, *Verso una teoria geografica della complessità*; G. Di Méo, *L'Homme, la societé, l'espace*; J. Lévy, *L'Espace légitime*.
17 P. Bourdieu, *Le Sens pratique*.
18 J. Alexander, *Fin de Siècle Social Theory*.
19 Idem, p. 152.

Boltanski e Thévenot sublinham os tipos de argumentação e de grandezas que intervêm na delimitação das diferentes esferas da vida social e que obedecem, cada um deles, a diferentes critérios normativos[20]. Os atores a eles se referem para fundamentar suas justificações e chegar a um acordo, por exemplo, invocando o interesse geral contra os argumentos mais propriamente econômicos. Os atores agem, ainda, de maneira estratégica, como aqueles que se encontram na teoria da prática de Bourdieu, porém as escolhas e resultados não são mais, tão claramente, consequências da posição social ou das circunstâncias materiais.

Uma abordagem paralela foi efetuada em geografia, na medida em que se desejou dar conta dos valores que entram em jogo nas decisões que presidem à transformação das paisagens e à organização do espaço[21]. Apoiando-se em uma concepção mais fenomenológica que estruturalista da ideologia, é com efeito possível destacar a intencionalidade e a atividade do sujeito coletivo[22]. Torna-se então possível identificar os "referentes ideológicos" que estabelecem, eles próprios, uma tensão entre polaridades e caracterizam o reservatório das lógicas, nas quais os atores irão se alimentar para guiar sua apropriação do espaço[23]. Mesmo se as escolhas dependem do contexto espaço-temporal no qual elas são feitas, como permite caracterizá-lo o estudo das paisagens e da organização territorial, não resta dúvida de que a parte ativa do sujeito deve, ainda, ser apreendida no seio da análise.

Ora, o desafio é justamente tirar partido da ideia de sujeito, tal como ela pode se conceber em uma sociedade na qual os mecanismos de integração e o respeito pelos papéis não são mais determinantes na vida das pessoas. A afirmação do indivíduo como sujeito vai, aliás, junto a certa contestação das estruturas que pesam sobre ele, um distanciamento crítico em relação a elas, até mesmo uma oposição. Desse ponto de vista, como expresso por Touraine, "o sujeito se define pela refle-

20 L. Boltanski; L. Thévenot, *De la justification.*
21 V. Berdoulay, *Les Valeurs géographiques*, em A. Bailly; R. Ferras; D. Pumain (orgs.), *Encyclopédie de géographie.*
22 Idem, *Les Idéologies comme phénomènes géographiques*, *Cahier de géographie du Québec*, v. 29.
23 Idem, *L'Appropriation du territoire*, em R. Brunet (org.), *États-Unis, Canada.*

xividade a vontade, pela transformação refletida de si mesmo e de seu ambiente"[24].

Foi assim que, como sublinha François Dubet, a teorização começou a se afastar da concepção da sociedade como um sistema integrado[25]. Na teoria social clássica, o ator é, realmente, definido pela interiorização das normas sociais, e a ação se resume à realização dessas normas. Essa concepção passiva do autor é ilustrada, em Bourdieu, por seu conceito de "habitus"[26], que Dubet descreve como "uma ficção de sujeito em um sistema todo-poderoso"[27]. O ator social, segundo Dubet, é um sujeito ativo que age no interior das tensões criadas pela autonomia dos três tipos fundamentais de lógicas de ação que modelam a experiência social. Trata-se das lógicas de *integração* (pertencimento ao grupo), de *estratégia* (reações aos dados do mercado) e de *subjetivação* (a percepção que o indivíduo tem de sua própria identidade). Embora Dubet veja todas as lógicas como traduzíveis em formulações teóricas clássicas e, particularmente, aquela de Max Weber, ele enfatiza a originalidade de sua abordagem por sua tentativa de considerar essas lógicas como autônomas, interagindo, por meio do sujeito, em situações concretas de maneira contingente e imprevisível, mais do que de acordo com as relações hierárquicas ou necessárias postas pela teoria clássica.

Essas orientações assumidas pelo pensamento sociológico juntam-se potencialmente à indagação geográfica, segundo a qual é nos lugares que essas lógicas são combináveis e podem encontrar sua expressão concreta. A consideração do sujeito e do lugar convergem, de modo que se chega a uma concepção mais rica da ação racional, que permite evitar a tendência

24 A. Touraine, *Critique de la modernité*, p. 313.
25 F. Dubet, *La Sociologie de l'expérience*.
26 No senso comum: "Comportamento adquirido e característico de um grupo social" (P.-H. Cousin; Y. Garnier; F. Demay (eds.), *Le Petit Larousse Illustré*, p. 498). Para Bourdieu: "Um sistema de disposições duráveis e transferíveis, estruturas estruturadas predispostas a funcionar como estruturas estruturantes, isto é, enquanto princípios geradores e organizadores de práticas e de representações que podem ser objetivamente adaptadas a seu fim, sem supor a visada consciente dos fins e o domínio expresso das operações necessárias para atingi-los" (*Le Sens pratique*, p. 88-89). Esse conceito tem, então, por equivalente aquele de "inconsciente cultural" (N. da T., com base em: http://www.ireness.net, consultado em 20 de dezembro de 2010).
27 F. Dubet, op. cit., p. 13.

LUGAR E SUJEITO 101

pós-moderna e pós-estruturalista para o relativismo. Uma sociologia do sujeito e uma "geografia moral" centrada na questão do lugar chegam, assim, a convergências que podem fornecer os fundamentos de um discurso refletido sobre a natureza do bem na sociedade[28].

De fato, a geografia tem se interessado, recentemente, em integrar a noção de sujeito em suas análises. Alguns geógrafos acreditaram encontrar a solução adotando a abordagem de Anthony Giddens. Aliás, o próprio Giddens fez um empréstimo à geografia – a "cronogeografia, segundo T. Hägerstrand –, a fim de situar a ação no contexto que lhe fornece a localidade, onde se ligam os potenciais de estruturação que trabalham a sociedade[29]. Embora sedutora no plano teórico, a contribuição de Giddens permaneceu relativamente limitada quanto às tentativas de aplicação empírica, tanto na sociologia quanto na geografia[30].

De nosso ponto de vista, dois elementos reduzem certamente o alcance de sua contribuição. Em sua discussão da modernidade, Giddens considera os lugares como "fantasmagóricos", uma mistura confusa de elementos, alguns locais, outros distantes, mas sempre em mutação; e, dessa observação, ele deduz que o lugar perdeu sua importância e sua significação para a compreensão da vida moderna. Se sua descrição não é falsa, sua conclusão, em troca, o é. A nova natureza dos lugares, que é observada, não os torna, entretanto, sem pertinência para compreender a modernidade: essa natureza torna-os somente um desafio maior para a análise. Os indivíduos ou os grupos sempre teceram os laços entre identidade e espaço, como refletidos nas paisagens, que resultam de atividades rotineiras ligadas a um gênero de vida tradicional ou que sejam o resultado voluntário de princípios cosmológicos antigos, ou ainda de ideais modernos de racionalidade. A característica dominante dos lugares no seio da modernidade é sua mutabilidade: ora, ela é igualmente característica do sujeito moderno e de seu sentido de identidade.

Ademais, o problema primordial da análise de Giddens é que ela separa o lugar do sujeito. Sua concepção do local sofre

28 J. Alexander, op. cit.; C. Taylor, op. cit.
29 A. Giddens, *La Construction de la société*; e *Modernity and Self-identity*.
30 A. Pred, *Place, Practice and Structure*.

do mesmo inconveniente que aquela, de inspiração mais naturalista, que está na fonte das abordagens ecológicas que presidiram o desenvolvimento do pensamento geográfico. O lugar, ou o meio, é aí objeto. Enquanto tal, certa essência o define. Quando esta se modifica, o objeto desaparece ou perde sua importância. Para Giddens, portanto, os lugares são objetos relativamente tradicionais que contêm atores sociais, assim como elementos materiais e modos de vida. Sua força está ligada à sua capacidade de conter esses elementos materiais, modos de vida e atores. Compreendemos, então, porque Giddens pensa que a diminuição dessa capacidade nas sociedades contemporâneas testemunharia o desaparecimento dos lugares como fontes importantes da vida moderna.

Inversamente, é uma contribuição durável do movimento humanista em geografia ter relembrado aos geógrafos a importância essencial dos laços entre o sujeito e seu mundo[31]. Nessa perspectiva, o sujeito e o lugar tornam-se tão inextricavelmente ligados que eles se instituem mutuamente[32]. Assim, o interesse, do ponto de vista geográfico, fornecido pelo conceito de lugar, não é somente o de manter a preocupação ecológica por uma compreensão global e sintética das relações entre o homem e seu ambiente, mas é, também e sobretudo, de incluir em sua visão o sujeito, demasiadamente esquecido até então. É verdade que a ecologia humana, segundo Robert Park, estava muito próxima dessas preocupações, mas o contorno empirista assumido pela escola de Chicago fez com que ela desviasse sua evolução daquela tendência, afastando-a de uma contribuição original sobre a questão[33]. Park se interessa, com efeito, pela grande narrativa da afirmação do sujeito em face do ambiente urbano[34]. Ademais, ele tinha-se voltado para o potencial das "histórias de vida", a fim de captar o ponto de vista dos atores sociais. As tendências positivistas e quantitativistas da ecologia urbana fizeram, finalmente, abortar a valorização da narrativa como abordagem da relação ecológica. O conceito de lugar, as-

31 J. N. Entrikin, Contemporary Humanism in Geography, *Annals of the Association of American Geographers*, n. 66.

32 R. Sack, *Homo Geographicus*; Y.-F. Tuan, *Space and Place*.

33 J. N. Entrikin, Robert Park's Human Ecology and Human Geography, *Annals of the Association of American Geographers*, n. 70.

34 V. Berdoulay, L'Écologie urbaine, em A. Mercier (org.), *La Nature en ville*.

sim compreendido, aparece como uma contribuição nova para a pesquisa, mais antiga, das mediações. A região, a localidade, o gênero de vida não seriam, na perspectiva de Paul Vidal de la Blache, os conceitos que permitem apreender as mediações que se tecem entre o homem e a natureza?[35]. O caráter de mediação pode estender-se graças ao conceito de lugar, às relações entre a subjetividade e a objetividade, entre o sujeito e o ambiente. O interesse mesmo do conceito vem do fato de que ele compreende este "entre-dois", sem o qual perdemos uma das chaves da realidade[36]. Nessa perspectiva, as questões de escala, de distância, de extensão e, portanto, de limites perdem sua pertinência como preliminares à análise. Elas não são mais colocadas *a priori* (ou a montante) e deixam aberto à pesquisa o campo dos processos de mediação entre o sujeito e o ambiente.

Recortamos, assim, a via que, por seu lado, abriu Augustin Berque, ao interessar-se pelo conceito de *médiance*[37]. Mas nosso conceito de lugar, mais próximo do que Berque entende por "meio", conduz a uma preocupação maior com o território e o espaço social do que com a paisagem e, sobretudo, a uma vontade de apreender as construções espaciais ligadas à atividade do sujeito, inclusive na produção do próprio sujeito. Procuramos, com efeito, insistir sobre essa parte ativa de um sujeito que se transforma, ele próprio, ao transformar o mundo no qual se insere. É o jogo do distanciamento do sujeito, ativo e autônomo, em relação ao seu ambiente que prende nossa atenção, a fim de apreendermos a construção do "entre-dois", que constitui, em nossa perspectiva, o lugar. Este exprime um trabalho do sujeito sobre o mundo e sobre sua relação com o mundo; ele é, assim, tensão a dois títulos, mas também tensão entre sua própria singularidade, que ele constrói, e sua inscrição no universal. É preciso, portanto, recolocar o sujeito na perspectiva das relações que a consciência de si mesmo mantém com o lugar.

35 Idem, *La Formation de l'école française de géographie* (1870-1914).
36 J. N. Entrikin, *The Betweenness of Place*.
37 A. Berque, *Médiance*; e *Les Raisons du paysage*.

LUGAR E CONSCIÊNCIA DE SI MESMO

Como já lembramos, as recomposições territoriais, entre as quais aquelas que são contemporâneas, não podem ser reduzidas ao simples jogo dos poderes e estruturas sociais. As preocupações atuais, provocadas pelo renascimento, ou a emergência de diversas formas de nacionalismo e de regionalismo ilustram a importância do fenômeno de identidade espacial ou territorial. Esta é, em geral, difícil de apreender, pelo tanto que ela é composta de diversificados elementos da vida social. Sua forma pode variar de uma identidade relativamente fraca, associada a categorias territoriais de gestão (como as paróquias, as regiões ou outras divisões administrativas), a um sentimento intenso de pertencimento, que cria uma fusão entre o lugar e o grupo ou entre o lugar e o próprio ser individual (como no caso do nacionalismo). Esses signos, ou símbolos, vão do elemento paisagístico e da exigência de ter um controle do território até as percepções efêmeras que compõem nosso meio de vida cotidiano. As identidades espaciais coletivas manifestam-se em escalas bem diversas, indo dos estados-nações emergentes (como na antiga União Soviética ou na Palestina) até as demandas de mais autonomia regional (como na Espanha) e a formação de espaços sociais diferenciados no interior das cidades (como os bairros ou subúrbios marcados pela segregação). Esses sentimentos emergem também, sob outras formas, conformando espaços e meios, como os monumentos, as festas ou as peregrinações, os mercados ou as imagens difundidas pelos discursos políticos ou por fixação de cartazes. A paisagem funciona, então, como um conjunto de dispositivos mnemônicos, alguns voluntários, tais como os cemitérios ou os monumentos aos mortos, e outros mais inconscientes, como certas ruas, passagens ou praças que nos são familiares[38].

A identidade espacial ocupou um lugar relativamente ambíguo nas discussões sobre a modernidade. A política da identidade desempenhou um papel importante nas sociedades industrializadas, mas ela esteve mais frequentemente ligada a

---

38 P. Nora (org.), *Les Lieux de mémoire*; J.-L. Piveteau, Le territoire est-il un lieu de mémoire?, *L'Espace géographique*, n. 2; M. Heffernan, For Ever England, *Ecumene*, v. 2, n. 3; R. Friedland; R. Hecht, *To Rule Jerusalem*; C. W. J. Whithers, Place, Memory, Monument, *Ecumene*, v. 3, n. 3.

LUGAR E SUJEITO   105

questões de classe, etnia, gênero sexual ou ainda a debates sobre a sociedade de consumo, ligando o desejo de consumir à
necessidade de construir ou mudar a própria identidade. Em
contrapartida, a identidade espacial foi frequentemente descrita como característica das sociedades tradicionais cada vez
que os gêneros de vida estavam espacialmente circunscritos.

Os estudos geográficos sobre a identidade buscaram, na
maior parte do tempo, descrever a diversidade cultural e suas
manifestações visíveis na paisagem, mas alguns estudos o fizeram na forma de louvor ou de exaltação. Esta última tendência
se encontrando tanto entre os românticos, que buscavam uma
ligação profunda com o ideal já passado da vida comunitária,
quanto entre os pós-modernistas e pós-estruturalistas, que in-
terpretavam a identidade territorial como relacionada a um
movimento mais geral de tomada de poder no seio de uma
política de liberação[39]. Por exemplo, em seu balanço do movimento pós-modernista, Dear e Wassmandorf[40] consideram
que o lado positivo do pós-modernismo é ter "liberado os indivíduos e lhes ter dado poder fora dos centros tradicionais da
autoridade escolástica [...], a diferença sendo legitimada qualquer que seja sua fonte – gênero sexual, raça e etnicidade; e,
consequentemente, a hegemonia dos centros de poder existentes foi energicamente minada". A política da diferença depende,
até mesmo de maneira extrema, da questão da identidade e da
política de reconhecimento, e ela pode assumir claramente uma
forma espacial. Por exemplo, os "centros" podem ser interpretados como sociais ou como geográficos, e o reconhecimento
de um indivíduo ou de um grupo pode ser avaliado em função
das mudanças em sua capacidade de controlar ou dominar o
espaço[41]. Toda uma reflexão crítica sobre o planejamento territorial encontra aí sua fonte de inspiração[42].

Outros trabalhos buscaram colocar a pesquisa da identidade
no contexto mais amplo da mundialização. Assim, Robertson descreve a mundialização como a "cristalização do mundo inteiro

39 S. Pile; N. Thrift (orgs), *Mapping the Subject.*
40 M. Dear; G. Wassmansdorf, Postmoderb Consequences, *Geographical Review*,
    n. 83, p. 324.
41 C. Taylor, op. cit., p. 15; R. Shields, *Places on the Margin.*
42 E. Soja, Aménager dans/pour la post-modernité, *Espaces et sociétés*, n. 74-75.

em um só lugar"[43]. A cultura mundial torna-se, então, um novo cosmopolitismo, no qual o lugar perde sua significação, ao contrário do que se passava nas sociedades tradicionais. Para Anthony Smith[44], a cultura mundial que emerge hoje em dia é "sem contexto, uma verdadeira mistura de componentes disparatados tirados de toda parte e de parte alguma, conduzida pelos veículos modernos dos sistemas de comunicação mundiais". Insiste-se então no desaparecimento da vida local ou, ao menos, sobre sua falta de autenticidade e sobre a perda de sentido trazida pela hegemonia da modernidade e de seus avatares recentes, que são a pós-modernidade ou a sobremodernidade, responsáveis pela multiplicação de "não-lugares"[45]. Mas não se pode conceber, ao contrário, que o lugar adquire nesse contexto uma importância renovada, que procederia do sentimento de insegurança ontológica característica da modernidade? Em um ambiente instável, as pessoas não devem constantemente revisar e reorganizar a trama narrativa sobre a qual elas fundam seu pertencimento ao lugar na esperança de conseguir um maior reconhecimento?

Com efeito, alguns autores tentam mostrar que o mundial se situa em um dos polos da modernidade e tem por complemento a localização ou o aprofundamento da afeição ao local. Esse ponto de vista é muito importante, no sentido de que a mobilidade crescente das populações não anula, necessariamente, a busca de um lugar de pertencimento. Esse último entrando em uma dialética da mobilidade e da sedentarização[46]. O mesmo, aliás, acontece com as novas tecnologias de comunicação, cuja ubiquidade engendra no sujeito uma procura do local e do espaço de proximidade[47].

Tal processo está relacionado com o aprofundamento da consciência de si mesmo na vida moderna[48]. As identidades

43 R. Robertson, Globalization and Societal Modernization, *Sociological Analysis*, v. 47, n. 5, p. 38.
44 A. Smith, Towards a Global Culture?, *Theory, Culture and Society*, n. 7, p. 171-191.
45 M. Augé, *Non-lieux*; P. Zumthor, *La Mesure du monde*.
46 A. Tarrius, *Anthropologie du mouvement*; M. Augé, *Pour une anthropologie des mondes contemporains*; E. Falgon, *L'Ici et l'ailleurs*; M. Hirschhorn; J.-P. Berthelot (orgs.), *Mobilité et ancrages*.
47 F. Jauréguiberry, De l'appel au local comme effet inattendu de l'ubiquité médiatique, *Espaces et sociétés*, n. 74-75.
48 Por exemplo, A. Giddens, *Modernity and Self-identity*; e R. Sack, *Place, Modernity and Consumer's World*.

LUGAR E SUJEITO 107

que aí se observam são raramente moldadas em apenas um componente: elas são fragmentadas e, do ponto de vista do geógrafo, elas refletem sempre uma tensão fundamental entre o particular e o universal, o provincial e o cosmopolita. A modernidade é, muito frequentemente, apresentada como se exigisse uma escolha entre os dois, sendo a própria tensão mais importante[49]. Ela permite, simultaneamente, o sentimento de pertencimento e a abertura para a diferença, ao mesmo tempo que revela o trabalho do sujeito sobre si mesmo e o verdadeiro lugar de sua atividade cultural[50].

O desejo de pertencimento do indivíduo ao grupo e do grupo ao meio pode ser compreendido como um processo essencialmente subjetivo, que está ligado à questão da identidade: quem sou eu? Essa subjetividade não chega, entretanto, a retirar de uma problemática social a questão da identidade, no sentido de que sua resposta implica o sentimento de pertencer a uma comunidade de memória. Smith define a identidade cultural coletiva como "esses sentimentos e valores" ligados a um sentido da continuidade, da memória e da comunidade de destino, no seio de um grupo que compartilhou experiências comuns e possui características culturais comuns[51]. Sem poder, portanto, nos acantonar em uma problemática do indivíduo como simples ator social ou pessoa que decide, é preciso aprofundar a questão da subjetividade e da consciência de si mesmo.

Desde o começo, a questão do "si mesmo" parece muito afastada da pesquisa geográfica, tanto que esta foi associada à ideia de cartografia e de localização e, portanto, a uma ciência que oferece uma descrição objetiva da superfície terrestre. Mas a geografia tem, ultimamente, se preocupado com a introdução de uma abordagem mais reflexiva: reconheceu-se o sujeito como observador e, de maneira mais limitada, como criador de mundos. O papel do sujeito, seja como observador, seja como ator, inscreveu-se, assim, na problemática da geografia contem-

---

49 L. Ferry, *Le Nouvel ordre écologique*, p. 269-275; M. Walzer, *Thick and Thin*; D. Harvey, Militant Particularism and Global Ambition, *Social Text*, n. 42; Y.-F. Tuan, *Comos and Hearth*.

50 F. Dumont, *Le Lieu de l'homme*; F. Dubet, *La Sociologie de l'expérience*; F. Jauréguiberry, Europe, langue basque et modernité en Pays Basque français, *Le Pays Basque et l'Europe*.

51 A. Smith, op. cit., p. 179.

porânea, mas ainda muito pouco – salvo em um nível muito geral – nas discussões e pesquisas que dizem respeito ao território e à identidade. As discussões tomaram, sobretudo, a posição do "si mesmo descentrado", quer dizer, de um sujeito produzido por forças externas da cultura, da sociedade e da economia. A tradição da geografia humanista e a herança kantiana da disciplina oferecem, contudo, uma concepção mais "centrada" do sujeito, uma concepção que vê esse último como um agente ativo no seio do maëlstrom[52] das outras forças.

A vantagem desse ponto de vista é a de revelar a centralidade do sujeito no âmago da geografia. Os seres humanos transformam a Terra, fazem dela seu mundo e, por sua vez, essas transformações afetam o que eles são. Sack insiste sobre este ponto: "Nossa natureza geográfica dá forma a um mundo e a nós mesmos, a nossas ações, nossa consciência e nossas preocupações morais"[53]. Nós não somos necessariamente conscientes dessa natureza geográfica, dessa "geograficidade" evocada por Eric Dardel[54]. Mas Sack acrescenta que tomar consciência dela aumenta a eficácia de nossas ações, a clareza de nossas adesões e a abertura de nossos valores morais[55]. À maneira de Heidegger, pode-se sublinhar o quanto a espacialidade do homem está ligada ao seu "ser-aí" e, nessa perspectiva, o quanto é necessário recolocar em quessão as oposições entre o "aqui" e o "lá" e entre o "dentro" e o "fora"[56]. O sujeito e o lugar funcionam como duas noções primordiais da experiência humana. Elas essão "sempre já aí"[57]. O sujeito e o lugar são, cada um, constitutivos do outro. Os diversos conceitos utilizados (território, região etc.) tornam-se, nessa perspectiva, subcategorias dessa relação geral.

A importância conceitual desse ponto de vista sobre o sujeito e o lugar é reforçada pela possibilidade de encontrar, para ele, um prolongamento metodológico. A análise epistemológica do discurso geográfico já permitiu resgatar a tendência narrativa presente em certas correntes da geografia, a

52 Termo holandês com o sentido aproximado de "turbilhão" (N. da T.).
53 R. Sack, Homo Geographicus.
54 E. Dardel, L'Homme et la terre (trad. bras.: O Homem e a Terra, São Paulo: Perspectiva, 2011)..
55 R. Sack, Homo Geographicus.
56 J. Dewitte, Monde et espace, em L. Couloubaritsis (org.), Les Temps et l'espace.
57 E. S. Casey, Getting Back into Place.

fim de estruturar o esquema causal que era aí privilegiado[58].
Ora, a propriedade que a trama narrativa possui de colocar
em coerência os elementos diversos do ambiente natural e
humano estende-se a toda experiência que visa o mesmo objetivo[59].

O que faz a força do relato é o poder que ele confere ao
sujeito de interpretar seu mundo, de lhe dar sentido, qualquer
que seja a heterogeneidade dos fenômenos envolvidos[60]. Esse
trabalho se efetua, com efeito, a partir de elementos que podem
ser muito discordantes, quer dizer, que dependem de lógicas
diferentes. A especificidade espaço-temporal da experiência e
da memória coletiva que veiculam os lugares molda-se bem de
maneira narrativa. É por intermédio do relato que o sujeito or-
ganiza seus laços com o ambiente e com a coletividade a ponto
de, para certos filósofos[61], a trama narrativa aparecer como estruturante na vida do sujeito moderno.

Já que ela faz sentido, essa trama serve ao sujeito tanto
para estruturar o dizer quanto o fazer: o trabalho do sujeito
não se deixa ver somente no enunciado narrativo, mas também
na sua instanciação, constituída pelo lugar. Assim se desenha
uma forte convergência conceitual e metodológica do sujeito,
do relato e do lugar.

MORAL

O recurso ao conceito de lugar permite confrontar a exigência
contemporânea de introduzir o sujeito na análise científica em
geral e geográfica em particular. Há aí, com efeito, um desafio
que a geografia não poderia evitar. A despeito de suas importantes conquistas teóricas e metodológicas, frequentemente so-
licitadas em planejamento territorial, a geografia, entretanto,
pouco tem tentado acompanhar essa "revolução" do sujeito na

58   V. Berdoulay, *Des mots et des lieux*; e Geographie. *Cahiers de géographie du
Québec*, v. 32; J. N. Entrikin, *The Betweenness of Place*.
59   J. N. Entrikin, *The Betweenness of Place*; J. N. Entrikin; V. Berdoulay, Singularité des lieux et prospective, *Espaces et sociétés*, n. 74-75; e The Pyrenees as
Place, *Progress in Human Geography*, v. 29, n. 2
60   P. Ricouer, *Temps et récit*.
61   P. Ricouer, *Temps et récit*; A. MacIntyre, *After Virtue*.

evolução social e cultural contemporânea. O desafio é, evidentemente, epistemológico, mas ele envolve claramente a visão da sociedade, do individuo a as transformações de sua inserção espacial. As consequências teóricas e metodológicas não são menos consideráveis. E é aí, precisamente, que a maneira de colocar a questão do lugar, tal como fizemos, assume toda a sua importância e seu alcance.

Consubstancial ao sujeito, que ele contribui para moldar e que o transforma, o lugar, assim compreendido, permite que se lance um olhar novo sobre as recomposições territoriais contemporâneas. O sujeito enfatiza, nas instâncias próprias dessas últimas, os componentes subjetivos. Em outros termos, por intermédio do lugar e de sua redefinição, o sujeito moderno trabalha em sua própria construção e em seu engajamento no mundo que o envolve.

Conceito dotado de "geometria variável", o lugar não coloca, *a priori*, uma escala particular, nem um princípio de desdobramento na extensão. E, ainda menos, o problema dos limites, contra o qual tinham se chocado outros conceitos espaciais. O que está em jogo, com efeito, são os processos graças aos quais se tecem as mediações. O esforço de pesquisa deve ir nesse sentido e privilegiar os processos de subjetivação. Por isso, como foi por nós colocado, o conceito de lugar possui a materialidade que lhe dá o ambiente utilizado pelo sujeito em sua própria construção. Processo e resultado da combinação, pelo sujeito, de lógicas naturais e humanas diversas, o lugar adquire o caráter de objetividade de seus componentes. Todavia, mesmo se o esforço de distanciamento é grande, o ambiente permanece claramente relativo ao sujeito: ele é meio; ele remete, em suma, ao projeto mesmo do ponto de vista ecológico. Assim, o lugar repousa sobre a ideia de um sujeito ativo que deve, sem cessar, tecer as ligações complexas que lhe dão sua identidade, ao mesmo tempo em que definem suas relações com seu ambiente.

O relato fornece o meio de operacionalizar o espaço conceitual assim aberto. O lugar, como o sujeito, se institui e se exprime sobre o modo privilegiado da narrativa. Aí se encontra em ação, constantemente, o esforço de colocar em coerência as realidades material e ideal, do qual as regiões, *pays*, territórios e outros es-

LUGAR E SUJEITO   111

paços são o resultado, aliás, sempre recolocado em questão. O
relato é essa "entrada" na geografia moderna, cujo alcance teórico e metodológico tem sido demasiadamente negligenciado.

A associação conceitual do lugar e do sujeito permite que
se dê toda sua medida ao fenômeno da multiplicidade dos pertencimentos territoriais, mais do que reduzi-lo. As identidades
modernas são, com efeito, raramente esculpidas em uma só
peça; elas são necessariamente fragmentadas e complexas em
razão dos numerosos papéis sociais e culturais assumidos pelo
indivíduo e das numerosas forças que condicionam o sujeito.
Esses papéis são frequentemente associados a lugares particulares no seio das vidas, muito segmentadas espacialmente dos
habitantes das metrópoles contemporâneas. Do ponto de vista
do geógrafo, o lugar, como o sujeito, reflete as relações complexas, resultantes da tensão fundamental que se exerce entre
o particular e o universal, entre o provincial e o cosmopolita[62].
É dessa tensão mesma e de sua força criadora que emergem a
existência e a pertinência dos lugares assim instituídos.

Eles desenham, então, os ambientes da ação. Na hora em
que nos interrogamos sobre as melhores modalidades do debate
público, sobre seus contornos territoriais, notadamente em relação com a questão do desenvolvimento durável[63], o conceito
de lugar, tal como nós o delimitamos, designa os ambientes
pertinentes à ação democrática e abre a porta à crescente participação dos geógrafos nas discussões sobre o futuro da democracia. O conceito de lugar convida, efetivamente, a lançar
um olhar novo sobre a questão moral, a saber, sobre o campo
de exercício e de pertinência da responsabilidade. No fundo, o
que o conceito de lugar implica é uma concepção da geografia
como ciência moral.

Com efeito, o conceito de lugar mantém relações estrei-
tas com aquele de espaço público. O distanciamento variável
que pode assumir o sujeito *vis-à-vis* do objeto desenha lugares

---

62 J. N. Entrikin, *The Betweenness of Place: Towards a Geography of Modernity*; e
    Place and Region 3, *Progress in Human Geography*, n. 21; D. Harvey, Militant
    Particularism and Global Ambition, *Social Text*, n. 42; e *Justice, Nature and
    the Geography of Difference*; Y.-F. Tuan, Islands Selves, *Geographical Review*,
    v. 85, n. 2; R. Sack, *Homo Geographicus*.
63 Y.-F. Tuan, Islands Selves, *Geographical Review*, v. 85, n. 2; O. Soubeyran, *Débat
    public et développement durable*.

de contornos potencialmente muito diferentes. Se o distanciamento é forte, como na perspectiva do cosmopolita, o lugar torna-se um espaço modelado em função de princípios gerais. Esse seria também o caso do planejador se ele não devesse – idealmente – levar em conta concepções menos distanciadas das populações envolvidas[64]. Assim, pode-se criar um espaço público que constitui uma parte da geografia moral da cidade; um espaço que, no melhor dos casos, seria aquele da tolerância em relação ao outro. Tais espaços públicos só representam uma parte do mundo urbano. Além dos espaços de pura funcionalidade, existem notadamente os lugares de pertencimento. Eles não existem ao lado ou separadamente do espaço público, recobrem-no ou, antes, imbricam-se com ele.

A mesma coisa é bem ilustrada evocando-se o que se passa ao nível dos Estados-nações. Estes buscam realmente combinar a necessidade de ter fronteiras mais ou menos permeáveis com aquela de manter uma cultura suficientemente coerente para permitir consenso e legitimidade[65]. A harmonização entre essas duas necessidades assume formas diferentes, segundo cada Estado-nação. Geralmente se diz que os cidadãos devem escolher entre as duas – fechamento ou abertura. Porém, a tensão entre elas – tensão cujo poder criador nós já assinalamos e que é constitutiva do conceito de lugar – é o mais importante para a vida democrática[66]. Como sujeitos, os seres humanos constroem lugares – de pertencimento e de identidade – e, como são, também, moldados por tais lugares, eles constroem obstáculos à tendência pós-moderna e metropolitana de ver cada lugar como o resumo de todos os outros. Tal equivalência pós-moderna dos lugares só pode ser concebida se estes são separados dos sujeitos e definidos somente em função de seu conteúdo objetal.

Em suma, o lugar é um espaço de desenvolvimento da intersubjetividade, que possui dimensões concretas, ambientais, territoriais e que pode favorecer a emergência de um espaço

---

64 V. Berdoulay; J. N. Entrikin, Singularité des lieux et prospective, *Espaces et sociétés*, n. 74-75.

65 J. N. Entrikin, Lieu, culture et démocratie, *Cahiers de géographie du Québec*, n. 41.

66 L. Ferry, op. cit., p. 269-275; M. Walzer, *Thick and Thin*.

público. A tensão que há entre a pesquisa de universalidade no seio do espaço público e a cultura de pertencimento a um lugar singular favorece a vida democrática e o exercício da responsabilidade pelo sujeito. Uma moral não pode, então, deixar de se interessar pelo lugar. Ora, é essa parte da moral que desaparece nos textos filosóficos, muito aespaciais, enquanto os seres morais vivem, habitam e se autodeterminam no mundo. Os lugares são precisamente uma das expressões dessa atividade.

REFERÊNCIAS BIBLIOGRÁFICAS

ALEXANDER, Jeffrey. *Fin de Siècle Social Theory*. New York: Verso, 1995.

ARNAULD DE SARTRE Xavier; BERDOULAY, Vincent. Teoria do Sujeito, Geografia e Desenvolvimento Local. *Novos Cadernos do NAEA*, v. 8, n. 2, 2005.

AUGÉ, Marc. *Pour une anthropologie des mondes contemporains*. Paris: Aubier, 1994.

_____. *Non-lieux*. Paris: Seuil, 1992.

BAUD Pascal; BOURGEAT Serge; BRAS, Catherine. *Dicionário de Geografia*. Lisboa: Plátano Edições Técnicas, 1999.

BEAUCHARD, Jacques (org.). *Destins atlantiques*. La Tour d'Aigues: Éditions de L'Aube/DATAR, 1993.

BERDOULAY, Vincent. Sujeito y Ación: El Cambio sin Concluir. *Boletín de la Asociación de Geógrafos Españoles*, v. 34, 2002.

_____. L'Écologie urbaine: Un Récit contre nature? In: MERCIER, A. (org.). *La Nature en ville*. Québec: Éditions du Septentrion, 1998.

_____. *Débat public et développement durable. Expériences nord-américaines*. Paris: Éditions Villes et Territoires, 1996.

_____. *La Formation de l'école française de géographie (1870-1914)*. Paris: Éditions du CTHS, 1995.

_____. L'Appropriation du territoire. In: BRUNET, Roger (org.). *États-Unis, Canada*. Paris: Hachette-Reclus, 1992. (Géographie Universelle, tomo 4.)

_____. Les Valeurs géographiques. In: BAILLY, Antoine; FERRAS, Robert; PUMAIN, Denise (orgs.). *Encyclopédie de géographie*. Paris: Economica, 1992.

_____. Geographie: Lieux de discours. *Cahiers de géographie du Québec*, v. 32, 1988.

_____. *Des Mots et des lieux*. Paris: Éditions du CNRS, 1988.

_____. Les Idéologies comme phénomènes géographiques. *Cahiers de géographie du Québec*, v. 29, 1985.

BERDOULAY, Vincent; ENTRIKIN, J. Nicholas. Singularité des lieux et prospective. *Espaces et sociétés*, n. 74-75, 1994.

BERDOULAY, Vincent; SOUBEYRAN, Olivier. Retour de la prospective et crise de la modernité. *Espaces e sociétés*, n. 74-75, 1994.

BERQUE, Augustin. *Les Raisons du paysage*. Paris: Hazan, 1995.

_____. *Médiance. Des Milieux en paysages*. Montpellier: Reclus, 1990.

BOLTANSKI, Luc; THPEVENOT, Laurent. *De la justification: Les Économies de la grandeur*. Paris: Gallimard, 1991.

BOURDIEU, Pierre. *Le Sens pratique*. Paris: Minuit, 1980.

BRUNET, Roger. *Le Territoire dans les turbulences*. Montpellier: Reclus, 1990.

BRUNET, Roger; FERRAS, Robert; THÉRY, Hervé (orgs.). *Les Mots de la géographie. Dictionnaire critique*. Montpellier/Paris: GIP Reclus/La Documentation Française, 1992.

_____ (orgs.). *Les Mots de la géographie – Dictionnaire critique*. Montpellier/Paris: RECLUS/La Documentation Française, 1998.

BUTTIMER, Anne. Les Temps, l'espace et le monde vécu. *L'Espace géographique*, n. 4, 1979.

CASEY, Edward S. *Getting Back into Place: Toward a Renewed Understanding of the Place-world*. Bloomington: Indiana University Press, 1994.

CHADEFAUD, Michel. *Aux origins du tourisme dans les pays de l'Adour*. Pau: Presses de l'Université de Pau, 1987.

CLAVAL, Paul. *La Géographie aux temps de la chute des murs*. Paris: L'Harmattan, 1993.

COUSIN, Pierre-Henry; GARNIER, Yves; DEMAY, François (eds.). *Le Petit Larousse Illustré*. Paris: Larousse-Bordas, 1997.

DARDEL, Eric. *L'Homme et la terre*. Paris: PUF, 1952.

DEBARBIEUX, Bernard. Le Lieu, le territoire et trois figures de rhétorique. *L'Espace géographique*, n. 2, 1995.

DEAR, Michael; WASSMANSDORF, Gregg. Postmodern Consequences. *Geographical Review*, n. 83, 1993.

DEWITTE, Jacques. Monde et espace. La question de la spatialité chez Heidegger. In: COULOBARITSIS, Lambros (org.). *Les Temps et l'espace*. Bruxelles: Ousia, 1992.

DI MÉO, Gui. *L'Homme, la societé, l'espace*. Paris: Anthropos, 1991.

DUBET, François. *La Sociologie de l'espérience*. Paris: Seuil, 1994.

DUMONT, Fernand. *Le Lieu de l'homme*. Montréal: HMH, 1968.

ENTRIKIN, J. Nicholas. Place and Region 3. *Progress in Human Geography*, n. 21, 1997.

_____. Lieu, culture et démocratie. *Cahiers de géographie du Québec*, n. 41, 1997.

_____. *The Betweenness of Place: Towards a Geography of Modernity*. Baltimore: Johns Hopkins University, 1991.

_____. Robert Park's Human Ecology and Human Geography. *Annals of the Association of American Geographers*, n. 70, 1980.

_____. Contemporary Humanism in Geography. *Annals of the Association of American Geographers*, n. 66, 1976.

ENTRIKIN, J. Nicholas; BERDOULAY, Vincent. The Pyrenees as Place: Lefebvre as Guide. *Progress in Human Geography*, v. 29, n. 2, 2005.

FALGON, Elizabeth. *L'Ici et l'ailleurs. Les mots pour le dire*. Pau: Hégoa, 1995 (Cahiers du SET).

FERRIER, Jean-Paul. Abitare la terra: nuovo medio evo et "uscita" della crisi. In: COPETA, Clara (org.). *Esistere e abitare*. Milan: Franco Angeli, 1986.

FERRY, Luc. *Le Nouvel ordre écologique*. Paris: Grasset, 1992.

FRÉMONT, Armand. *La Région, espace vécu*. Paris: PUF, 1976.

FRIEDLAND, Roger; HECHT, Richard. *To Rule Jerusalem*. New York: Cambridge University Press, 1996.

GIDDENS, Anthony. *Les Conséquences de la modernité*. Paris: L'Harmattan, 1994.

_____. *Modernity and Self-identity*. Standford: Standford University Press, 1991.

_____. *La Construction de la société*. Paris: PUF, 1987.

GOMES, Paulo C. D. C.; BERDOULAY Vincent (orgs.) Cenários da Vida Urbana: Imagens, Espaços e Representações. *Cidades*, São Paulo, 2008.

GUÉRIN, Jean-Paul. Géographie et représentation. In: ANDRÉ, Yves et al. *Représenter l'espace*. Paris: Anthropos-Economica, 1989.

GUIGOU, Jean-Louis. *Une Ambition pour le territoire*. La Tour d'Aigues: Éditions de L'Aube/Datar, 1995.

HARTSHORNE, Richard. *The Nature of Geography*. Lancaster: Association of American Geographers, 1939 (re-edição 1961).

_____. *Perspective on the Nature of Geography*. Chicago: Rand McNally, 1959.

HARVEY, David. *Justice, Nature and the Geography of Difference*. Cambridge: Blackwell, 1996.

_____. David. Militant Particularism and Global Ambition: The Conceptual Politics of Place, Space and Environment in the Work of Raymond Willians. *Social Text*, n. 42, 1995.

_____. *The Condition of Postmodernity*. Oxford: Blackwell, 1989.

HEFFERNAN, Michael. For Ever England: The Western Front and the Politics of Remembrance in Britain. *Ecumene*, v. 2, n. 3, 1995.

HIRSCHHORN, Monique; BERTHELOT, Jean Michel (orgs.). *Mobilité et ancrages*. Paris/Montréal: L'Harmattan, 1996.

JAURÉGUIBERRY, Francis. De l'appel au local comme effet inattendu de l'ubiquité médiatique. *Espaces et societés*, n. 74-75, 1994.

_____. Europe, langue basque et modernité en Pays Basque français. *Le Pays Basque et l'Europe*. Saint-Étienne-de-Baïgory: Éditions Izpegui, 1994.

LE BERRE, Maryvonne. Territoires. In: BAILLY, Antoine; FERRAS, Robert; PUMAIN, Denise (orgs.). *Encyclopédie de géographie*. Paris: Economica, 1992.

LÉVY, Jacques. *L'Espace légitime. Sur la dimension géographique de la fonction politique*. Paris: Presses de la Fondation Nationale des Sciences Politique, 1994.

MACINTYRE, Alasdair. *After Virtue*. Notre Dame: University of Notre Dame Press, 1981.

NORA, Pierre (org.). *Les Lieux des memoire*. Paris: Gallimard, 1984-1992.

OFFNER, Jean-Marc; PUMAIN, Denise (orgs.). *Réseaux et territoires. Significations croissés*. La Tour d'Aigues: Éditions de l'Aube, 1996.

PILE, Steve; THRIFT, Nigel (orgs). *Mapping the Subject: Geographies of Cultural Transformation*. New York: Routledege, 1995.

PIOLLE, Xavier. Proximité géographique et lien social, de nouvelles formes de territorialité. *L'Espace géographique*, v. 20-21, n. 4, 1990-1991.

PIVETEAU, Jean-Luc. Le territoire est-il um lieu de mémoire? *L'Espace géographique*, n. 2, 1995.

PRED, Allan. *Place, Practice and Structure: Social and Spatial Transformation in Southern Sweden: 1750-1850*. Totowa (N.J.): Barnes and Noble, 1986.

RICOEUR, Paul. *Temps et récit*. Paris: Seuil, 1985.

ROBERTSON, Roland. Globalization and Societal Modernization: A Note on Japan and Japanese Religion. *Sociological Analysis*, v. 47, n. 5, 1987.

SACK, Robert. *Homo Geographicus*. Baltimore: Johns Hopkins University Press, 1997.

_____. *Place, Modernity and Consumer's World*. Baltimore: Johns Hopkins University Press, 1992.

SHIELDS, Rob. *Places on the Margin: Alternatives Geographies of Modernity*. Londres: Routledge, 1991.

SMITH, A. Towards a Global Culture? *Theory, Culture and Society*, Nottingham, v. 7, n. 2, jun. 1190.

SOJA, Edward. Aménager dans/pour la post-modernité. *Espaces et sociétés*, n. 74-75, 1994.

TARRIUS, Alain. *Anthropologie du mouvement*. Caen: Paradigme, 1989.

TAYLOR, Charles. *Sources of the Self: The Making of the Modern Identity*; A. Touraine, *Critique de la Modernité*. Cambridge: Harvard University Press, 1989.

TOURAINE, Alain. *Critique de la modernité*. Paris: Fayard, 1992.

TUAN, Yi-Fu. *Comos and Hearth: A Cosmopolite's View-point*. Minneapolis: University of Minnesita Press, 1996.

_____. Islands Selves: Human Disconnectedness in a World of Interdependence. *Geographical Review*, v. 85, n. 2, 1995.

_____. *Space and Place: The Perspective of Experience*. Minneapolis: University of Minnesita Press, 1977.

TURCO, Angelo. *Verso una teoria geografica della complessità*. Milan: Unicopli, 1988.

WALZER, Michael. *Thick and Thin: Moral Argument at Home and Abroad*. Notre Dame: University of Notre Dame, 1994.

WHITHERS, Charles W. J. Place, Memory, Monument: Memorializing the Past in the Contemporary Highland Scotland. *Ecumene*, v. 3, n. 3, 1996.

ZUMTHOR, Paul. *La Mesure du monde*. Paris: Seuil, 1993.

**Revelações da Literatura
e do Cinema**

Revelações da Literatura
e do Cinema

Lugares Geográficos
e(m) Locais Narrativos

um modo de se aproximar
das geografias de cinema

Wenceslao Machado de Oliveira Jr.

Visão que já não é possibilidade de ver
mas impossibilidade de não ver.

MAURICE BLANCHOT

PARTE ALGUMA

Palavras Iniciais

Em toda tentativa de definir o que vem a ser cada uma destas expressões – lugar geográfico e local narrativo –, elas fogem sob o peso de uma explicação que limita. Sabem disso os geógrafos em suas muitas tentativas de definir a palavra lugar. É possível sim seguir os traços da história dessa palavra tornada conceito e do conceito de lugar nas muitas correntes e obras da geografia acadêmica e da geografia escolar, bem como nas múltiplas interfaces entre esses dois campos do saber geográfico que, de certa maneira, são distintos na produção de seus conhecimentos.

Partindo dessa perspectiva, não terei a intenção de definir essas expressões como conceitos aplicáveis a interpretações geográficas dos filmes, mas apresentá-las como possibilidades de pensamentos para o sempre ambíguo espaço cinematográfico criado nos filmes.

A adjetivação da palavra lugar, neste texto, busca salientar o contexto de pesquisa e trabalho em que ela, a expressão lugar geográfico, apareceu e circulou em minhas aulas, orientações e pesquisas, tendo sido potente para estabelecer os diálogos pretendidos por mim entre cinema e geografia. Os momentos no texto em que a expressão aparece são aqueles em que estou apresentando ao leitor a invenção teórica de aproximação entre cinema e geografia. Nas demais, a palavra lugar vem sem adjetivação, ou seja, em toda a sua amplitude de entendimentos e interpretações possíveis em nossa cultura.

Lugar é ao mesmo tempo conceito e palavra. Como conceito circula em várias comunidades e pensamentos científicos, acadêmicos e escolares. Como palavra se lança na sociedade, participando de pensamentos e ações múltiplas e multifacetadas, tornando o conceito insuficiente ao mesmo tempo que faz dos usuários desse conceito seres perplexos diante da necessidade de desdobramento do conceito para que este alcance as extremidades da vida que a palavra diz e ele, conceito, busca abarcar e explicar. É assim que um conceito permanece vivo, potente em suas capturas, quando não se distancia da palavra, mas dela faz sua vara de pescar.

É nessa perspectiva que lugar é anterior e posterior à geografia, como palavra que precede e dá prosseguimento ao conceito. Ainda que a geografia seja pensada como a mais ampla possível, ela sempre será apenas uma parte da cultura que toma o "lugar" como um de seus modos de dizer o mundo, que toma a palavra "lugar" como sendo, ela mesma, parte da cultura movente, cultura esta que será sempre outra, toda vez que "lugar" ganhar outros contornos, outros usos, outras poéticas potencialmente produtoras de outras geografias.

Nesse sentido, manterei a expressão lugar geográfico onde muitos escreveriam somente lugar. Ainda que soe redundante em muitos momentos, essa foi a maneira como resolvi destacar que a intenção de meus estudos e escritos é relacionar as obras de cinema com a geografia, e não com outras áreas do conhecimento que também se utilizam da palavra lugar em suas maneiras de pensar e conceituar o mundo.

Outras palavras, que também remetem a conceitos na tradição geográfica e cinematográfica – tais como paisagem, território, ambiente, ambientação... –, aparecerão nestes escritos. No entanto, não me deterei sobre elas e permitirei ao leitor que as imagine/conceitue a seu modo, produzindo assim tanto linhas de fuga à minha argumentação quanto outras potencialidades dela mesma.

PARTE 1

Percursos Rumo aos Locais Narrativos:
Encontros e Buscas Até Agora

Buscarei, nesta parte, situar as origens e perambulações dos estudos e escritos que venho chamando de geografias de cinema e como eles me levaram a cunhar esta polaridade amalgamada entre os lugares geográficos e os locais narrativos. A intenção é apresentar o contexto onde se gestaram as preocupações, quais eram meus interlocutores, quais os meus engajamentos acadêmicos. Na busca de realizar o relato de meu caminho de pesquisa na interface da educação com o cinema e a geografia, certamente citarei mais do que gostaria escritos de minha própria autoria. Essas citações devem ser tomadas como marcas dos passos de estudo que foram trilhados; passos estes que podem servir de guia para outros pés que vierem a segui-los...

Inicialmente devo dizer que fui movido por um forte incômodo. Senti e sinto este incômodo quando ouço alunos e professores relacionarem diretamente os locais que são cenários ou locações dos filmes aos lugares além-filme – assumindo as imagens dos filmes como documentos da realidade geográfica. Foi para problematizar essa "relação direta" que passei a me referir a certos locais que aparecem nos filmes como locais narrativos, ou seja, produtos existentes (somente) na narrativa fílmica.

A busca inicial era distinguir os locais narrativos dos lugares geográficos, uma vez que a dita materialidade deles era, no meu entender daquele momento, muito distinta. No entanto, logo nas primeiras tentativas de interpretações fílmicas, utilizando essas expressões como guia de distinção, notei a íntima relação existente entre a grande maioria dos locais vistos nas telas cinematográficas e os lugares que configuram o espaço geográfico para além delas, visto que a grande maioria das obras de cinema – ou mesmo de televisão – são constituídas de imagens e histórias em franca e deliberada verossimilhança com a visualidade e a vida para além das telas. Em outras palavras, em quase toda a produção cinematográfica – e talvez seja possível dizer, em quase toda a produção audiovisual em cinema, vídeo, tevê – os locais por onde circulam e agem as personagens realizam, direta ou indiretamente, alusões a lugares identificáveis fora das telas, seja no espaço planetário contemporâneo, seja neste mesmo espaço em tempos passados ou futuros.

Dessa forma, podemos dizer que, antes mesmo do cinema dar origem a muitas geografias, as muitas miradas e os muitos sentidos acumulados sobre os diversos lugares dão origem a muitas locações cinematográficas que podem ou não vir a ter o mesmo nome em sua aparição fílmica que o lugar geográfico além-cinema. Esse seria o caso de Cabaceiras, a chamada Roliúde do nordeste, nunca nomeada nos filmes[1], apesar de ter suas paisagens e lugares configurando o espaço sensível em filmes como *Auto da Compadecida*.

Além disso, a própria existência, em cada um de nós, dos lugares além-cinema (principalmente aqueles que conhecemos/ temos contato de maneira mediada por terceiros – livros, filmes, cartões postais, programas de tevê…) se dá submersa em narrativas mais ou menos alinhavadas, aproximando-os, em sua "realidade" (existência em nós), dos locais que aparecem nos filmes.

Certamente essa é uma posição teórica apoiada numa concepção de lugar que faz de cada um deles uma "realidade" constituída – ou no mínimo alinhavada – por e pelas narrativas, como exposto abaixo, em minhas próprias palavras:

Os lugares geográficos são, eles próprios, produtos narrativos que se constituem tanto daquilo que se manifesta física e socialmente neles quanto dos discursos e falas que se dobram sobre eles. Dito de outra forma, o que se diz do Rio de Janeiro – seja em palavras ou imagens – é tanto o Rio de Janeiro quanto todas as construções e pessoas e relações naturais e sociais que se dão naquele ponto do território brasileiro.

Isso porque não nos relacionamos e agimos em relação a um lugar – o Rio de Janeiro, por exemplo –, somente com o que existe lá, mas sim, e principalmente, pelo que sabemos de lá – esse saber não é apenas informativo, mas também e fortemente afetivo [medos,

---

1   V. G. de Andrade, Cinema em Cabaceiras.

atrações, simpatias, amores etc]. O afetivo é aquilo que nos afeta, seja de uma forma ou de outra, aquilo que nos marca e se mantém em nossa memória, de modo a tornar-se mediação em nossa maneira de nos relacionarmos com esse lugar[2].

Pelo exposto nos parágrafos acima, busco dizer que tanto os locais narrativos ganham existência a partir de memórias e materialidades que não se descolam dos lugares geográficos além-cinema quanto os lugares geográficos ganham existência no interior mesmo de narrativas, sejam elas amparadas em imagens e sons ficcionais, sejam em palavras e mapas científicos.

Desde que ficou clara a impossibilidade de distinção completa entre essas duas ideias – os locais narrativos, vistos/criados nos filmes, e os lugares geográficos, vivenciados ou descritos e analisados pela ciência geográfica – tenho me dedicado a encontrar caminhos, digamos teóricos, para conversar com essa interface entre a realidade espacial do filme e a realidade espacial além-cinema.

Nos primeiros escritos resultantes de interpretações geográficas de filmes, busquei apontar as inevitáveis interpenetrações provocadas pela forte verossimilhança entre os lugares onde vivemos e os locais onde as personagens do cinema ganham existência, buscando apontar em que momentos as imagens audiovisuais podiam ser tomadas como documentos do real geográfico e em que momentos o próprio filme indicava serem elas apenas parte da narrativa ali desenvolvida[3]. Cheguei a apontar a estetização e a didatização dos filmes como marcas de inverossimilhança com o real, fazendo com que estes não pudessem ser tomados como documentos[4], ainda que se colocassem como tais a partir de sua forma de divulgação ou da utilização de não atores no desempenho das personagens, entre outras maneiras de vincular a ideia de documento do real sobre as imagens e sons fílmicos.

---

2 W. M. de. Oliveira Junior, *Entre Fugas e Aproximações das Geografias*, p. 16.
3 W. M. de Oliveira Junior, Algumas Geografias que o Cinema Cria as Alusões, os Espaços e os Lugares no Filme *Cidade de Deus*, em Encontro dos Geógrafos da América Latina, 10, *Anais...*; Locais do Desejo numa Cidade Degredada, em L. Oliveira; Y. N. Ferreira et al. (orgs.), *Geografia, Percepção e Cognição do Meio Ambiente*; e Personagens na Chuva, em L. Amaral; A. Geiger (orgs.), *In vitro, in vivo, in silicio*.
4 W. M. de Oliveira Junior, Algumas Geografias que o Cinema Cria as Alusões, os Espaços e os Lugares no Filme *Cidade de Deus*.

Cheguei mesmo a escrever um pequeno ensaio no qual busco dizer o que seriam as geografias de cinema[5]. Ele compõe-se de escritos iniciais nos quais as marcas do pensamento de Pier Paolo Pasolini acerca do cinema como língua escrita da realidade se faziam muito presentes[6].

Nos últimos anos, concluí que o melhor caminho para aproximar esses dois universos de produção de conhecimento acerca do espaço – as obras audiovisuais e os conhecimentos da ciência geográfica escolar ou acadêmica – seria justamente inverter a tentativa inicial. Ao invés de apontar nos filmes as marcas da realidade – e tentar encontrar neles imagens e sons que pudessem ser tomados como documentos do real –, resolvi tomar os filmes como realidades em si mesmos, obras em imagens, sons e sentidos construtores e dissolutores de realidades[7], inclusive espaciais.

Radicalizando essa perspectiva, tenho tomado também as práticas geográficas escolares e acadêmicas como "realidades ficcionadas" que criam em suas obras (aulas, livros, mapas...) ficções que se querem reais, que buscam ter efeito de verdade[8], as quais gestam em si mesmas imaginações espaciais que nos levam a pensar o espaço geográfico de uma determinada maneira. Ficções aqui, de maneira alguma, são pensadas no sentido de farsas ou fantasias, mas sim no sentido de versões editadas do mundo, que selecionam desse mundo (sob os mais variados critérios científicos e escolares) elementos, linguagens e processos que virão a compor um modo de encarar ou de dizer esse mesmo mundo.

Em outras palavras, filmes, livros, aulas e mapas se entrecruzam na busca de criar em nós a sensação de que a realidade é de uma determinada forma, que funciona de uma determinada maneira e que, portanto, devemos agir desta ou daquela forma. São todos, no limite, atos políticos que visam atuar na partilha do sensível de que nos fala Rancière[9]. Uma par-

5 Idem, O que Seriam as Geografias de Cinema?, disponível em: <http.//www. letras.ufmg.br/atelaeotexto/revista-txt2/wenceslao.htm>, v. 2.
6 P. P. Pasolini, *Empirismo Herege*; e Gennariello: A Linguagem Pedagógica das Coisas, em *Os Jovens Infelizes*.
7 J. Larrosa, Agamenon e seu Porqueiro, *Pedagogia Profana*.
8 E. Pellejero, *Ficciones Políticas y Políticas de la Ficción*.
9 J. Ranciére, *Políticas da Escrita*; e *A Partilha do Sensível*.

cela significativa do sensível negociado pelos filmes é aquela vinculada aos sentidos que nos chegam a partir das "características estéticas" das imagens nos produtos audiovisuais. Notadamente interesso-me pelas maneiras como os filmes criam o sentido de realidade, de documento do real para as imagens nele presentes. "É importante notar que o 'efeito realidade' do documentário é, como no filme de ficção, o resultado do bom desenvolvimento de uma série de convenções da narrativa que são social e culturalmente mediadas"[10].

Na esteira da citação acima, podemos afirmar que desfocamentos, enquadramentos inusitados, baixa definição dos elementos da imagem, entre outras características, são tomados como indícios de realismo da obra audiovisual[11]. Também podemos incluir aqui as tradicionais narrações em *off* feitas normalmente por vozes masculinas que, em tom pausado, alinhavam e explicam as sequências de imagens que vemos. Essa é uma estratégia muito utilizada nos telejornais, que constroem suas notícias em forma de pequenas histórias[12]. No entanto, as estratégias de produzir o "efeito realidade" nas imagens são múltiplas e vinculadas não só ao fluxo narrativo ou às "características estéticas" das imagens, mas também às variadas formas de inserção da obra audiovisual na cultura e na mídia. Expressões como "baseado em fatos reais" redobram, no caso de um filme ou mesmo de uma novela, desejos de ver a realidade nas cenas e sequências assistidas. Por isso é sempre bom lembrar que mesmo os "documentários não brotam do coração do real, espontâneos, naturais, recheados de pessoas e situações autênticas; são, sim, gerados pelo mais 'puro' artifício, na acepção literal da palavra: 'processo ou meio através do qual se obtém um artefato ou um objeto artístico', segundo o Dicionário Aurélio[13]".

A despeito de já termos alcançado tal visão do cinema como artifício, essa não é a visão que impera na cultura de uma

---

10 W. Natter; J. Jones apud S. C. Aitken; L. E. Zonn, Re-apresentando o Lugar Pastiche, em R. L. Corrêa; Z. Rosendahl (orgs.), *Cinema, Música e Espaço*, p. 33.

11 W. M. de Oliveira Junior, Perguntas à Tevê e às Aulas de Geografia, em N. Pontuschka; A. U. de Oliveira (orgs.), *Geografia em Perspectiva*.

12 W. M. de Oliveira Junior, Como uma Notícia Vira a Verdade, *Boletim Pedagógico Proeb 2001 Ciências Humanas*.

13 C. Lins; C. Mesquita, *Filmar o Real*, p. 58.

parcela significativamente ampla da sociedade brasileira, a qual ainda toma as imagens dos documentários – e muitas vezes das próprias obras ficcionais – como transferíveis diretamente ao real além-filme, mantendo presente nessas pessoas aquilo que Ana Francisca de Azevedo dizia ocorrer nas décadas de 1950 e 1960 como prática entre os geógrafos: "o uso de documentários como forma de ilustrar e retratar diferentes lugares [...] sendo o cinema perspectivado como uma 'janela sobre a realidade'"[14].

Muitos professores, e notadamente os de geografia, conversam em suas aulas somente acerca da realidade além-cinema, acerca de como o mundo é segundo os cânones da ciência geográfica ou a partir daquilo que encaixam no domínio dos documentos críveis. Com isso não percebem que muito do que dizem nessas mesmas aulas não provêm de obras chanceladas pela ciência, mas das imagens vistas em produtos audiovisuais, sejam eles telejornais, documentários cinematográficos, sejam novelas ficcionais, uma vez que os entrecruzamentos entre as imagens audiovisuais e as realidades geográficas além-cinema se dão não somente no plano da semelhança visual e de movimento, mas também de temas, assuntos e práticas sociais e espaciais. Esses professores muitas vezes mantêm a prática de tomar o cinema como uma janela sobre a realidade, participando assim da continuidade do sentido de realidade dado por muitos de seus alunos às obras produzidas pelo(s) artifício(s) cinematográfico(s).

Ao não incluir o cinema como uma das práticas sociais contemporâneas que atua na construção e dissolução das realidades espaciais, esses professores deixam de apontar aos alunos que as técnicas de produção dos filmes, as personagens, o trabalho da luz e do som, o uso de certos ângulos, o ritmo e a sequência das imagens, assim como o modo de edição dos filmes, constituem algumas das técnicas a que os realizadores recorrem para produzir uma determinada representação do mundo retratado pelo filme. Trespassado de significados geográficos, o filme pode reproduzir ou desafiar representações coletivas e estereotipadas sobre os lugares, pois cada filme enfatiza sempre um determinado "olhar" sobre o espaço[15].

14 A. F. de Azevedo, Geografia e Cinema, em R. L. Corrêa; Z. Rosendahl (orgs.), *Cinema, Música e Espaço*, p. 95-96.
15 Idem, p. 99.

O engajamento das minhas pesquisas e produções tem sido, sobretudo, fazer com que a mistura entre ficção e documento nas obras cinematográficas não seja entendida como negativa, mas sim como um traço de nossa cultura atual, mergulhada na mediação audiovisual de nossos conhecimentos, sentidos e importâncias que damos aos lugares que só conhecemos pela via dessa mediação e que, no entanto, somos, por assim dizer, obrigados a incorporar em nosso pensamento acerca do mundo em que vivemos para que nos sintamos, assim como dizem do mundo, globalizados.

Além disso, a produção recente do cinema (notadamente a brasileira pós-1990) tem como uma de suas características mais marcantes o desmonte deliberado das fronteiras entre os tradicionais gêneros ficcionais e documentais, acentuando a interpenetração de estruturas e convenções ficcionais em obras que se querem (também) documentais e vice-versa.

Na esteira das transformações acima, penso que não seria equivocado dizer que as criações escritas e em imagens que venho chamando de geografias de cinema – realizadas por mim e por meus alunos nas disciplinas de pós-graduação ministradas nos últimos anos – seriam, então, muito mais atos políticos que visam gestar clivagens nas interpretações habituais dos filmes, apontar como um filme pode ser potente no pensamento acerca do espaço geográfico ao criar linhas de fuga para a imaginação ou ainda apontar um traço da dimensão espacial da existência a partir de um detalhe, de uma cena, de um sentido que ficou em um dado cenário, em um dado movimento da personagem ou da câmera, em uma dada textura ou relação espacial encontrada num filme.

É nesse contexto de preocupações e engajamentos que as ideias de locais narrativos e(m) lugares geográficos se fizeram presentes e atuantes.

Nas geografias de cinema, busco ao mesmo tempo diferenciar e aproximar os lugares geográficos dos locais narrativos do cinema e apontar suas ligações com o real além-filme. Busco também libertá-los, locais narrativos e lugares geográficos, na direção do sonho, uma vez que o cinema, mesmo com toda a verossimilhança visual e de movimento com o mundo para além de suas telas e equipamentos, é um artefato e um artifício humano onde tudo tem a potência de se fazer e se desfazer como nos sonhos: se uma personagem está na esquina da avenida Paulista com a rua Augusta numa cena, é possível que, após um corte, ela apareça caminhando na avenida Paulista ou na praia de Copacabana. No cinema, todos os locais e lugares ocupam, por assim dizer, o mesmo espaço, onde estão todos em potência semelhante de aparição, podendo ser alinhavados de infinitas maneiras nas sequências fílmicas. Como nos sonhos, as sequências entre eles são dadas pela narrativa, pelo fluxo do que está aparecendo diante de nós e não pelo deslocamento corporal por lugares anteriormente fixados uns em relação aos outros (essa é a maneira como a cartografia tradicional nos apresenta os lugares).

Os sentidos – ou mesmo o sem-sentido – que nos chegam da narrativa é que irão dar existência às personagens e cenários. Daí dizermos que um ambiente visto num filme só se torna existente em nós quando nos afeta de alguma forma, tornando-se então um local narrativo, ganhando sentido na história que nos está sendo contada em imagens e sons. Em muitos filmes, esse sentido nos chega em estreita conexão com o lugar geográfico ao qual o ambiente, onde se passam as ações do filme, remete, alude, evoca. É importante destacar esses verbos, pois com eles busco apontar que o cinema não nos mostra um lugar, mas sim nos remete a ele, alude ou evoca certas paisagens, certos ícones, certos sentidos e formas desse lugar, trazendo-o para o filme não em sua inteireza, mas na inteireza do fragmento que foi aludido, evocado, para o qual fomos remetidos.

Assim escrevem Consuelo Lins e Cláudia Mesquita quando comentam a não coincidência entre o lugar filmado e o local narrativo num filme de Eduardo Coutinho: "A abordagem de Coutinho em *Santo Forte* não deixa dúvidas: filmar em um espaço delimitado e, dali, extrair uma visão, que evoca um 'geral' mas não o representa nem o exemplifica"[16].

Pode-se dizer coisas semelhantes da escola do filme *Entre os Muros da Escola*. Ela adensa, em torno de um espaço delimitado, o sentido de civilização-existente-entre-muros e nos aponta como a presença de estrangeiros no interior deles coloca em questão a própria ideia de civilidade ali pretensa-

16 C. Lins; C. Mesquita, *Filmar o Real*, p. 19.

mente existente. Aqui, o fragmento do mundo, a escola, pode ser tomada como uma metáfora que alude (evoca, remete) a um espaço muito mais amplo, a Europa, ou até mesmo a um espaço conceitual, que, neste caso, seria preenchido pela (ideia de) civilização. Temos aqui, portanto, três locais narrativos de escalas diversas e sobrepostas, potencialmente presentes num único local, num único ambiente filmado. O mais interessante, porém, é lidar com a perspectiva de que, apesar de remeter a algo distinto e mais amplo (neste caso, a Europa, a civilização) do que está sendo mostrado, a escola do filme (ou seja, o espaço arquitetônico ou geográfico que está em cena) permanece sendo também tão somente uma escola, única e identificável. É e não é fazendo-se um só e ao mesmo tempo sempre outros...

Cabe dizer que, dentro da argumentação deste texto, para cada sentido dado à escola vista no filme ela tornar-se-á um local narrativo diferente, vinculado àquele sentido dado a ela. Dessa forma é que uma geografia diferente se desvela ali, a começar pela escala espacial do "fenômeno social" ali encontrado/significado: a restrita escala daquela escola tomada como apenas mais uma dos arredores de Paris; a escala continental da Europa entre os muros da comunidade europeia; a muito ampla e reticulada escala da civilização ocidental espalhada pelo planeta.

Para que as geografias de cinema não sejam somente reverberações subjetivas, é preciso dizer onde o sentido que nos ficou do filme acontece em imagens e sons. Dizer por que aquele ambiente que aparece no filme lhe remeteu às favelas cariocas ou à caatinga nordestina. Dizer, a exemplo do filme *Entre os Muros da Escola*, o que – nas imagens, sons e palavras – ampara a interpretação do filme como alusão à escola, à Europa, à civilização. Dizer qual(is) elemento(s) da cena ampara sua sensação de que as personagens estavam numa escola, numa prisão ou numa biblioteca, no país ou cidade tal. Dizer por que aquele veículo demorou muito ou pouco para ir de um primeiro ambiente ao ambiente seguinte. Enfim, pesquisar as imagens e sons fílmicos e ver onde eles amparam o que se intuiu primeiramente. E essa é uma maneira de entender não só o filme, mas a si mesmo, a sua cultura visual e sonora, bem como entender a linguagem – cinematográfica, audiovisual – que dá existência àquelas imagens, sons e sentidos.

Portanto, as geografias de cinema, sejam elas quais forem, devem estar no filme, terem sido produzidas pelo cinema, lembrando sempre da frase de Jean Mitry: "uma realidade filmada pelo cinema é sobretudo uma realidade de cinema"[17].

Importante lembrar também que a realidade de cinema é penetrada invariavelmente por imagens e imaginações que podem ser oriundas tanto de outros filmes quanto de inúmeras outras experiências visuais e sonoras tão díspares como a contemplação das águas na curva de um rio estando sentado às suas margens, ou encontrar-se em um labirinto num sonho que durou um único segundo (no tempo/sensação dado pelo sonho).

Cada local narrativo apresentado/construído no filme captura um acervo de nossas memórias e as remete ao (ambiente do) filme que assistimos.

As imagens e sons fílmicos "sugam"/mobilizam certas memórias em seu "entendimento", e, ao mesmo tempo que o fazem, criam memórias do mundo e da existência[18]. Desse modo, os filmes estão a nos propor pensamentos acerca do espaço, não só resultantes das alusões literais – por verossimilhança visual e sonora – a uma realidade existente além-cinema, mas também de movimentos imaginativos resultantes do encontro inusitado nessas imagens e sons de outras formas de conceber e viver o espaço como dimensão da existência humana.

Os territórios cinematográficos[19] são construídos pelos passos e olhares das personagens e da câmera. São eles que dão existência – em materialidades e sentidos – aos locais narrativos. Todo filme constitui-se de locais narrativos, sendo eles das mais diversas escalas. No cinema, as escalas muito pequenas, captadas nos closes e supercloses, convivem e remetem a outras escalas, muitas vezes impossíveis aos homens como corpos viventes, mas franqueadas a suas imaginações, pensamentos e devaneios[20]. Descolados da contiguidade espacial e geográfica da superfície planetária, esses locais narrativos estão nos fil-

---

17 J. Mitry apud A. Kiarostami, *Abbas Kiarostami*, p. 86.

18 M. J. de Almeida, A Educação Visual da Memória, *Pro-posições*, v. 10, n. 2; L. Coutinho, *O Estúdio de Televisão e a Educação da Memória*.

19 A. C. Queiróz Filho, *Vila-Floresta-Cidade*.

20 W. M. de Oliveira Junior, O que Seriam as Geografias de Cinema?, disponível em: <http://www.letras.ufmg.br/atelaeotexto/revista-txt2/wenceslao.htm>.

mes a constituir uma outra geografia[21]. Será a "interpretação geográfica" do filme que dará a esses locais sua distribuição no território da ficção. Dessa forma, a geografia de um filme seria aquilo que suporta, sustenta, permite e dá sentido às ações e movimentações das personagens.

A partir da "descoberta" – da "invenção" – dessas geografias em cada filme é que "situamos" as personagens e suas ações naquela narrativa. No entanto, foram justamente essas ações que nos deram as "chaves", nos apontaram indícios da nossa interpretação, da geografia ali vislumbrada[22].

Dessa forma, o território do filme é elaborado pela geografia nele entrevista, encontrada, descrita, imaginada [...] O território, nos filmes, não pré-existe à geografia, mas pós-existe a ela, ganha dela a sua existência[23].

Assim, pensar um filme a partir de seus locais narrativos é pensá-lo a partir de outra entrada que não o roteiro, as personagens, a trilha sonora, a fotografia ou estilo de filmagem. Essa é, a meu ver, a maior potência dessa perspectiva: uma mirada inusitada tem maiores potencialidades para provocar deslizamentos das interpretações habituais e gestar linhas de fuga para outros pensamentos acerca do filme, do cinema, do mundo.

O pressuposto é que os diretores de cinema se utilizam dos sentidos e significados socialmente construídos dos lugares para adensar de sentido as sequências que constituem um filme. De alguma forma, estou a seguir um ensinamento de Simon Schama, que tem como argumento central de seu livro *Paisagem e Memória* a perspectiva das paisagens serem compostas tanto de camadas de memórias quanto de estratos de rochas, e que essas camadas e estratos chegam até nós ao mesmo tempo, num único bloco de sensações e sentidos, uns estando sob os outros, inextricáveis[24]. Se tornarmos as paisagens os principais índices espaciais presentes nos filmes (aquilo que vemos enquadrado), situar um dado filme numa certa paisa-

21 I. Xavier, Cinema, em A. Novaes (org.), *O Olhar*.
22 W. M. de Oliveira Junior, O que Seriam as Geografias de Cinema?, disponível em: <http://www.letras.ufmg.br/atelaeotexto/revista-txt2/wenceslao.htm>, p. 5.
23 Idem, p. 3.
24 S. Schama, *Paisagem e Memória*.

gem é trazer para diante do espectador um conjunto de formas visuais e sonoras (estratos) que não só criam sensações estéticas como também e simultaneamente remetem e reviram as (camadas) memórias visuais e sonoras que se encontram em cada espectador referentes àquelas formas visuais (paisagens). Dessa maneira, localizar uma personagem ou o olhar da câmera num certo ambiente – apresentado por uma ou mais tomadas que nos apresentam, por assim dizer, paisagens – nos dá a ver/sentir uma ambientação específica na qual estão presentes nossas (camadas) memórias acerca desse ambiente, o que leva a criar nos espectadores certas expectativas de continuidade fílmica e também a trazer para a cena alguns sentidos vinculados àquele ambiente, bem como pode depositar sobre os estratos visíveis outros sentidos antes não presentes em nossas memórias, nas camadas que deles nos foram apresentados em visualidades e sonoridades.

A ambientação assim criada pode tanto ser oriunda das imagens e paisagens de um lugar existente na superfície do planeta, como a cidade de São Paulo ou o deserto do Saara, quanto ser oriunda das imagens paisagísticas da obra de um artista, tal como ocorre no filme *Estrela Solitária*, onde o universo pictórico de Edward Hopper é trazido para o filme, a dar-lhe maior densidade de sentidos e sensações. Ambientações que se originam simultaneamente destas ou de outras maneiras de configurar o espaço no cinema é que levam Stuart C. Aitken e Leo E. Zonn a nomeá-lo espaço – lugar – pastiche[25].

O paradoxo instigante que o cinema nos traz é que justamente pela verossimilhança com o mundo além-cinema – pela configuração de seus locais e cenários com elementos semelhantes aos que vemos além-filmes – esses mesmos locais utilizados para adensar sentidos em torno de certos ambientes (ambientações) provocam linhas de fuga dos sentidos prioritários na narrativa, uma vez que temos memórias singulares de cada ambiente social, de cada lugar. Essa singularidade pessoal ou cultural de sentidos irá fazer deslizar para o interior do filme outros sentidos que não aquele(s) buscado(s) pelo diretor.

25 S. C. Aitken; L. E. Zonn, Re-apresentando o Lugar Pastiche, em R. L. Corrêa; Z. Rosendahl (orgs.), *Cinema, Música e Espaço*.

LUGARES GEOGRÁFICOS E(M) LOCAIS NARRATIVOS   133

Em outras palavras: a mesma verossimilhança que permite aos locais narrativos do cinema serem entendidos em alusão e semelhança aos lugares geográficos é aquela que levará ao deslizamento desses locais narrativos para fora dos lugares geográficos, para além deles tanto na própria narrativa fílmica quanto nos sentidos particulares de cada pessoa ou grupo social. E é nesse momento em que os espectadores deslizam para fora do real habitualmente visto nas imagens do cinema que se tem a maior potencialidade para a descoberta e/ou criação de uma geografia de cinema original, que venha vincular o filme a uma perspectiva inusitada, gestada no encontro fortuito e ocasional entre as imagens e sons e o universo cultural daquele espectador particular.

Talvez devêssemos dizer, em consonância com Maria Helena Braga e Vaz da Costa, que não só com o espaço fílmico essa perspectiva inusitada de interpretação se vincule, mas também com o espaço para além dele, aquele dito real: "a cidade concreta só se torna 'real' quando é representada, quando é apresentada através de diferentes interpretações e leituras"[26].

Por essa razão, pode-se dizer que a intenção de produzir geografias de cinema – e ideias como os locais narrativos e(m) lugares geográficos – é a de pensar e inventar outras interpretações para o mundo, a fim de permitir olhares diferenciados e diversificados não só do e para o filme, mas da e para a "realidade" nele mostrada, aludida ou encontrada. Creio que há sim uma proposta política em relação à escola e à geografia e, por que não dizer, à vida: estou interessado em descobrir e criar modos de pensar os filmes que levem à proliferação da vida que neles pulsa ao invés de buscar a interpretação última deles. Em outras palavras, estou interessado em dizer e entender o que daquele filme ressoa em cada um de nós, em cada grupo social, e que faz proliferar pensamentos acerca do mundo, acerca da vida, do espaço geográfico onde essa vida pulsa.

26 M. H. B. e V. da Costa, Espaço, Tempo e a Cidade Cinemática, *Espaço e Cultura*, n. 3, p. 73.

PARTE 2

Os Locais e Lugares de Bilú e João

Convido os leitores a vagar pelos locais narrativos de um curta-metragem que compõe, com outros seis curtas, o filme *Crianças Invisíveis*.

A intenção desta parte é realizar uma entrada no filme, criar, por assim dizer, uma geografia de cinema onde a distinção e a interpenetração – enfim, a indissociabilidade – entre locais e lugares é o caminho, digamos conceitual, escolhido para realizar a aproximação com as imagens e sons fílmicos, fazendo com que os locais narrativos e os lugares geográficos configurem um percurso de pensamento, a um só tempo, para dentro e para fora do filme.

Subjaz a essa intenção primeira a ideia de que ficará mais claro nos treze passos a seguir que os locais narrativos não existem como imagem e som no filme, mas se fazem notar no momento em que uma geografia de cinema ganha forma na imaginação e nos escritos de um autor. No entanto, é estranho falar de anterioridade neste caso, pois a própria geografia de cinema, gestada na abordagem autoral do filme, só se faz existente com e nos locais narrativos, em suas interfaces e contaminações com os lugares geográficos por eles aludidos ou neles entrevistos.

Lembrando também que "a cada alusão feita pelo filme ao lugar além-cinema, a realidade deste lugar geográfico além-cinema é colocada em questão. Entram em circulação outros sentidos e significados que vão compor mais e mais camadas de realidade: sedimentos memoráveis que serão mais ou menos acionados todas as vezes que ouvirmos a expressão que nomeia esse lugar geográfico"[27].

No exemplo a seguir, o curta *Bilú e João*, do filme *Crianças Invisíveis*, o lugar geográfico já nomeado será São Paulo.

---

27 W. M. de Oliveira Junior, Algumas Geografias que o Cinema Cria as Alusões, os Espaços e os Lugares no Filme *Cidade de Deus*, em Encontro de Geógrafos da América Latina, 10, p. 8.

LUGARES GEOGRÁFICOS E(M) LOCAIS NARRATIVOS   135

Cada item abaixo, de 1 a 13, diz respeito ao momento em que um local narrativo ganhou existência na geografia de cinema traçada a seguir.

1.

A cidade de São Paulo é o local narrativo inicial. Como lugar geográfico identificável na superfície do planeta, ela será narrada por mais uma história que deseja ser vista como tendo ocorrido em suas entranhas. No entanto, antes de vir a ser um objeto

geográfico, ela é um elemento narrativo (podendo mesmo ser tomada como uma personagem do filme) cujo ambiente, permeado de memórias, é utilizado pelo diretor para vincular à narrativa muitas memórias presentes nos espectadores acerca daquele lugar existente no além-filme.

O diretor do filme "ganha tempo" [ao localizar a história em um lugar geográfico existente além-filme], pois já ao iniciar nos coloca no "clima" narrativo desejado pela trama, constituído pela loca(liza)ção da cena nesse cenário/lugar. Ao fazê-lo, no entanto, passa também a correr riscos, pois a verossimilhança com lugares já conhecidos cria um "campo de possibilidades" vinculado mais fortemente aos saberes e memórias já existentes nos espectadores. Quanto mais restrito e "localizável" é o lugar onde a trama se passa – cidade do

Rio de Janeiro é menos restrito que favela Cidade de Deus –, mais esse "campo" se diferencia entre os espectadores: para aqueles que o conhecem mais de perto e para aqueles que o desconhecem. Para os primeiros, suga as memórias de maneira mais radical, enquanto para os demais, solicita analogias com lugares semelhantes já conhecidos, mas mantém uma abertura maior para o estranhamento, uma vez que estão "diante daquele lugar" pela primeira vez. Entre esses dois tipos de espectadores estamos quase todos nós...[28]

Basta uma única tomada aérea da cidade e já se identifica a cidade de São Paulo aos brasileiros, uma vez que nesta tomada distinguimos com facilidade a silhueta em "S" do Copam entre o mar de prédios. No entanto, os demais povos que não estão habituados com o ícone paisagístico paulistano não identificarão essa metrópole logo na primeira cena, tendo então de lidar com um conceito mais amplo para significar este local narrativo: uma grande cidade contemporânea.

Desse local narrativo geral, a grande cidade (São Paulo), somos lançados em vários locais menores que significamos como estando "dentro" dessa cidade. Esse "dentro" é fundamental, pois é ele que traz as memórias sobre essa cidade para o filme e cria linhas para as expectativas de continuidade em sintonia com as memórias que temos da metrópole paulistana.

A concepção de espaço que inclui locais menores dentro de um local maior é aquela oriunda da clássica concepção de espaço como extensão sobre uma superfície, onde uma área pode ser subdividida em áreas menores, todas elas fazendo parte – compondo – um único lugar que, nesse caso, é nomeado São Paulo. É em torno desse nome que se agrupam os demais locais que entenderemos estarem dentro, fazendo parte da mesma cidade, alinhavados de alguma forma pela mesma ideia de extensão, ou seja, um está a uma certa distância, em metros ou quilômetros, do outro.

Ainda que no cinema um ambiente nunca esteja distante do outro em metros ou quilômetros, pois todos estão, por assim dizer, num mesmo local, a tela, os locais narrativos se apoiam no pensamento acerca dos lugares geográficos para levar os espectadores a construir um espaço extensivo durante o acompanhamento do filme. Na grande maioria dos filmes, notadamente

28 Idem, *Geografias de Cinema*, em Congresso Brasileiro de Geógrafos, 6, p. 4.

LUGARES GEOGRÁFICOS E(M) LOCAIS NARRATIVOS 137

naqueles vinculados aos gêneros policial, aventura ou de viagem, esse entendimento do espaço como composto por lugares distantes uns dos outros em metros ou quilômetros é fundamental para o desenvolvimento da narrativa, visto que as personagens se deslocam de um ambiente para outro, e, para que estes façam sentido, tem de estar a uma certa distância um do outro. Essa distância, no cinema, não é somente espacial, mas é também aquela que introduz, no deslocamento entre um ambiente e outro – entre um lugar e outro na superfície do planeta –, o tempo necessário à transformação das personagens, ou seja, um tempo subjetivo é sobreposto ao tempo objetivo do deslocamento, fazendo com que a personagem que chega ao ambiente seguinte já não seja a mesma, ainda que mantenha um mesmo corpo.

2.

Os primeiros locais narrativos propriamente ditos, ou seja, aqueles que darão/participarão do sentido principal da narrativa que acompanharemos no filme. Entramos neles pelo som, antes da imagem. Podemos também dizer que esses dois locais constituem um único local narrativo, o da competição (que é também brincadeira) entre os irmãos. Competição essa apresentada como sendo ao mesmo tempo um jogo, uma brincadeira e uma estratégia de sobrevivência na grande cidade. Esse local narrativo, o da competição brincalhona entre os irmãos-personagens, seria composto por outros dois locais, imbricados um no outro pela edição paralela que é feita deles.

A. Ruas de calçamento não muito ruim, mas ruim, e becos um tanto tortuosos onde se misturam crianças que brincam e bares com mesas para fora da porta (estariam essas mesas e adultos que bebem e conversam sobre a calçada ou nem haveria calçada nesse beco?);

B. Videogames de Fórmula 1.

A edição mistura os dois locais ao apresentá-los em pequenos pedaços colados alternadamente um depois do outro,

QUAL O ESPAÇO DO LUGAR?

fazendo com que um penetre o outro, levando o sentido da sequência ser dado pelo conjunto das imagens, não separáveis como local narrativo, mas passível de distinção se pensarmos nos lugares geográficos. Um dos locais que compõem esse local narrativo pode ser entendido como lugar geográfico (um beco urbano por onde correm as crianças); o outro não (pistas de corrida na tela; ainda que o equipamento de videogame possa ser considerado um elemento existente em algum lugar geográfico, como uma esquina, uma loja, um cybercafé...). No entanto, os dois são locais narrativos importantes para o entendimento fílmico, pois a primeira das competições entre os irmãos se dá exatamente entre as vitórias deles nesses dois locais editados paralelamente... os dois corriam... no entanto, somente Bilú catou latinhas... e acumulou pontos (dinheiro) nesse mundo (o geográfico, social, além-cinema). E será esse mundo o tema do restante do filme. Entretanto, apesar de ser o mundo geográfico e social o tema principal, durante todo o filme também seremos lançados direta ou indiretamente na corrida de Fórmula 1 realizada na tela e nos desejos de João. Será preciso chegar primeiro, chegar a tempo de ganhar um lugar no pódio...

3.

Desse primeiro local narrativo, os dois irmãos caminham até a rua onde moram, encontrando o pai a construir mais um pedaço da casa deles. A pobreza material da rua e da casa nos traz memórias de lugares geográficos semelhantes em visualidade ao ambiente mostrado no filme, bem como das pessoas que vivem neles. É desse modo que entramos na casa de Bilú e João sem a câmera ter nela circulado: vemos, sem que nos seja mostrado nada, realizando uma busca sempre reiterada nos filmes e escritos de Abbas Kiarostami: um ver que é múltiplo, que se dá em cada um, em cada narrativa construída na interação entre as imagens do filme, as não imagens do filme, as memórias de cada um[29].

Esse é o local narrativo cujo sentido é o de situar socialmente as duas crianças: elas têm pais que se preocupam com

29 A. Kiarostami, *Abbas Kiarostami.*

elas, mas que necessitam do trabalho deles para construir a própria casa. É importante salientar que esse sentido conquistado pelo local na narrativa é em grande medida tributário das memórias que temos dos lugares geográficos que apresentam fisionomias paisagísticas e dinâmicas sociais semelhantes às imagens e sons que assistimos nessa sequência. O mesmo ocorrerá muitas vezes nesse e noutros filmes onde o sentido dos locais narrativos é retirado e ao mesmo tempo remetido a lugares geográficos além-filme. Isso ocorre principalmente nos filmes que estabelecem um diálogo muito forte com a vida social além-cinema. Em filmes cujo diálogo com a realidade externa ao cinema é pequeno ou inexistente (como em *Kill Bill 2*, de Quentin Tarantino, cujo diálogo é muito mais intenso com o próprio mundo do cinema, seus gêneros e tradições, seus ícones e cenários...) essa associação de sentidos entre o local narrativo e algum lugar geográfico além-filme é bem mais sutil ou mesmo não existente.

4.

O caminho de João. O local narrativo da liberdade do menino em relação à irmã mais nova.

Ele é composto de três cenas: primeiro a personagem caminha na linha do trem, depois espera na plataforma, depois se senta no banco do vagão do metrô (que quem conhece identifica facilmente como sendo o de São Paulo, assim como muitas pessoas podem identificar a estação além-cinema em que a cena foi filmada).

Cabe aqui um desvio. Só quando a ação da personagem se conecta com um elemento do cenário que esse último se revela também personagem, ambiente que dá sentido à ação, espaço relacional, no sentido que Doreen Massey dá a ele[30]. Por isso, ainda que a gramática nos obrigue a usar preposições que nos levam a entender que a personagem está dentro do espaço (*na* linha do trem), seria importante lidar com a perspectiva de que também a linha do trem se espraia por João nas sensações/nos afetos que a imagem dos dois juntos (linha do trem *e* João) traz/provoca nos espectadores. João, portanto, caminha *com* a linha do trem, estabelece com ela relações inusitadas no acontecimento que acompanhamos. Dessa maneira, podemos dizer que o espaço no cinema é, sobretudo, uma eventualidade[31]; cada local nos dá uma mirada das trajetórias convergentes para aquele enquadramento, que é espaço-tempo a uma só vez.

5.

O não caminho de Bilú. A personagem aparece dentro do vagão a mirar o irmão com cara de deboche, após ter sido deixada pelo irmão na rua de casa.

---

30 D. Massey, *Pelo Espaço.*
31 Idem.

LUGARES GEOGRÁFICOS E(M) LOCAIS NARRATIVOS   141

É importante notar que a tomada de câmera no momento da chegada do trem não mostra Bilú, então onde estava ela no espaço geográfico? Em lugar nenhum, pois o local ali é palco do inusitado, do impossível, do inverossímil que caracteriza os momentos cômicos. A verossimilhança geográfica é deixada de lado pela necessidade/busca dramática (neste caso, cômica) da narrativa.

Deve-se entender esse não caminho de Bilú como um local existente no cinema, um local possível pela edição, portanto, não existente no mundo geográfico além-cinema, mas constituidor e constituinte de quase todas as geografias de cinema, onde o espaço é totalmente editado, mesmo quando mostrado em tempo real e sem cortes, uma vez que o cenário antes de ser filmado passa por transformações maiores ou menores, dependendo da necessidade/busca narrativa.

Na verdade, a aparição de Bilú nos revela esse artifício do cinema: a edição, ela que havia sido naturalizada no caminho de João. Afinal, o caminho desse último não é propriamente mostrado aos nossos olhos, apesar de termos sido levados a dar existência a ele pela edição ter-nos mostrado um ambiente e depois outro, inteligíveis e verossímeis à prática espacial de quem está indo de um lugar a outro numa grande cidade. Os três locais menores, que juntos são o local narrativo a que chamei "caminho de João", são inclusive constituídos de tomadas onde os meios de transporte urbanos estão fortemente indiciados (trilhos, vagões, trens, plataformas, pontes, escadas). Caso a edição colocasse João sentando no banco do vagão e só depois nos mostrasse a personagem a esperar na plataforma da estação, a verossimilhança seria rompida e o entendimento naturalizado seria estilhaçado, permitindo variadas interpretações para esse caminho, como, por exemplo, que João teve de tomar mais de um trem (mantendo a interpretação colada na verossimilhança além-cinema) ou que não importaria a ordem do que nos é mostrado ocorrer no percurso, pois o importante para a narrativa seria trazer a ideia de separação para junto dos espectadores, e é o próprio percurso de um e não percurso de outro que separa os dois irmãos.

Ressalte-se também que o motivo de minha denominação dessas tomadas comporem um único local narrativo, o caminho de João, é não só fazerem parte de uma mesma prática social, mas também por terem sido editados sob uma mesma trilha sonora que dará o tom de separação do caminho e do deboche ao final. À semelhança das palavras e frases, o sentido das cenas e sequencias de um filme não estão somente na imagem mostrada, mas sobretudo no "tom" em que aparecem. Na sequência em questão, esse tom é dado pela trilha sonora.

6.

Em seguida, o ambiente onde eles vendem o que recolhem das ruas e alugam a carroça por cinco reais, pois veem um garoto que tinha uma parecida ganhar mais de duzentos reais.

Esse é o local onde começa a saga que o filme irá mostrar: a saga de dois irmãos que brincam e catam os restos da cidade para vender e comprar tijolos para construírem sua própria casa. Um ambiente cheio de movimento e solidariedade, onde vemos um jovem branco como aquele que recebe os materiais (seria o dono?) e um monte de outras pessoas a trazer coisas para serem ali pesadas e vendidas. O filme destaca, entre eles, um jovem negro, um homem e uma mulher idosos, além de vários meninos.

Cabe dizer que esse local é constituído à semelhança de certos lugares geográficos onde as pessoas que vivem dos restos da cidade levam o que cataram para vender a alguém que revende os materiais e objetos para setores mais produtivos da sociedade. A semelhança do local aos lugares por ele remetidos reforça a inserção das crianças/personagens num dado contexto social do qual temos já muitas memórias acerca de como se dá a vida de quem nele vive. Essas memórias farão parte das expectativas – conscientes ou não – que teremos para a continuidade do filme.

É interessante para a conversa acerca das passagens existentes entre os locais narrativos e os lugares geográficos notar que nessa sequência temos a possibilidade de quebrar a sensação de documento e documentário que esse filme tem por conta de utilizar não atores e locações externas naturalísticas. Falo aqui da aparição de uma fisionomia muito conhecida por nós brasileiros, a do ator e cantor Seu Jorge, no papel do negro com quem os irmãos conversam no momento em que estão saindo daquele local para sua perambulação pela cidade. A presença desse ícone da cultura pop atual nos revela que estamos no cinema, que o que vemos é uma encenação – ainda que realista, nos aponta ser aquele local um cenário, criação da narrativa fílmica e não da cidade de São Paulo além-cinema. No entanto, é preciso sempre lembrar que essa criação fílmica se faz, nesse filme, a partir das criações da cidade, onde a diretora ampara muito da força, da credibilidade e da intensidade que o filme alcança em suas conexões com a vida que levam as crianças que, como Bilú e João para além do filme, vivem daquilo que outros descartam.

Mas como estamos num filme, desse local, Bilú e João partem numa Ferrari.

7.

A pista de corrida que é também local onde catar latinhas. Aqui vemos a continuidade da imbricação dos dois primeiros locais, o videogame e as ruas e becos da cidade, na edição do filme em um único local narrativo no sentido da narrativa: o da competição brincalhona entre os irmãos. Essa edição paralela é que nos dá mais fortemente a sensação (o sentido) de que brincadeira e trabalho se dão imbricados para essas personagens. Nessa maneira de editar – de mostrar os cenários onde a ação de brincar e trabalhar das personagens se dá conjuntamente –, nota-se com mais intensidade a junção e disjunção simultânea entre lugar geográfico e local narrativo. O amálgama entre essas duas dimensões próprias do cinema, a da realidade espacial captada/indiciada pela câmera e a do sonho/fábula/ficção, respectivamente, se faz notar com mais força na sequência onde as ruas, avenidas e viadutos da cidade de São Paulo se alinhavam às pistas de corrida da tela do videogame ao serem editadas paralelamente na tela do cinema e na narrativa do filme.

QUAL O ESPAÇO DO LUGAR?

Não há meios de separá-los definitivamente, pois muito do sentido de uma dessas dimensões só aparece ao se misturar, ao se contaminar com os sentidos advindos da outra. O lugar geográfico se faz penetrar pelo sonho de dirigir uma Ferrari, enquanto a ficção do sonho e da brincadeira é penetrada pelos riscos e potencialidades presentes nas avenidas da grande cidade. Em outras palavras, podemos dizer que nessa sequência sentimos com maior intensidade o quanto, no cinema, a ficção é real e a realidade é ficção. Cabe perguntar talvez se não é assim também fora dos filmes, principalmente se tomarmos como guia os escritos de Eduardo Pellejero no artigo *Ficciones Políticas y Políticas de la Ficción: La Sociedad Como una Trama de Relatos*.

Nesse local narrativo onde uma Ferrari e uma carroça são o mesmo veículo, ao mesmo tempo em que não o são, avenidas, viadutos e telas são editadas pelo som do carro de corrida proveniente do videogame, pelas linhas da faixa descontínua das ruas e pistas de corrida e pela trilha sonora: sons e imagens da linguagem cinematográfica tornando lugares geográficos de São Paulo em locais narrativos do filme *Bilú e João* – o local narrativo sendo o percurso do alto e livre ao baixo e escuro. No lugar geográfico, adentraremos a noite diária; na narrativa entraremos no próximo local, no adensado centro dramático da história.

Portanto, não é por acaso que esse local narrativo começa no alto, no elevado (Minhocão), sob o céu amplo, e termina num túnel... no escuro do corte... vazio – espaço-temporal – deixado em nós pela mudança de cena, de local onde a narrativa se desenrola. Vazio esse preenchido por infinitas memórias das cidades, dos filmes, dos videogames, das crianças... vazio pleno de imagens que intensificam nossas expectativas em relação à continuidade dos acontecimentos fílmicos[32], afinal, em nossas memórias, a pobreza e a perambulação nas metrópoles brasileiras são cheias de riscos...

8.

Do túnel, do vazio do corte, as personagens aparecem num mercado popular, atacadista, dadas as transações serem feitas

32 M. J. de Almeida, *Cinema*.

por caixas e não por unidades. Notamos ser um lugar popular pelo tipo de piso, pelo tipo de barracas, por ser a céu aberto, pela mistura de coisas todas juntas (carros no meio das barracas, por exemplo). Novamente há um cuidado na caracterização do ambiente como um típico lugar geográfico facilmente reconhecível em nossas grandes cidades. Neste caso, seria o Ceagesp paulistano?

Esse é o local narrativo da disputa entre iguais (onde meninos pobres brigam pelo trabalho mal pago de carregador no mercado), da humilhação e da perda completa (ter de pagar o prejuízo do dono da banca). O fundo do poço é mostrado quando João e Bilú pedem uma laranja para poderem comer.

9.

Esse mesmo cenário/ambiente (lugar geográfico) será também mais dois locais narrativos.

Um será o local onde eles encontram a alegria do povo que tem uma cultura e condição social semelhante a deles. Uma alegria que se dá numa roda onde um repentista canta desafios, fazendo as pessoas rir enquanto se paqueram.

Serão esses cantores, trabalhadores populares, que narrarão todo o enredo dos irmãos Bilú e João catando os restos, os pregos, para depois pedirem pedaços de madeira e construírem um jogo.

Esse será o momento de inflexão da narrativa fílmica.

Será então no tabuleiro do jogo manufaturado com os restos catados no chão que entraremos no local narrativo do recomeço, do início da vitória. Em torno do jogo de moedas e preguinhos, da paixão pelo futebol, os mesmos meninos que os humilharam irão se aproximar, jogar juntos e até emprestar o carrinho para os irmãos ganharem alguma grana no mercado. Nesse momento em que estão com o carrinho emprestado, Bilú e João ajudam quem os ajudou (o homem que deu a laranja) e conseguem até comer um sanduíche com o dinheiro ganho.

Além disso, conseguem catar e ganhar um monte de coisas: papelão, garrafa, antena. Venceram...

Seria interessante pensar nos sentidos que podemos ter do fato de três importantes momentos narrativos terem se dado num mesmo ambiente, num mesmo lugar geográfico. Apenas ensaiarei um: a sobreposição de vários locais narrativos – o da disputa entre iguais que leva à humilhação e perda, o do encontro com a alegria do povo e, por fim, o da vitória, do recomeço solidário – num único lugar geográfico – o mercado atacadista – é a mensagem política do filme, algo como dizer que são os pobres iguais que, ao invés de brigarem entre si, devem descobrir aquilo que lhes é comum e, juntos, solidariamente, buscar uma vida melhor para eles próprios, em diversão e dinheiro.

Parêntese

Divagação geográfica a partir do futebol

"São Paulo 2, Brasil 1", diz Bilú.
"O São Paulo não joga contra o Brasil", responde João.
"Time é time", retruca Bilú.
"Então tá", concorda João.

Nesse diálogo simples, os lugares geográficos de pertencimento dos dois irmãos são identificados e confrontados simultaneamente. Brasil e São Paulo são ao mesmo tempo times de futebol e lugares onde eles vivem. E, nos dias que correm, jogam, sim, um contra o outro. Bilú tem razão: time é time. Mas, para além disso, as escalas espaciais atualmente se misturam muito mais que antes. São Paulo é ou não é *o* Brasil? É ou não é *do* Brasil? É ou não é *no* Brasil? De que pensamento espacial estamos falando quando formulamos cada uma dessas perguntas? Elas expressam maneiras distintas de pensar a relação entre a parte e o todo espacial, entre algo que estaria dentro, contido em algo maior e que, no entanto, pode também se equivaler a ele, se contrapor e disputar tendo em si não somente diferenças com o outro, mas também, e talvez, sobretudo, identidades que se enfrentam em algum nível das relações sociais contemporâneas.

A disputa cada vez mais importante e internacionalizada entre clubes de futebol torna a cada dia mais possível o enfrentamento destes dois times: o time da seleção do Brasil e o time do clube São Paulo. Por enquanto, ainda permanece a sensação de que um, o São Paulo, está contido no outro, o Brasil, e, portanto, não podem enfrentar-se. Mas essa é uma maneira de pensar a prática social do futebol, que enfrenta fortes fissuras no mundo atual, em que jogadores "suam mais a camisa" por seus clubes que por seus países. Essa é, sem dúvida, uma mudança que afeta a noção de escala, quando usada para pensar o futebol contemporâneo, promovendo outras maneiras de se pensar a relação entre os lugares e clubes.

Quando equiparamos em importância (simbólica, financeira, de audiência...) o campeonato (inter)nacional de clubes de futebol e a Copa do Mundo entre as nações, estamos também lidando com outras possibilidades de viver e pensar o espaço, uma vez que, sim, o clube do São Paulo pode, hoje em dia, de fato jogar contra a seleção brasileira de futebol sem causar maiores estranhamentos.

10.

O caminho até o local onde vendem as coisas.

Aquela primeira vitória, realizada no mercado, não será suficiente para finalizar a narrativa e, quando os irmãos acham que cumprirão a tarefa dada pelo pai, o "logo ali", dito e apontado por João, tornar-se-á um longo e tortuoso percurso pelo lugar geográfico cidade de São Paulo, configurando, em termos de narrativa, a segunda parte da saga dos irmãos, apenas por uma mudança de ângulo de tomada: assim que João diz "logo ali", apontando com o dedo numa direção, a câmera mostra a longa escada que os separa do local onde precisam chegar.

Eles, que antes estavam acostumados a descer escadas por andares somente com sacos nas mãos e nas costas, agora que têm uma carroça, não podem descer aquelas escadas. O percurso que seria curto vira longuíssimo; algo bastante inverossímil no espaço geográfico, mas perfeitamente possível no espaço narrativo.

Esse percurso virá a ser um local narrativo desdobrado: cheio de percalços e bifurcações.

Nesse local narrativo – o percurso até o "logo ali" –, enquanto sonham alto, os irmãos correm perigos múltiplos até que a carroça cai no buraco sem que eles tenham responsabilidade nisso. A sequência de imagens e sons será mais ou menos essa: ambulância, barulhos diversos, buzina de um grande automóvel, desvio abrupto e caída no buraco. Dessa forma, alcança-se criar a oposição entre o bem – os ingênuos meninos que sonham – e o mal – o grande automóvel que os faz cair no buraco – em disputa na cidade (intenção narrativa), e tudo é mostrado em verossimilhança com o lugar geográfico além-cinema.

Também em verossimilhança é mostrada a solidariedade do motoboy que leva João até o borracheiro (passando por lugares reconhecíveis de São Paulo) enquanto Bilú espera e passa por situações de "maior risco": ventania, chuva (elementos não só do espaço, mas sobretudo do tempo, da passagem do tempo, da duração).

Isso tudo – a chuva, a ventania, o relógio que João olha no borracheiro – amplia a intensidade (angústia) da espera. Amplia a tensão no espectador que torce por eles, que já se identificou com aquelas personagens simpáticas, alegres e despossuídas. Essa tensão/intensidade já seria grande somente pelas falas anteriores, quando as personagens lembram que o depósito onde se compra e vende entulhos irá fechar às onze horas e que já eram dez horas. "Vai dá?", pergunta Bilú, e o espectador se enche de apreensão, afinal, se for brasileiro, sabe (tem na memória) que os pobres, via de regra, perdem tudo em

LUGARES GEOGRÁFICOS E(M) LOCAIS NARRATIVOS   149

nossa sociedade e que uma hora é muito pouco para percorrer as longas distâncias das grandes cidades, com seu trânsito lento e suas inúmeras esquinas.

Novamente a montagem paralela de João na borracharia e Bilú na esquina é alinhavada por uma música, tornando esses dois lugares geográficos, um único local narrativo: o da ansiedade, o do imprevisto que pode atrapalhar tudo, o de criar no espectador a vontade ainda mais forte de que tudo acabe bem (de que as personagens consigam chegar até o local onde querem chegar – o lugar geográfico depósito que é o local narrativo da conquista –, a tempo de vender o que conseguiram).

Por isso, tudo é corrido depois que o pneu é consertado. Eles são mostrados em meio ao trânsito e às avenidas paulistanas numa edição com cortes rápidos (o tempo interior – subjetivo – das personagens... e também dos espectadores que se identificaram com eles) até chegarem à rua onde fica o depósito.

11.

Eles chegam e já está fechado. 11h15. Chamam e nada. Passa um outro catador e diz que só abre na segunda-feira e que não podem deixar o carrinho ali, pois seria roubado... e, de repente, enquanto os irmãos tentavam desesperadamente chamar o proprietário do depósito, aparece um enorme caminhão que está também a chegar no mesmo depósito. Para esse caminhão é aberto o portão, e então os irmãos conseguem ser atendidos.

É importante notar que o caminhão aparece do mesmo local de onde veio Bilú para dentro do vagão do metrô onde estava João cenas atrás: do roteiro, da narrativa. Era preciso, para a história narrada (de acordo com a intenção da diretora), que o caminhão viesse para o final ser feliz, para ser realizado no espectador o desejo que havia sido criado vendo o filme. No entanto, tudo aparenta ser apenas um acaso totalmente possível numa grande cidade além-cinema, totalmente possível, verossímil de acontecer em São Paulo. Assim é que o local narrativo da vitória dos irmãos (e da realização do desejo do espectador) torna-se um lugar geográfico – uma rua ou esquina qualquer de onde veio o caminhão – passível de ser entendido como existente de fato na cidade de São Paulo, que fica a 100 km do Oceano Atlântico, ou seja, a cidade que existe fora do filme, como lugar geográfico na superfície planetária.

O ambiente onde Bilú e João alcançam seu objetivo de vender coisas para comprar os tijolos também pode ser entendido como o local narrativo onde eles se mostram, mais uma vez, pragmáticos e sonhadores a um só tempo: vendem tudo (e sabem fazer as contas) menos a antena... com a qual sonham ver o mundo...

12.

O penúltimo local narrativo do filme é o ônibus. É o local narrativo do descanso. No ônibus eles dormem após terem passado a noite catando coisas pela cidade afora, após terem vivido a saga heroica que se deu no obscuro tempo da transformação, de novas descobertas.

13.

O último local narrativo é de novo a rua da casa deles. Ali aparecem eles com os tijolos que o pai pediu, vitoriosos portanto. Mas sem as batatas fritas de Bilú: o dinheiro não deu.

O último diálogo entre os irmãos, aquele onde Bilú lembra de seu desejo por batatas fritas, é acompanhado da abertura de enquadramento, fazendo com que a imagem mostre, pela primeira vez no filme, o contraste entre a pobreza e a riqueza nessa mesma cidade, entre os barracos em primeiro plano e os luxuosos edifícios no plano de fundo.

O retorno ao mesmo lugar geográfico (favela) é também o retorno ao local narrativo inicial, a família, o entorno de casa (as crianças andando próximas a eles na cena final remetem para aquelas que brincavam juntas no início do filme). Daí que a falta das batatas fritas é menos uma derrota do que a promessa de continuidade, pois eles terão de sair de novo à cata de coisas para comprar as batatas fritas... e tijolos.

Mas o lugar geográfico não será mais o mesmo quando a câmera enquadrar os prédios de fundo, pois esse movimento de câmera altera o local narrativo e o lugar geográfico simultaneamente, ao inserir toda a história do filme na história da imensa desigualdade do Brasil, da qual São Paulo é o grande ícone.

A última imagem insere a história e a geografia dos dois irmãos na desigualdade metropolitana, dando outros sentidos ao que assistimos até ali e colocando-nos, com uma única tomada cinematográfica (que localiza as crianças em outro lugar geográfico, não mais uma favela, mas uma favela próxima ao luxo) numa narrativa da exclusão social, onde todos aqueles locais narrativos por onde andamos são somente os locais permitidos a essas crianças circularem, pois há uma parte da cidade, aquela que só agora aparece ao fundo, que lhes é proibida.

PARTE FINAL

Retomando os Inícios

Ainda que minhas leituras recentes de Maurice Blanchot não tenham permeado meus escritos neste artigo, devo finalizar dizendo que a epígrafe aponta para um vir-a-ser não consolidado, mas em vias de tornar-se presente e atuante em meus escritos e ideias.

Pelas mãos de Blanchot, em seus escritos acerca do espaço literário[33], nos quais propõe que a fala "se fala" nos textos, chego, por uma extrapolação talvez indevida, à ideia de que em todo filme é sobretudo a linguagem do cinema que ali se diz, que é ele, cinema, como prática cultural e imaginativa, que se mostra diante de nós em cada filme e, ao se fazer presente, nos mostra

---

33 M. Blanchot, *O Espaço Literário.*

o mundo segundo suas câmeras, seus estilos, seus gêneros, suas "gramáticas", seus engajamentos, enfim, as diversas maneiras com que a linguagem cinematográfica leva às telas – os sentidos e significados (de) – cenários e personagens.

Também é por conexão com essa mesma obra de Blanchot que prefiro pensar as imagens à semelhança das palavras, o que me faz tomar as imagens como, sobretudo, ausências. Nessa perspectiva, em toda imagem, o que há de mais marcante é justamente a ausência daquilo a que ela alude, evoca, remete. A presença se dá, quando se dá, em cada espectador. Pode-se dizer, então, que o que se faz presente (nas imagens) nos filmes é um entre-imagem, algo a que se chega a meio caminho, não localizável senão no hiato que existe entre as imagens e cada um de nós.

Iniciar este artigo com a frase "visão que já não é possibilidade de ver, mas impossibilidade de não ver" é indicar aos leitores e a mim mesmo que o assunto tratado aqui, os lugares geográficos presentes nos locais narrativos dos filmes de cinema, pode ser tomado a partir dos escritos de Blanchot, reverberados na frase acima. Em outras palavras, os locais apresentados nos filmes não significam possibilidades de ver os lugares geográficos, mas sim nos colocam na condição – cultural e subjetiva – de impossibilidade de não os ver ali, uma vez que as narrativas cinematográficas só se realizam ao serem apresentadas aos espectadores. Estes, inevitavelmente, colocam-se diante delas com as memórias do mundo que os fazem ser como são – provisoriamente – e interpretarem – também provisoriamente – essas narrativas em imagens e sons, significando os ambientes como locais onde circulam as personagens e os sentidos que pululam em seu corpo para aquele cenário, aquela paisagem, aquele elemento espacial; sentidos esses que se ligam direta ou indiretamente ao mundo geográfico além-cinema, aos seus finitos e infinitos lugares.

REFERÊNCIAS BIBLIOGRÁFICAS

AITKEN, Stuart C.; ZONN, Leo E. Re-apresentando o Lugar Pastiche. In: CORRÊA, Roberto L.; ROSENDAHL, Zeny (orgs.). *Cinema, Música e Espaço*. Rio de Janeiro: Eduerj, 2009.

LUGARES GEOGRÁFICOS E(M) LOCAIS NARRATIVOS

ALMEIDA, Milton J. de. A Educação Visual da Memória: Imagens Agentes do Cinema e da Televisão. *Pro-posições*, Campinas, v. 10, n. 2, jul. 1999.

_____. *Cinema: Arte da Memória*. São Paulo: Autores Associados, 1999.

ANDRADE, Vivian G. de. *Cinema em Cabaceiras: Um Lugar de Produção e a Produção de um Lugar. Relatos de Experiências Educativas*. 2008. Tese de mestrado em Educação, Universidade Federal da Paraíba, João Pessoa.

AZEVEDO, Ana F. de. Geografia e Cinema. In: CORRÊA, Roberto L.; ROSENDAHL, Zeny (orgs.). *Cinema, Música e Espaço*. Rio de Janeiro: Eduerj, 2009.

BLANCHOT, Maurice. *O Espaço Literário*. Rio de Janeiro: Rocco, 1987.

COSTA. Maria H. B. e V. da. Espaço, Tempo e a Cidade Cinemática. *Espaço e Cultura*, Rio de Janeiro, n. 13, jan.-jun. 2002.

COUTINHO, Laura. *O Estúdio de Televisão e a Educação da Memória*. Brasília: Plano, 2003.

KIAROSTAMI, Abbas. *Abbas Kiarostami: Duas ou Três Coisas que Sei de Mim*. São Paulo: Cosac Naify, 2004.

LARROSA, Jorge. Agamenon e seu Porqueiro: Notas sobre a Produção, a Dissolução e o Uso da Realidade nos Aparatos Pedagógicos e nos Meios de Comunicação. In: _____. *Pedagogia Profana: Danças, Piruetas e Mascaradas*. Belo Horizonte: Autêntica, 1999.

LINS, Consuelo; MESQUITA, Cláudia. *Filmar o Real*. Rio de Janeiro: Jorge Zahar, 2008.

MASSEY, Doreen. *Pelo Espaço: Uma Nova Política da Espacialidade*. Rio de Janeiro: Bertrand Brasil, 2008.

OLIVEIRA JUNIOR, Wenceslao Machado de. Entre Fugas e Aproximações das Geografias: Percursos por Memórias e Conhecimentos de um Quase Geógrafo. Texto da conferência realizada na Semana da Geografia que comemorou os 60 anos do curso de geografia da Universidade Federal de Juiz de Fora. Juiz de Fora, 2008. (Não publicado.)

_____. Personagens na Chuva: Dois Ensaios a partir do Filme *Blade Runner*. In: AMARAL, Leila; GEIGER, Amir (orgs.). *In vitro, in vivo, in silicio*. São Paulo: Attar, 2008.

_____. Locais do Desejo numa Cidade Degradada: Uma Interpretação Geográfico-subjetiva do Filme *Amarelo Manga*. In: OLIVEIRA, Lívia; FERREIRA, Yoshiya N.; GRATÃO, Lúcia H. B.; MARANDOLA JR., Eduardo (orgs.). *Geografia, Percepção e Cognição do Meio Ambiente*. Londrina-PR: Edições Humanidades, 2006.

_____. Algumas Geografias que o Cinema Cria as Alusões, os Espaços e os Lugares no Filme *Cidade de Deus*. In: Encontro de Geógrafos da América Latina, 10, São Paulo. *Anais*. São Paulo: DGEO/FFLCH/USP, 2005.

_____. O que Seriam as Geografias de Cinema? *TxT: A Tela e o Texto*, v. 2, 2005. Disponível em: <http://www.letras.ufmg.br/atelaeotexto/revistatxt2/wenceslao.htm>. Acesso em 30 jan. 2012.

_____. *Geografias de Cinema: Outras Aproximações entre as Imagens e Sons dos Filmes e os Conteúdos Geográficos*. In: CONGRESSO BRASILEIRO de Geógrafos, 6, 2004, Goiânia. Anais. Goiânia: AGB, 2004.

_____. Como Uma Notícia Vira a Verdade: Mídia, Conhecimento e Educação. *Boletim Pedagógico Proeb 2001 Ciências Humanas*. Juiz de Fora-MG, 2002.

154 QUAL O ESPAÇO DO LUGAR?

_____. Perguntas à Tevê e às Aulas de Geografia: Crítica e Credibilidade nas Narrativas da Realidade Atual. In: PONTUSCHKA, Nídia; OLIVEIRA, Ariovaldo U. de (orgs.). *Geografia em Perspectiva*. São Paulo: Contexto, 2001.

PASOLINI, Pier P. Gennariello: A Linguagem Pedagógica das Coisas. *Os Jovens Infelizes*. São Paulo: Brasiliense, 1990.

_____. *Empirismo Herege*. Lisboa: Assírio e Alvim, 1982.

PELLEJERO, Eduardo. *Ficciones Políticas y Políticas de la Ficción: La Sociedad Como una Trama de Relatos*. 2007. Disponível em: <http://cfcul.fc.ul.pt/equipa/3_cfcul_elegiveis/eduardo%20pellejero/eduardo%20pellejero.htm>.

QUEIRÓZ FILHO, Antonio Carlos. Vila-Floresta-Cidade: Território e Territorialidades no Espaço Fílmico. Tese de Doutorado em Geografia, Instituto de Geociências, Universidade Estadual de Campinas, Campinas, 2009.

RANCIÈRE, Jacques. *A Partilha do Sensível*. São Paulo: Editora 34, 2005.

_____. *Políticas da Escrita*. São Paulo: Editora 34, 1995.

SCHAMA, Simon. *Paisagem e Memória*. São Paulo: Cia das Letras, 1996.

XAVIER, Ismail. Cinema: Revelação e Engano. In: NOVAES, Adauto (org). *O Olhar*. São Paulo: Cia. das Letras, 1988.

Filmografia

Auto da Compadecida. Direção de Guel Arraes. Brasil, 2000.

Bilú e João. Direção de Katia Lund. *All the Invisible Children* (Crianças Invisíveis). Itália, 2005.

Don't Come Knocking (Estrela Solitária). Direção de Wim Wenders. EUA/Alemanha, 2005.

Entre les murs (Entre os Muros da Escola). Direção de Laurent Cantet. França, 2007.

Santo Forte. Direção de Eduardo Coutinho. Brasil, 1999.

A Expressão do Lugar em Sophia de Mello Breyner Andresen

a poética do mar em Portugal

Márcia Manir Miguel Feitosa

Sofia vai de ida e de volta (e a usina);
Ela desfaz-faz e faz-refaz mais acima,
E usando apenas (sem turbinas, vácuos)
Algarves de sol e mar por serpentinas.
Sofia faz-refaz, e subindo ao cristal,
Em cristais (os dela, de luz marinha).

JOÃO CABRAL DE MELO NETO

INTRODUÇÃO

O mar para Portugal não significou apenas a possibilidade de ascensão do ponto de vista político e econômico com as Grandes Navegações. Significou a possibilidade de inspiração para poetas e escritores, a exemplo de Camões e Fernando Pessoa que cantaram não só a imensidão desconhecida, mas, e sobretudo, a sua identidade com o povo português. Pessoa, particularmente, em *Mensagem*, anseia pelo advento do Quinto Império, que terá o domínio inclusive do mar. Em "Padrão", ao cantar os feitos do navegador Diogo Cão, destaca que "o mar sem-fim é português".

Sophia de Mello Breyner Andresen é poeta e, curiosamente, portuguesa. Pulsa, pois, em seu sangue, a inspiração do mar, constituindo um dos conceitos-chave de sua poesia. Tal como Camões e Pessoa, enalteceu esse elemento poético com verdadeiro sentimento de afeição e intimidade e publicou, em 2001, a antologia *Mar*, objeto de nossa reflexão neste ensaio.

A presença marcante do mar em Sophia se evidencia em prosa e verso e, singularmente, na literatura infanto-juvenil com o livro de contos *A Menina do Mar*, publicado em 1958. Seu legado "marítimo" consiste, em prosa, nas *Histórias da Terra e do Mar*, de 1984, e, em verso, em *Dia do Mar*, de 1947; *Coral*, de 1950; *Mar Novo*, de 1958; *Geografia*, de 1967; *Navegações*, de 1983; *Ilhas*, de 1989, e da já citada antologia *Mar*. Recorrente, portanto, é a imagem simbólica do mar também na contemporaneidade da literatura portuguesa.

Nosso objeto de estudo, a antologia *Mar*, em que a poeta reúne poemas tematicamente ligados a sua experiência com o mar, receberá um enfoque especial à luz da geografia humanista, de base teórica fenomenológico-existencialista. Cabe destacar a contribuição fundamental do geógrafo chinês Yi-Fu Tuan, que, na primeira metade da década de 70 do século XX, objetivou dar uma identidade própria à geografia humanista.

A partir, portanto, de seus estudos em torno dos conceitos de lugar e de mundo vivido, bem como dos diversos significados do espaço que logrou investigar, tornou-se um dos maiores expoentes em geografia da contemporaneidade, ponto de referência da ciência geográfica. Como constataremos ao longo deste ensaio, as concepções teóricas de Tuan encontram clara ressonância na matriz poética de Sophia, naquilo que seus poemas veiculam de mais íntimo com a ideia de lugar. As concepções de espaço e de lugar de Tuan que definem a natureza da geografia constituírão o cerne de nossa análise poética, de modo a evidenciar, uma vez mais, a imbricada relação que existe entre a perspectiva geográfica e o fenômeno da produção literária.

O MAR EM SOPHIA: A AFEIÇÃO PELO LUGAR

Em grande parte dos poemas da antologia *Mar*, reunidos nesse volume a pedido da própria Sophia, identificamos o conceito de "lugar" como a pausa em movimento, visto que o mar se torna o centro de significação no espaço criado pela poeta, ainda que, na maioria das vezes, buscado na memória. Yi-Fu Tuan explicita melhor essa aparente relação antitética ao destacar que o lugar consiste numa quebra no espaço, isto é, "a pausa que permite que a localização se torne um centro de

A EXPRESSÃO DO LUGAR EM SOPHIA DE MELLO BREYNER ANDRESEN   157

significado com o espaço organizado ao redor"[1]. Em Sophia é justamente o que verificamos quando o eu-lírico enuncia um dos seus mais caros desejos: "um canto da praia sem ninguém" ou "aquela praia extasiada e nua".

Ida Ferreira Alves, no artigo "De Casa Falemos", publicado em *Escrever a Casa Portuguesa*, ressalta, entre outros poetas, o caso particular de Sophia, em cuja poesia, segundo a autora, "persiste o movimento em direção ao interior, seja do poeta, seja do próprio poema"[2]. A memória, destaca ainda Alves, constitui seu impulso de criação.

No segundo poema da antologia, intitulado "Mar I", o eu-lírico parte "dos cantos do mundo", logo espaço livre e amplo, para a "praia", lugar da pausa onde se torna possível a união com o mar, o vento e a lua. No plano da memória, Sophia recupera o passado vivido com intensidade e plenitude, numa clara fusão entre o espaço e o tempo:

MAR I

De todos os cantos do mundo
Amo com um amor mais forte e mais profundo
Aquela praia extasiada e nua,
Onde me uni ao mar, ao vento e à lua[3].

O mesmo se dá em "Mar Sonoro", em que constatamos a transposição do infinito, representado pelo mar, para a intimidade da poeta, de modo a configurar algo único, criado para alimentar os sonhos do eu-lírico. Assim, do espaço amplo e livre que normalmente identificamos quando da remissão ao mar, Sophia transforma-o em lugar, na medida em que o insere na sua alma de sujeito solitário que anseia pela segurança e pelo aconchego.

MAR SONORO

Mar sonoro, mar sem fundo mar sem-fim.
A tua beleza aumenta quando estamos sós.

1   Y.-F. Tuan, Space, Time, Place, em T. Carlstein; D. Parkes; N. Thrift (orgs.), *Timing Space and Spacing Time*, p. 14, tradução nossa.
2   I. F. Alves, De Casa Falemos, em J. F. da Silveira (org.), *Escrever a Casa Portuguesa*, p. 484.
3   S. de M. B. Andresen, *Mar*, p. 10.

E tão fundo intimamente a tua voz
Segue o mais secreto bailar do meu sonho
Que momentos há em que eu suponho
Seres um milagre criado só para mim[4].

Esse mesmo pensamento em torno da poesia de Sophia é compartilhado por Helena Conceição Langrouva quando afirma que:

A poesia de Sophia vive muito de caminhadas, partidas e reencontros solitários, sendo a praia espaço de caminho, partida, reencontro, contemplação, renovação, até de esperança de regresso do *post mortem* para recuperar o não-vivido em plenitude e convertê-lo em vivido, na vida misteriosa liberta do peso da caducidade e da morte; ou para integrar toda a sua alma poética, identificada com toda a sua vida vivida junto do mar, em todos os instantes, e do instante para a eternidade, como libertação das contingências do tempo[5].

As reminiscências que povoam a poesia de Sophia remetem, em grande parte, à infância vivida no Porto, à casa do Campo Alegre, ao seu jardim e, em especial, à praia da Granja onde "havia", segundo as palavras da própria autora, "qualquer alimento secreto". Do mar extraiu, portanto, um dos mais contundentes motivos de sua poesia.

Simbolicamente, o mar expressa a dinâmica da vida. De acordo com Jean Chevalier e Alain Gheerbrant, "tudo sai do mar e tudo retorna e ele: lugar dos nascimentos, das transformações e dos renascimentos"[6]. É o que podemos constatar na poesia de Sophia, para quem o mar consubstancia ao mesmo tempo a experiência de liberdade temporal e a experiência de interioridade, em que procura absorvê-lo para dentro de si mesma, de modo a fundirem-se num só.

O poema "Liberdade" revela a conjunção entre espaço e tempo, na medida em que o eu-lírico elege determinada praia onde a marca principal é a pureza e o senso de liberdade. Curiosamente, espaço e lugar se diluem, pois a praia, até então lugar

4 Idem, p. 16.
5 H. C. Langrouva, *Mar-poesia de Sophia de Mello Breyner Andresen*, *Brotéria*, p. 3.
6 J. Chevalier; A. Gheerbrant, *Dicionário de Símbolos*, p. 592.

A EXPRESSÃO DO LUGAR EM SOPHIA DE MELLO BREYNER ANDRESEN   159

eleito pela poeta, transpõe-se em espaço livre, sem as amarras inevitáveis do tempo. Resumidamente, Tuan explicita que espaço é futuro e lugar, presente e passado, visto que o espaço "convida a imaginação a preenchê-la com substância e ilusão: é possibilidade e aceno de futuro. Lugar, ao contrário, é o passado e o presente, estabilidade e realização"[7].

LIBERDADE

Aqui nesta praia onde
Não há nenhum vestígio de impureza,
Aqui onde há somente
Ondas tombando ininterruptamente,
Puro espaço e lúcida unidade,
Aqui o tempo apaixonadamente
Encontra a própria liberdade[8].

Igual sentimento o eu-lírico nutre no poema "Mulheres à Beira-mar" (inspirado em quadro homônimo de Picasso), não mais construído em primeira pessoa, mas com a mesma perspectiva: o de fusão do ser com o espaço e o tempo e, mais ainda, com a natureza que passa a ter conotação humana:

MULHERES À BEIRA-MAR

Confundido os seus cabelos com os cabelos
do vento, têm o corpo feliz de ser tão seu e
tão denso em plena liberdade.

Lançam os braços pela praia fora e a brancura
dos seus pulsos penetra nas espumas.

Passam aves de asas agudas e a curva dos seus
olhos prolonga o interminável rastro no céu branco

Com a boca colada ao horizonte aspiram longamente
a virgindade de um mundo que nasceu.

O extremo dos seus dedos toca o cimo de
delícia e vertigem onde o ar acaba e começa.

E aos seus ombros cola-se uma alga, feliz de
ser tão verde[9].

---

7   Y.-F. Tuan, Place, *The Geographical Review*, v. 65, n. 2, p. 165, tradução nossa.
8   S. de M. B. Andresen, *Mar*, p. 28.
9   Idem, p. 22.

Sob essa perspectiva, Anna Klobucka, no artigo "Sophia *Escreve* Pessoa", destaca que nesse poema "abundam verbos de contiguidade que preenchem os vazios e lançam pontes sobre as distâncias entre os corpos e a paisagem física, entre os corpos e o espaço existencial, entre os corpos e a abstracção do pensamento"[10].

Em Sophia, a ligação com o mar extrapola, muitas vezes, a experiência vivida quando do contato íntimo e passa a adquirir nova conotação, à medida que o eu-lírico anseia, já na morte, por experienciar os instantes em que não pôde viver junto dele. No poema "Inscrição", qual um epitáfio, a poeta reforça os laços estreitos que a prendem ao lugar eleito:

INSCRIÇÃO

Quando eu morrer voltarei para buscar
Os instantes que não vivi junto do mar[11]

Já no poema "Mostrai-me as Anêmonas", os instantes a serem vividos serão experienciados não mais *post mortem*, mas do nascedouro, da matriz da vida que se inicia no mar, nas suas profundezas. "O fundo do mar" para Sophia, acentua Helena Conceição Langrouva, "é o fundo mais fundo que o próprio pensamento do sujeito lírico"[12].

MOSTRAI-ME AS ANÊMONAS

Mostrai-me as anêmonas, as medusas e os corais
Do fundo do mar.
Eu nasci há um instante[13].

O nascimento para a vida, que implica o nascer no mar, se estende para outros poemas e, de modo curioso, no único texto em prosa poética inserido na metade da antologia como um divisor de águas entre o verso e a linha de uma tênue narrativa. Intitulado "As Grutas", impressiona pela riqueza de detalhes e de simbologias que representam o universo marinho em sua

10 A. Klobucka, Sophia Escreve Pessoa, em *Colóquio/Letras*, n. 140/141, p. 160.
11 S. de M. B. Andresen, *Mar*, p. 40.
12 H. C. Langrouva, Mar-poesia de Sophia de Mello Breyner Andresen, *Brotéria*, p. 10.
13 S. de M. B. Andresen, *Mar*, p. 21.

A EXPRESSÃO DO LUGAR EM SOPHIA DE MELLO BREYNER ANDRESEN   161

mais poética expressão. O mergulho "na superfície das águas lisas" em direção às grutas possibilita a transposição do eu-lírico do exterior de si mesmo, representado pelo pensamento, para o mais interior, representado pelas imagens mais recônditas do eu, sequer assumidas. Lá habitam as anêmonas e as medusas, imperativamente clamadas no poema anterior. Circular, a "narrativa" inicia-se de fora, sob o olhar do deslumbramento, e se fecha novamente para o exterior, sem perder o ar de solenidade e transparência. O que acontece entre os dois polos é a travessia da vida, verdadeira, nua e inigualável.

Similar à caverna, a gruta representa, segundo o *Dicionário de Símbolos*, o arquétipo do útero materno, lugar de origem e do renascimento[14]. Mircea Eliade, ao tratar da sacralidade da natureza e da religião cósmica, em *O Sagrado e o Profano: A Essência das Religiões*, salienta que as grutas, para o taoísmo, "são retiros secretos, morada dos imortais taoístas e local das iniciações. Representam um mundo paradisíaco, e por esta razão, sua entrada é difícil (simbolismo da 'porta estreita'...)"[15].

Um dos trechos mais densos de "As Grutas", e que equivale à entrada num mundo secreto, nunca antes visitado, se dá quando o eu-lírico de fato ultrapassa a superfície da água e adentra no mar do seu inconsciente:

Eis o mar e a luz vistos por dentro. Terror de penetração na habitação secreta da beleza, terror de ver o que nem em sonhos eu ousara ver, terror de olhar de frente as imagens mais interiores a mim do que o meu próprio pensamento. Deslizam os meus ombros cercados de água e plantas roxas. Atravesso gargantas de pedra e a arquitectura do labirinto paira roída sobre o verde. Colunas de sombra e luz suportam céu e terra. As anêmonas rodeiam a grande sala de água onde os meus dedos tocam a areia rosada do fundo. E abro bem os olhos no silêncio líquido e verde onde rápidos, rápidos fogem de mim os peixes. Arcos e rosáceas suportam e desenham a claridade dos espaços matutinos. Os palácios do rei do mar escorrem luz e água. Esta manhã é igual ao princípio do mundo e aqui eu venho ver o que jamais se viu[16].

14   J. Chevalier; A. Gheerbrant, *Dicionário de Símbolos*.
15   M. Eliade, *O Sagrado e o Profano*, p. 127.
16   S. de M. B. Andresen, *Mar*, p. 30.

Em "Gruta do Leão", situado duas páginas antes, em apenas cinco versos, já é possível vislumbrar toda a complexidade da relação da poeta com a gruta de sua intimidade, mais uma vez inserida no lugar de sua eleição: o mar. Caracterizada como a do leão, está, portanto, imbuída de poder, luminosidade e rejuvenescimento, ao passo que o elemento telúrico, aqui representado pela terra, "pobre e desflorida", deve ser abandonado em prol do renascimento que o mar proporciona. Assim, a opção por tudo aquilo que o mar simboliza é cultuado de forma insistente por Sophia, seja em versos explícitos, seja por meio de metáforas e alegorias.

GRUTA DO LEÃO

> Para além da terra pobre e desflorida
> Mostra-me o mar a gruta roxa e rouca
> Feita de puro interior
> E povoada
> De cada ressonância e sombra e brilho[17]

Em outro poema, intitulado "Inicial", o eu-lírico retorna ao mar e a si mesmo de modo renovado, ainda que já tenha vivido essa mesma experiência em tempos passados:

INICIAL

> O mar azul e branco e as luzidias
> Pedras – O arfado espaço
> Onde o que está lavado se relava
> Para o rito do espanto e do começo
> Onde sou a mim mesma devolvida
> Em sal espuma e concha regressada
> À praia inicial da minha vida[18].

O sentimento que Sophia nutre pelo lugar escolhido implica conhecimento, como aponta Yi-Fu Tuan em "Space and Place: Humanist Perspective". Para o geógrafo chinês:

Sentir é conhecer: assim dizemos "ele sente isso" ou "ele percebe o sentido disso". Ver um objeto é tê-lo no foco da visão; é conheci-

17 Idem, p. 36.
18 Idem, p. 47.

A EXPRESSÃO DO LUGAR EM SOPHIA DE MELLO BREYNER ANDRESEN   163

mento explícito. Eu vejo a igreja na colina, eu sei que ela está lá e que é um lugar para mim. Mas é possível que haja um sentido de lugar, talvez o significado mais profundo do termo, sem qualquer tentativa de formulação explícita. Nós podemos conhecer um lugar subconscientemente, mesmo tocando e relembrando fragrâncias, sem o auxílio do olho discriminador[19].

Um conhecimento que emerge do seu mundo interior e que se manifesta em poesia, em fragrâncias de cor, luz e sensações, sem a intervenção incômoda do racionalismo. Em "Praia", o tom descritivo da paisagem cria personificações que extrapolam o mero olhar discriminador acerca do sentido do lugar:

PRAIA

Os pinheiros gemem quando passa o vento
O sol bate no chão e as pedras ardem.

Longe caminham os deuses fantásticos do mar
Brancos de sal e brilhantes como peixes.

Pássaros selvagens de repente,
Atirados contra a luz como pedradas
Sobem e morrem no céu verticalmente
E o seu corpo é tomado nos espaços.

As ondas marram quebrando contra a luz
A sua fronte ornada de colunas.

E uma antiquíssima nostalgia de ser mastro
Baloiça nos pinheiros[20].

Por fim, Sophia, em "Promontório", alça o mar à condição do sagrado ao senti-lo com os olhos da infância, indiferente à barreira imposta pela maturidade dos anos. "A natureza", explicita Tuan em *Topofilia*, "produz sensações deleitáveis à criança, que tem mente aberta, indiferença por si mesma e falta de preocupação pelas regras de beleza definidas. O adulto deve aprender a ser complacente e descuidado como uma criança, se quiser desfrutar polimorficamente da natureza"[21].

19 Y.-F. Tuan, Space and Place, em C. Board; R. J. Chorley; P. Haggett; D. R. Soddart (eds.), *Progress in Geography* 6, p. 235, tradução nossa.
20 S. de M. B. Andresen, *Mar*, p. 23.
21 Y.-F. Tuan, *Topofilia*, p. 111.

Tal condição de sacralidade que Sophia atribui ao mar como Natureza encontra em Mircea Eliade curiosa reflexão. Para o estudioso, a hierofania (quando algo de sagrado nos é revelado) constitui um paradoxo, na medida em que "manifestando o sagrado, um objeto qualquer torna-se *outra coisa* e, contudo, continua a ser *ele mesmo*, porque continua a participar do meio cósmico envolvente"[22]. É o que evidenciamos na poesia de Sophia, para quem o mar é a realidade por excelência, "potência sagrada" repleta de "realidade, perenidade e eficácia".

PROMONTÓRIO

No promontório o muro nada fecha ou cerca.
Longo muro branco entre a sombra do rochedo
E as lâmpadas da água.
No quadrado aberto da janela o mar cintila
Coberto de escamas e brilhos como na infância.
O mar ergue o seu radioso sorrir de estátua arcaica
Toda a luz se azula.
Reconhecemos nossa inata alegria:
A evidência do lugar sagrado[23].

O MAR EM SOPHIA:
MITO E IDENTIDADE PORTUGUESA

Como pudemos constatar, a presença do mar como elemento exclusivo e motivo gerador da expressão do eu-lírico constitui a temática da maioria dos poemas reunidos nessa antologia. No entanto, como bem ressaltou a organizadora do livro (Maria Andresen de Sousa Tavares, irmã de Sophia), "outros poemas há em o que o elemento marítimo aflora apenas alusivamente e num lugar aparentemente subsidiário, que no entanto se inscreve como esteio relevante nessa temática"[24]. Essa observação tomará corpo nesse tópico, posto que identificará a forte relação de Sophia com o ideal português de além-mar, ligado ora ao plano imanente, pela via das Grandes

22 M. Eliade, *O Sagrado e o Profano*, p. 18.
23 S. de M. B. Andresen, *Mar*, p. 70.
24 Apud S. de M. B. Andresen, *Mar*, p. 7-8.

A EXPRESSÃO DO LUGAR EM SOPHIA DE MELLO BREYNER ANDRESEN   165

Navegações, ora ao plano transcencente, por meio da figura de Dom Sebastião.

Vários poemas suscitam o advento dos descobrimentos marítimos e o papel fundamental do mar para a conquista e desbravamento de novas terras. Dentre eles destacamos "Descobrimento", construído sob o lema da personificação do oceano que se revela como espaço indiferenciado e ameaçador, munido de "músculos verdes" e de "muitos braços como um polvo". Em três estrofes, Sophia exercita a descrição e a narração e chega a associar "descobrimento" com "deslumbramento", numa clara alusão à história dos povos até então desconhecidos e ainda não explorados.

DESCOBRIMENTO

Um oceano de músculos verdes
Um ídolo de muitos braços como um polvo
Caos incorruptível que irrompe
E tumulto ordenado
Bailarino conhecido
Em redor dos navios esticados

Atravessamos fileiras de cavalos
Que sacudiam as crinas nos alísios

O mar tornou-se de repente muito novo e muito antigo
Para mostrar as praias
E um povo
De homens recém-criados ainda cor de barro
Ainda nus ainda deslumbrados[25].

Na série Navegações, Sophia canta declaradamente sua admiração pelos navegantes que se aventuraram em nome do ideal, com ousadia e espírito de conquista. Particularmente em "Navegações VI", observamos que o tom do poema se transforma, na medida em que o ato de navegar deixa de ser desacreditado (expresso em adjetivos como "inavegável", "inabitável" e "indecifrada") para se conformar em algo possível, realizável. Em dado momento, faz-se ouvir como a voz do famoso Velho do Restelo, a condenar a viagem marítima que lega ao abandono as mulheres, os filhos e os velhos.

25 S. de M. B. Andresen, Mar, p. 44.

166 QUAL O ESPAÇO DO LUGAR?

NAVEGAÇÕES VI

Navegavam sem o mapa que faziam
(Atrás deixando conluios e conversas
Intrigas surdas de bordéis e paços)

Os homens sábios tinham concluído
Que só podia haver o já sabido:
Para a frente era só o inavegável
Sob o clamor de um sol inabitável

Indecifrada escrita de outros astros
No silêncio das zonas nebulosas
Trêmula a bússola tacteava espaços

Depois surgiram as costas luminosas
Silêncios e palmares frescor ardente
E o brilho do visível frente a frente[26].

O ato de descobrir consiste numa ação essencial para o homem português. António Quadros, em *O Espírito da Cultura Portuguesa*, aponta dez palavras que representam o ideal lusitano de mundo e de vida, dentre elas "descobrimento". Segundo o estudioso:

A viagem portuguesa dirige-se para o descobrimento. Eis o que implica, numa primeira aproximação, a noção de que o mundo é encoberto, de que o cosmos é encoberto, de que a verdade é encoberta. O artista, o poeta, o filósofo são essencialmente entre nós os homens que desvelam ou descobrem. Ora uma filosofia capaz de manter vivo, no seu ideal subjacente, o sentido constante do descobrimento, é sem dúvida uma filosofia fecunda, que não se detém no axioma, no dogma, na lei, no imutável princípio. Manter vivo o sentido do descobrimento é manter em nosso espírito a consciência da precariedade do saber e a urgência de constantemente se dobrar um novo cabo, em busca de uma nova Índia[27].

Em "Navegações VIII", o eu-lírico, em primeira pessoa, age como o "poeta" de que fala António Quadros, ávido por desvelar e sedento por descobrir. Sophia, nesse poema, se traveste de navegador português que se maravilha com o que consegue

26 Idem, p. 60.
27 A. Quadros, *O Espírito da Cultura Portuguesa*, p. 78.

A EXPRESSÃO DO LUGAR EM SOPHIA DE MELLO BREYNER ANDRESEN 167

descortinar e, ao mesmo tempo, duvida do que encontrou. Na última estrofe, de apenas três versos, o eu-lírico parece cair em si depois do deslumbramento manifestado em uma única estrofe de dezesseis versos: "As ordens que levava não cumpri /E assim contando todo quanto vi /Não sei se tudo errei ou descobri"[28].

Sua afeição pela pátria, expressa quando da admiração que nutre pelos navegadores portugueses que se lançam ao mar, encontra respaldo em Tuan. De acordo com o geógrafo:

Esta profunda afeição pela pátria parece ser um fenômeno mundial. Não está limitada a nenhuma cultura e economia em especial. É conhecida de povos letrados e pré-letrados, de caçadores-coletores e agricultores sedentários, assim como dos habitantes da cidade. A cidade ou terra é vista como mãe e nutriz; o lugar é um arquivo de lembranças afetivas e realizações esplêndidas que inspiram o presente; o lugar é permanente e por isso tranquiliza o homem, que vê fraqueza em si mesmo e chance e movimento em toda parte[29].

Como "arquivo de lembranças afetivas e realizações esplêndidas", Portugal é retratado em *Mar* por Sophia como o país de alma desbravadora, impelido pela ânsia de conquista e de ascensão social e política. Não há barreiras que o impedem, exceto o próprio mar com seu "instinto de destino". Em dois versos, no poema "Navegações IV", Sophia "conta" a história heroica de Bartolomeu Dias que, apesar de ter dobrado o Cabo das Tormentas, não chegou às Índias e ainda encontrou a morte quando seu navio naufragou durante a viagem de Pedro Álvares Cabral no mesmo mar que já tinha descortinado.

NAVEGAÇÕES IV

Ele porém dobrou o cabo e não achou a Índia
E o mar o devorou com o instinto de destino que há no mar[30]

Anos antes, em *Mensagem*, Fernando Pessoa também já havia cantado esse acontecimento, enaltecendo o caráter arrojado de Bartolomeu Dias. Quanto ao mar, para Pessoa, ao contrário

28 S. de M. B. Andresen, *Mar*, p. 65.
29 Y.-F. Tuan, *Espaço e Lugar*, p. 171.
30 S. de M. B. Andresen, *Mar*, p. 64.

de Sophia, uma vez desbravado, para sempre o será, desde que haja portugueses que o enfrentem.

EPITÁFIO DE BARTOLOMEU DIAS

Jaz aqui, na pequena praia extrema,
O Capitão do Fim. Dobrado o Assombro,
O mar é o mesmo: já ninguém o tema!
Atlas, mostra alto o mundo no seu ombro[31].

Do mesmo modo, em "Navegações IV", de 1977 (o anterior é de 1982), novamente o Cabo das Tormentas é suscitado, agora tendo em vista a chegada às Índias. O tom do poema é de contentamento diante da riqueza conquistada, o mar, espaço a ser experienciado, visto que "experienciar é vencer os perigos"[32]. Semelhante atitude se confirma em "Navegações XIV" (de 1982) no momento em que se constata que o verdadeiro objetivo do ato de navegar, enquanto sinônimo de experienciar, é vencer o desconhecido e não olhar para trás nem para o amor que a tudo prende e seduz. O barco exerce, metonimicamente, a função que deve ser atribuída ao navegador e adquire a conotação de "símbolo da segurança" que "favorece a travessia da existência"[33]. Sejam os versos:

NAVEGAÇÕES XIV

Através do teu coração passou um barco
Que não para de seguir sem ti o seu caminho[34]

Reportando-nos ao ideal português de além-mar cultuado por Sophia, cabe considerarmos o que se relaciona ao plano transcendente, ou seja, à figura do rei Dom Sebastião. Em *Mar*, a sua presença em nenhum momento é denotada, antes referenciada por ideias que a ele podem ser remetidas. Curiosamente, o Encoberto se insere no rol das dez palavras-chave do ideal português sustentado por António Quadros, ao lado de "Mar", "Nau", "Viagem", "Descobrimento", "Demanda", "Oriente", "Amor", "Império" e "Saudade".

---

31 F. Pessoa, *Mensagem*, p. 64.
32 Y.-F. Tuan, *Espaço e Lugar*, p. 10.
33 J. Chevalier; A. Gheerbrant, *Dicionário de Símbolos*, p. 122.
34 S. de M. B. Andresen, *Mar*, p. 67.

A EXPRESSÃO DO LUGAR EM SOPHIA DE MELLO BREYNER ANDRESEN   169

Tanto em Sophia quanto em Fernando Pessoa, o Encoberto assume a dimensão mítico-profética da história, isso porque o foco central é o mito do Quinto Império, do Portugal vir-a-ser. No entanto, conforme ressalta Alfredo Antunes:

O profetismo de Pessoa não se confina porém à antevisão dum Desejado para a restauração dum possível Quinto Império. Tal correspondia ao sonho mais ou menos estéril em festas reais, de séculos de espera.

Para o poeta de *Mensagem*, empreende-se agora uma nova leitura dos sinais e dos sonhos messiânico-sebásticos do sentir lusíada, para sobre eles anunciar o verdadeiro sentido de Portugal.

E nessa leitura existe um duplo sonho, ou, se preferirmos, uma dupla profecia: a grandeza futura de Portugal e o papel messiânico que ele mesmo, Fernando Pessoa, é chamado a desempenhar nessa construção futura[35].

O mesmo não podemos afirmar quanto à poeta Sophia de Mello Breyner Andresen. Nela, ao que nos parece, corre nas veias a eterna espera do Desejado que reerguirá a velha nação portuguesa das cinzas. Sua espera sempre se dá na praia, reduto absoluto da poeta, onde se sente acolhida e segura. Em alguns momentos, desse lugar de eleição, o eu-lírico chega a assumir a identidade do Desejado, como em "No Mar Passa":

NO MAR PASSA

No mar passa de onde em onda repetido
O meu nome fantástico e secreto
Que só os anjos do vento reconhecem
Quando os encontro e perco de repente[36].

Em "Espero", a associação com Dom Sebastião se dá quando do emprego da palavra "nevoeiro", diretamente relacionada com o acontecimento em Alcácer-Quibir. A poeta espera pela "fantástica vinda", em meio aos vaticínios que circundam o mito sebástico. Do mesmo modo se enuncia o poema "Espera", que reforça o tempo despendido em prol da vinda tão ansiada.

35 A. Antunes, *Saudade e Profetismo em Fernando Pessoa*, p. 430-431.
36 S. de M. B. Andresen, *Mar*, p. 26.

O romper o nevoeiro nada mais representa do que o recomeço de uma nova era para Portugal.

ESPERA

Dei-te a solidão do dia inteiro.
Na praia deserta, brincando com a areia
No silêncio que apenas quebrava a maré cheia
A gritar o seu eterno insulto
Longamente esperei que o teu vulto
Rompesse o nevoeiro[37].

Sabemos que o sebastianismo é um dos produtos coletivos da saudade, outra palavra-chave do ideal português. Francisco da Cunha Leão, em *O Enigma Português*, sustenta que foi devido à perda do rei prometido e de todo o exército de combatentes que surgiu em Portugal o sentimento de "provação em extremo cruel para um povo afeito aos surtos vitoriosos da aventura, que tanto alçara, a plano ecumênico, a sua missão"[38]. O historiador Lúcio de Azevedo justifica a inter-relação entre o sebastianismo e o sentimento da saudade ao afirmar que o sebastianismo, "nascido da dor, nutrindo-se da esperança, ele é na história o que é na poesia a saudade, uma feição inseparável da alma portuguesa"[39]. Em *Mar*, em razão da saudade de um tempo áureo de conquistas, o eu-lírico invoca o mito de Dom Sebastião da praia deserta de sua alma, para que se rompa o período da decadência e se instale definitivamente o Quinto Império em Portugal; aí sim será justificada a espera.

Aliada ao sentimento de saudade está a memória. Assim, Sophia procura resgatar pela memória o mito do Encoberto que afirma a identidade portuguesa, imersa na eterna espera de um salvador. Ainda que o antissebastianismo exerça sua força, na literatura contemporânea, da qual Sophia é uma das suas mais expressivas representantes, aflora significativamente a perspectiva sebastianista para a qual o sonho da consagração do Quinto Império ainda não morreu. Como acentua Jacques Le Goff: "a memória é um elemento essencial do que se costuma chamar

37 Idem, p. 17.
38 F. da C. Leão, *O Enigma Português*, p. 221.
39 J. L. de Azevedo, *A Evolução do Sebastianismo*, p. 35.

identidade, individual ou coletiva, cuja busca é uma das atividades fundamentais dos indivíduos e das sociedades de hoje"[40]. Para Sophia, não foi diferente.

O MAR EM SOPHIA:
ENFIM O ESPAÇO (LUGAR?) DA MEMÓRIA

Ao longo da leitura dos poemas de Sophia de Mello Breyner Andresen, recolhidos na antologia *Mar*, evidenciamos o profundo sentimento de topofilia da poeta, que estampou com lirismo e paixão a sua íntima primazia pelo mar. Em muitos deles, a predileção ganhou relevo desde o título que já anunciava o lugar de eleição da autora. Assim, foi o caso de "Mar I", "Mar Sonoro", "Mostrai-me as Anêmonas", "Mulheres à Beira-mar", "Praia", "Promontório".

Graças aos estudos de Yi-Fu Tuan, de base fenomenológico-existencialista, evidenciamos o papel da experiência no entendimento de como Sophia percebe e sente o espaço e o lugar em versos aparentemente simples e extremamente subjetivos; muitos deles circulares, com clara manifestação de intimidade do eu-lírico com a natureza.

Frisamos que a poesia de Sophia prima por pensar o lugar como pausa em movimento, à medida que toma como referência o mar enquanto polo de significação no espaço do poema e no espaço de sua vida. Ao plano da memória alude o tempo da infância e os instantes ainda por viver, do nascimento à morte, do princípio ao fim. Do mar, recolhe a essência de sua inspiração mais recôndita e a ele retorna de forma pura, sem subterfúgios.

A par do destaque dado aos poemas em que se sobressai a afeição muitas vezes sagrada pelo mar, relevamos em Sophia a presença do mito sebastianista de modo subliminar, como a anunciar a ânsia pelo Desejado que instaurará a idade paradisíaca do Quinto Império. Ao lado de Fernando Pessoa, representa uma das vozes que mais traduzem em verso a verdadeira identidade portuguesa. Plena de saudade e imbuída de lembranças da memória, Sophia canta o mar que um dia finalmente revelará, a

---

40 J. Le Goff, *História e Memória*, p. 476.

romper o nevoeiro, a chegada de um novo tempo, coberto de "cinza e oiro", onde "os roseirais dão flor" na "hora luminosa".

REFERÊNCIAS BIBLIOGRÁFICAS

ALVES, Ida F. De Casa Falemos. In: SILVEIRA, Jorge F. da (org.). *Escrever a Casa Portuguesa*. Belo Horizonte: Editora da UFMG, 1999.

ANTUNES, Alfredo. *Saudade e Profetismo em Fernando Pessoa*. Braga: Publicações da Faculdade de Filosofia, 1983.

AZEVEDO, João Lúcio de. *A Evolução do Sebastianismo*. Lisboa: Livraria Clássica, 1947.

ANDRESEN, Sophia de M. B. *Mar*. 2. ed. Lisboa: Caminho, 2001.

CHEVALIER, Jean; GHEERBRANT, Alain. *Dicionário de Símbolos*. Rio de Janeiro: José Olympio, 1995.

ELIADE, Mircea. *O Sagrado e o Profano*: A Essência das Religiões. São Paulo: Martins Fontes, 2001.

KLOBUCKA, Anna. Sophia Escreve Pessoa. In: *Colóquio/Letras*, n. 140/141. Lisboa, abr.-set. 1996.

LANGROUVA, Helena C. Mar-Poesia de Sophia de Mello Breyner Andresen: Poética do Espaço e da Viagem. *Brotéria*, Lisboa, mai.-jul. 2002.

LEÃO, Francisco da Cunha. *O Enigma Português*. Lisboa: Guimarães & Cia., 1973.

LE GOFF, Jacques. *História e Memória*. Campinas: Editora da Unicamp, 1996.

PESSOA, Fernando. *Mensagem*. Lisboa: Ática, 1988.

TUAN, Yi-Fu. *Espaço e Lugar*: A Perspectiva da Experiência. Trad. Lívia de Oliveira. São Paulo: Difel, 1983.

_____. Space, Time, Place: A Humanistic Frame. In: *Timing Space and Spacing Time*. CARLSTEIN, Tommy; PARKES, Dom; THRIFT, Nigel (orgs.). London: Edward Arnold, 1978.

_____. Place: An Experiential Perspective. *The Geographical Review*, v. 65, n. 2, 1975.

_____. Space and Place: Humanistic Perspective. In: BOARD, Christopher; CHORLEY, Richard J.; HAGGETT, Peter; SODDART, David R. (eds.). *Progress in Geography 6*. London: Edward Arnold, 1974.

_____. *Topofilia*: Um Estudo da Percepção, Atitudes e Valores do Meio Ambiente. Trad. Lívia de Oliveira. São Paulo: Difel, 1980.

QUADROS, António. *O Espírito da Cultura Portuguesa*. Lisboa: Sociedade de Expansão Cultura, 1967.

Grafias Urbanas

a cidade de vidro de Paul Auster

Maria Lúcia de Amorim Soares

> *Um livro é um objeto misterioso [...]*
> *uma vez que comece a circular pelo mundo,*
> *qualquer coisa pode acontecer.*
>
> PAUL AUSTER, *Leviatã*

Esse texto pretende, nas bordas de um corpo literário, o conto "A Cidade de Vidro", de Paul Auster, não só refletir sobre a busca de uma resposta para a pergunta *qual é o espaço do lugar* como ser, também, um texto, um tecido feito com a linguagem. Se o texto é sempre tecido, tapeçaria, é lugar do possível, do desejo, lugar esconderijo onde o jogo dos significantes é capaz de construir o mundo ficcional na superfície mesma de uma folha branca em sua materialidade.

Na tessitura do texto literário, a linguagem tem a dimensão do imaginário, contendo elementos do real sem que se esgote na descrição desse real, sendo o seu componente fictício a preparação de um imaginário que traduz elementos da realidade. Segundo Wolfgang Iser[1], não podemos dizer com rigor o que são o real, o fictício e o imaginário, sendo necessário pensar que o primeiro corresponde ao mundo extratextual; o segundo se manifesta como ato, revestido de intencionalidade; e o terceiro tem caráter difuso, devendo ser compreendido como um "funcionamento" num campo de forças.

---

1   W. Iser, *O Fictício e o Imaginário.*

Há de ocorrer um pacto especular para se ter a paixão do imaginário e aí deixá-la ser. Para tanto, o que se encena no texto não são só as personagens, mas o próprio leitor, que se torna personagem quando entra na instância ficcional. A imaginação do leitor é um palimpsesto em demanda, pulsão colecionadora de sentidos. Como diz Roland Barthes, traumaticamente: "no texto, só o leitor fala"[2]. Ainda Barthes: "O texto que o senhor escreve tem de me dar prova de que ele me deseja. Essa prova existe: é a escritura. A escritura é isto: a ciência das fruições da linguagem, seu kama-sutra (desta ciência, só há um tratado: a própria escritura)"[3].

Em torno dessas questões, libertadoras e conflituosas, gravita a "cidade de vidro"[4], precária e provisória, numa confusão babélica e labiríntica revelada por fragmentos flutuantes e incorpóreos como narra Paul Auster[5]: "Havia chegado a uma terra de fragmentos, perdidos, um lugar de coisas para as quais não havia palavras e também um lugar de palavras que não correspondia a coisa nenhuma". Em torno dessas questões gravitam personagens também fragmentadoras a esconder-se por trás de diversas máscaras representativas, sendo todos e nenhum ao mesmo tempo, visivelmente afetados pela cidade que habitam – Nova York –, lugar o mais abjeto e lamentável do mundo, profundamente marcada pela desordem e pelo estraçalhamento das coisas e das pessoas, fazendo delas estrangeiros em sua morada. Em decorrência disso, todo sentido de finalidade esvai-se, e com ele toda lógica e toda razão. Tudo "permanece aberto, incluso [justamente] para ser iniciado outra vez"[6].

Aprender, assim, a cidade de Nova York é detectar o fio condutor de seu discurso, o seu código interno. Nessa ótica, o princípio estruturante não é constituído pelas experiências do narrador, mas pelas experiências de um outro que o narrador observa à distância, um outro completamente estranho. Eis o que diz o narrador sem nome da "cidade de vidro": "Examinei o texto do caderno vermelho com a máxima atenção e qualquer inexatidão na história deve ser atribuída a mim. Havia

2   R. Barthes, *O Rumor e a Língua.*
3   Idem, *O Prazer do Texto,* p. 11.
4   P. Auster, A Cidade de Vidro, *A Trilogia de Nova York.*
5   Idem, p. 39.
6   Idem, p. 337.

momentos em que era difícil decifrar o texto, mas fiz o melhor que pude e me abstive de qualquer interpretação"[7].

Engendrar legibilidade totalizadora do livro de registro da cidade de vidro, preenchido do que a cidade produz e contém, é tarefa impossível. Por isso, a escrita e sua leitura se dará por aproximações, tentativas, rascunhos, cruzando lugar e metáfora, produzindo uma cartografia de passagem, tensão entre racionalidade geométrica e emaranhado de existências humanas. A escrita e a leitura se ramificam em diversas direções em sua dispersão. Nessa ótica, há necessariamente pluralidade de entradas e pontos de vista descentrados que condicionam o olhar prismático sobre os textos da cidade. Ler a escrita da cidade e a cidade como escrita é buscar o legível num jogo aberto e sem solução, já que trazemos na mente um modelo de cidade que as cidades concretas preenchem.

Assim, seguindo Deleuze e Guatari[8], esse texto pode ser lido a partir de qualquer platô – zona de intensidade vibrando sobre ela mesma, porque aspira à elaboração de um "pensamento nômade", aquele que conecta energias habitualmente, desterritorializa velhas intensidades e faz rizoma, que é:

algo que conecta um ponto qualquer com outro qualquer e cada um dos seus traços não remete necessariamente a traços da mesma natureza; ele põe em jogo um regime de signos muito diferentes, inclusive estados de não signos. O rizoma não se deixa reconduzir nem ao uno nem ao múltiplo [...]. Ele não é feito de unidades, nem de dimensões ou antes de direções movediças. Ele não tem começo nem fim, mas sempre um meio pelo qual ele cresce e transborda[9].

PRIMEIRO PLATÔ: A IDEIA DE CIDADE

Diz Assunção[10] que, entre os estudiosos das cidades modernas, já é lugar comum a ideia de que elas têm como característica a continuidade fragmentada, ambígua e indefinida, comparada, às vezes, com o conceito de obra de arte. As metáforas se multiplicam:

7   Idem, p. 147.
8   G. Deleuze; F. Guatari, *Mil Platôs*, p. 32.
9   Idem, ibidem.
10 R. Assunção, *Mario de Andrade e Jorge Luis Borges*.

a cidade como texto narrativo, como livro de registro, a cidade como máscara, como fragmentos sobrepostos a outros fragmentos, como labirinto do universo, como um lugar mental e simbólico, a cidade invisível, a cidade mítica, a cidade de vidro etc. A tentativa dos estudiosos da cidade está centrada na busca de sentidos, sentidos históricos, no movimento das mercadorias, no mundo capitalista industrial ou pós-industrial em que vive o homem moderno. Nesse contexto, a cidade se articula como *lócus* por excelência da modernidade e como a arena de lutas de forças com interesses antagônicos engendradas pela própria modernidade. De modo que pensar a cidade é tentar fazer uma aproximação às ideias sobre ela, mesmo pensando-a como um mal irremediável.

Carl Schorske, pensador norte-americano, no seu ensaio "La Idea de Ciudad en el Pensamiento Europeo: De Voltaire a Spengler"[11], desenvolve o processo de construção da ideia de cidade, do iluminismo até o modernismo, evidenciando, com lucidez, os principais pontos de ruptura no desenvolvimento dessas ideias. Segundo Schorske, a ideia de cidade começa a ser formada a partir do século XVIII, particularmente por meio de Voltaire, Adam Smith e Fichte.

Partindo de Voltaire, o autor aponta a primeira ideia de cidade: a cidade como cenário por excelência da virtude. Segundo essa ideia, a cidade propunha e propiciava o desenvolvimento da liberdade, do comércio e da arte. Londres, que era o cenário de literatura de Voltaire e não Paris, insere-se como espaço do progresso não só industrial, mas também do prazer, do desfrute e de um gosto artístico refinado. A existência de uma classe miserável crescente, que surgia na mesma proporção do progresso, era vista não como um perigo iminente, mas como força propulsora desse mesmo progresso, na medida em que os pobres, ao desejarem alcançar as mesmas condições materiais e culturais dos ricos, aprimorariam seus potenciais inatos, mudando seu próprio estado. A luta pela emancipação social, por um aperfeiçoamento do gosto – elegância aristocrática com o desenvolvimento industrial –, estimulado pela razão, faria nascer as artes civilizadas.

A ideia de cidade como virtude está presente também no pensamento do filósofo alemão Johann Gottlieb Fichte, por

11 Em *Punto de Vista*, n. 30.

meio da ideia de moral comunitária. Segundo o filósofo, nos burgos medievais prevalecia certo espírito comunitário que se materializava em torno de determinados valores ou virtudes: a lealdade, a retidão, a honra e a simplicidade. Essas virtudes permaneceram, ao longo do tempo, acrescentando à ideia de cidade a noção de agente civilizatório e a de progresso industrial. A cidade se materializaria como modelo ideal do desenvolvimento para o homem e posteriormente consolidaria o individualismo e a prepotência da cultura burguesa do século xx.

A gestação de uma segunda ideia de cidade, a cidade como vício, pauta-se na ideia de que o progresso e o consequente enriquecimento de determinados grupos e corporações são a causa principal da decadência humana. Com o avanço do desenvolvimento industrial, a ideia de cidade como vício se fortaleceu. O progresso industrial e social, que se pensava resultante da relação entre ricos e pobres, cidade e campo, começou a ruir, trazendo na sua esteira o aumento dos índices de migração, a miséria, a sujeira, o crime social.

A terceira ideia de cidade, resgatada por Schorske, é a da cidade que se alça com fatalidade para o homem, além do bem e do mal, e que se situa historicamente a partir da metade do século xix. Esse modo de ver começa na França, com Baudelaire e com os impressionistas, no campo da arte, influenciados por Nietzsche, no campo da filosofia. Agora, todo julgamento social, moral, político e cultural acontecerá a partir de uma experiência profundamente pessoal, subjetiva, minando a base hegemônica de razão. Na cidade além do bem e do mal está situada a consciência cosmopolita moderna. Ainda, o cosmopolitismo opera nos dois extremos. Seja revertendo os valores de vício e virtude, seja numa nostalgia artificial por um tipo de bucolismo que nunca existiu ou invocando o deslumbramento pela máquina, por imagens futuristas das tecnologias nascentes.

Esses intelectuais e artistas viam a complexidade, os paradoxos e as ambiguidades da cidade sem se aterem a um julgamento de valor. Assim, tudo o que ela propunha, seus horrores, suas glórias, belezas e abjeções, era concebido como práticas culturais que se davam como experiência da vida moderna. Esses intelectuais e artistas procuravam depreender e traduzir a complexidade desse novo aspecto cultural que se manifestava de forma fragmentada, descontínua e transitória, impossibilitando qualquer prognóstico do futuro. Aboliam a ideia de volta a um passado redentor, assim como a conquista de um futuro heroico e paradisíaco. "O futuro era hoje"[12], na formulação de Beatriz Sarlo.

Hoje, a nova ideia de cidade leva ao abandono dos ideais de integração, de progresso histórico como programa que deve ser seguido no seu aparente *continuum*. A ideia de cidade como fatalidade para o homem moderno encontra eco em Walter Benjamim, filósofo alemão, leitor de Baudelaire, que busca nesse poeta e na cidade moderna as chaves de leitura para entender os problemas da modernidade. Esse homem posiciona-se não apenas como leitor da cidade, mas como partícipe dela, assumindo o papel de *flâneur* para ler e traduzir o contexto urbano moderno nas diversas cidades em que vive. Vê na cidade, nas ruas e na riqueza inesgotável de suas variações, o cenário por excelência em que a vida se agita e se dá em toda sua multiplicidade, em um tempo indeterminado. Desvenda um modelo de historicidade que se opõe tanto ao modelo social linear dos artistas e pensadores utópicos socialistas quanto ao projeto da modernidade de característica burguesa ou aristotélica, propondo em contrapartida uma estética da ansiedade, do desejo, da perda e da negação[13].

Hoje, verdadeiras cidades invisíveis emergem a partir dos fragmentos de cidades reais. Todas as cidades são a cidade já que uma cidade faz compreender outras cidades. As cidades acontecem no interior da cidade, dentro do dentro, permeadas de duplicidade. Território textual por excelência, *polis* perversa, lugar de coletividades indefinidas.

SEGUNDO PLATÔ: OS DUPLOS

Jamais se deve confundir uma cidade com o discurso que a descreve. Contudo, existe uma ligação entre eles[14]. "Se descrevo Olívia", continua o autor,

12 B. Sarlo, Arlt: Cidade Rea, em L. Chappini; F. W. de Aguiar, *Literatura e Histórias na América Latina*.
13 W. Benjamin, *Obras Escolhidas III*.
14 I. Calvino, *As Cidades Invisíveis*.

cidade rica de mercadorias e de lucros, o único modo de representar a sua prosperidade e falar dos palácios de filigranas com almofadas franjadas aos parapeitos dos bífores; uma girândula d´água num pátio protegido por uma grade rega o gramado em que o pavão branco abre a cauda em leque. Mas a partir desse discurso, é fácil compreender que Olivia é envolta por uma nuvem de fuligem e gordura que gruda nas paredes das casas; que, na aglomeração das ruas, os guinchos manobram comprimindo os pedestres contra os muros. [...] para falar de Olívia eu não poderia fazer outro discurso. Se de fato existisse uma Olivia de bífores e pavões, de seleiros e tecelãs de tapetes, canoas e estuários, seria um mero buraco negro de moscas, e para descrevê-la eu teria de utilizar as metáforas da fuligem, dos chiados de rodas, dos movimentos repetitivos, dos sarcasmos. A mentira não está no discurso, mas nas coisas.

A narrativa abre espaço para outras narrativas, incessantemente. São discursos que preenchem os vazios da armadura que é a cidade. Percorrendo-se esse território, como na cidade de Ercília, deparamo-nos com "teias de aranha de relações intrincadas à procura de uma forma"[15]: da cidade e da leitura.

Assim, é Despina, "a cidade que se apresenta de forma diferente para quem chega por terra ou por mar, de camelo ou de navio"[16]. Ou Irene, "a cidade distante que muda à medida que se aproxima dela: vista de dentro, seria uma outra cidade"[17]. Ou Moriana, a quem uma face obscura, um lado de fora e um avesso, "como uma folha de papel". Ou Sofrônia, composta de duas meias cidades: uma fixa e outra provisória, desmontável[18]. Aglaura, a descrita por seus habitantes e a que se vê: duas cidades distintas, mas apenas de uma delas se pode falar, "porque a lembrança da outra, na ausência de palavras para fixá-la perdeu-se[19]. Ou Eusápia, cidade gêmea – a dos vivos e a dos mortos, a necrópole constituída no subsolo, cópia idêntica da outra, "mas nas duas não existe meio de saber quem são os vivos e quem são os mortos"[20]. Ou ainda Eudóxia, que se duplica "num tapete no qual se pode contemplar a verdadeira forma da cidade":

15 Idem, p. 72.
16 Idem, p. 21.
17 Idem, p. 115.
18 Idem, p. 61.
19 Idem, p. 66.
20 Idem, p. 102.

QUAL O ESPAÇO DO LUGAR?

todas as coisas nela contidas no desenho, dispostas segundo suas verdadeiras relações; neste desenho se mostra o esquema geométrico implícito nos mínimos detalhes; o tapete, porém, com sua ordem imóvel não é a cidade, mas uma imagem dela, onde se pode tecer o emaranhado das existências humanas[21]. Ou Raíssa, a "cidade infeliz que contém uma cidade feliz que nem mesmo sabe que existe": ambas entrelaçadas em suas raízes[22]. Ou Berenice, em que se tramam a justiça e a injustiça, contendo, portanto, cidades diferentes que se projeta em futuras Berenices "já presentes neste instante, contidas uma dentro da outra, apertadas, espremidas, inseparáveis"[23].

O repertório de imagens se prolifera, organizando realidades descontínuas numa verdadeira suíte narrativa. Por essa vertente, a cidade é lugar da estocagem e da transmissão da multiplicidade potencial de mutações rápidas e ininterruptas. Assim, a cidade, para Calvino, é sobretudo o "lugar onde todo o possível é convocado"[24]. É nesse sentido que Benjamim declara: "A cidade, na qual os homens se exigem uns aos outros sem trégua, em que compromissos e telefonemas, reuniões e visitas, flertes e lutas não concedem ao indivíduo nenhum momento de contemplação – a cidade se vinga na memória, e o véu latente que ela tece na nossa vida mostra não tanto as imagens das pessoas, mas, sobretudo os lugares, os planos onde nos encontramos com outros ou conosco"[25].

TERCEIRO PLATÔ: IMAGINÁRIO ESPACIAL – CIDADE DE VIDRO

Em um conto como "Cidade de Vidro", de Paul Auster, contido no volume *A Trilogia de Nova York*, entramos num domínio sombrio e complexo onde a ordem social não será restaurada, pois jamais existiu. O som de vidro estilhaçado e a visão das

21 Idem, p. 91.
22 Idem, p. 135.
23 Idem, p. 147.
24 Idem, p. 35.
25 W. Benjamin apud W. Bolle, Fisionomia da Metrópole Moderna, em *Folha de S.Paulo*, 9 dez. 1984, Folhetim, n. 412, p. 4.

GRAFIAS URBANAS 181

bordas cortantes estão no centro da ficção calcada na palavra e na imagem, lugar onde o traço fundamental do homem urbano se define em termos de um eu fragmentado. No curso de sua vida, o homem urbano "se torna uma espécie de estrangeiro que não se adapta à moldura familiar de identidade, à aparente fixidez social, mas passa necessariamente por sua experiência não linear, não sequencial"[26].

Esse conto de Paul Auster revela a realidade múltipla da cidade de Nova York que se fragmenta, dificultando a leitura, e faz dela um discurso intrincado, de significados fluidos, em constante transformação. Nas dobras dessa linguagem é que a cidade gera cifras de seu código. "Ler/escrever a cidade é tentar captá-la nas dobras; é inventar metáfora que a inscreve, é construir a sua possível leitura. Cidade: linguagem dobrada, em busca de ordenação"[27].

"A Cidade de Vidro" não é um conto policial. É uma obra coletiva assinada por autores diversos: Quinn, o narrador anônimo, Peter Stillman, filho, Peter Stillman, pai, Paul Auster – personagem, Paul Auster –, autor, cada um escrevendo à sua maneira a história que lhes chega à mão.

"Foi um número errado que começou tudo, o telefone tocando três vezes, altas horas da noite, e a voz do outro lado chamando alguém que não morava ali"[28]. É com essa enigmática frase que Paul Auster inicia "A Cidade de Vidro". A partir da voz de um desconhecido, que logo sabemos ser de Peter Stillman, que quando criança foi alvo de uma experiência de linguagem de seu próprio pai, que intencionava resgatar por meio de seu isolamento, num quarto, durante anos, a língua perdida de Deus, aquela falada por Adão e anterior ao episódio de Babel.

"A questão é a história em si e não cabe à história dizer se ela significa ou não alguma coisa"[29], alerta-nos o narrador anônimo, de saber limitado, porque se restringe ao que está contido no caderno vermelho – livro de registros de Quinn, onde este anota os fatos relativos ao caso Stillman e também as suas esperanças para a humanidade – e não o que ele (narrador)

---

26 R. Sennett, *O Declínio do Homem Público*, p. 148.
27 R. C. Gomes, *Todas as Cidades, a Cidade*, p. 30.
28 P. Auster, op. cit., p. 9.
29 Idem, ibidem.

vivenciou na realidade do acontecimento: suas experiências são as experiências de um outro que observava à distância. Sua tarefa é contar não a sua história, mas a de um outro que lhe é completamente estranho.

É no interior desse quadro que podemos visualizar Quinn, um ser destituído de si mesmo, desde quando desistiu de dar continuidade à rica carreira de escritor, passando a existir a distância na figura imaginária de Max Work, um detetive particular, personagem de Willian Wilson, seu duplo. Quinn sabia, no seu íntimo, que sua existência estava na sua mais consciente inexistência. Conscientemente transformado numa tríade de egos – Willian Wilson era uma espécie de ventríloquo, Quinn, o boneco, e Max Work, a voz animada que conferia um propósito àquela empresa[30]. Quinn é todos e nenhum ao mesmo tempo.

O leitor se depara com uma série de contatos ao longo da leitura de Auster. Um desses pontos de duplicidade está nas iniciais dos nomes Daniel Quinn, as mesmas de Dom Quixote (personagem de seu livro favorito). *Dom Quixote*, a primeira das obras modernas, é também "o herói de Quinn", destinado a vagar "indefinidamente sem transpor jamais as fronteiras nítidas da diferença, nem alcançar o coração da identidade"[31]. Quinn, Dom Quixote dos tempos pós-modernos, no seu modo de caminhar pelos labirintos de Nova York, procura um lugar que não é o da realidade em que vive, mas um espaço que lhe está fora.

O texto de Auster é sempre uma escrita que se realiza sob os auspícios de outras escritas e manifestações artísticas, fazendo dele um grande mosaico de citações e referências a outros textos, bem como a outras formas de arte. Willian Wilson, o duplo de Quinn, é o nome de um conto e de uma personagem de Edgar Allan Poe, o pai das narrativas policiais. O próprio nome Quinn remete-nos a Quain, detetive-escritor de romances policiais em *Ficções*, livro de Jorge Luis Borges. Henry Dark, personagem inventado por Peter Stillman pai, é o escritor de *Babel*, paraíso na América, lugar de resgate da língua da inocência anterior à Babel, lugar da palavra de Deus, revivendo Humpty Dumpty, a famosa personagem de Lewis Caroll em

30 Idem, p. 12.
31 M. Foucault, *As Palavras e as Coisas*, p. 63.

Alice no País das Maravilhas, livro que é um verdadeiro tratado sobre a linguagem. Humpty Dumpty é para Dark/Stillman "a mais pura encarnação da condição humana"[32]: aquilo que ainda não nasceu, mas que já existe. Um filósofo da linguagem, que nos mostra – por meio de seu discurso à Alice – que as suas palavras assumem cotidianamente não a sua materialidade, mas as nossas necessidades. As palavras são aquilo que são – fabricações: "Quando eu uso a palavra, disse Humpty Dumpty, em tom meio debochado, ela significa apenas aquilo que eu quis que ela significasse, nem mais nem menos. A questão, disse Alice, é saber se você consegue fazer as palavras significarem tantas coisas diferentes. A questão, disse Dumpty, é ser aquele que manda, e isso é tudo[33]".

Quinn, em seu caderno vermelho, registra a cidade que se descortina a seus olhos:

Hoje como nunca antes: os vagabundos, os indigentes, as mendigas que carregam as sacolas, os bêbados e os vadios [...] Alguns mendigam com uma aparência de orgulho. Outros abandonam toda esperança de um dia deixar essa vida de mendigo. Ficam ali largados na calçada com seu chapéu, ou caneca, ou caixa, sem sequer se dar ao trabalho de erguer os olhos para o passante, derrotados demais até para agradecer quem deixa cair uma moeda ao seu lado[34].

Quinn é um poeta do olho[35]. Suas palavras são a mais pura emanação desse órgão em ação, bem como o vislumbre de seus sentimentos ante aquilo que vê. Quinn indaga o grau de legibilidade do espaço em "A Cidade de Vidro": "Perguntou-se como seria o mapa formado por todos os passos que dera na vida e qual palavra haveria de compor"[36]. Supor uma vida pensada em parâmetro espacial – os eventos são *passos*, ou seja, iniciativas de deslocamento, referências que configuram certa geografia, criam a noção de espaço como representação, como proposição de um modelo cujas coordenadas produzem um

32 P. Auster, op. cit., p. 9.
33 Idem, p. 94.
34 Idem, p. 121.
35 E. P. Silva, Entre o Eu e o Outro na Cidade de Vidro, disponível em: <http://www.ufrj.br/ciencialit/encontro/Egle%20Pereira%20da%20Silva%20-%20UFRJ.doc>, p. 15.
36 P. Auster, op. cit., p. 146.

QUAL O ESPAÇO DO LUGAR?

sentido, como *mapa*. O jogo de diferenciações na modelagem e gerenciamento do espaço sugere que "o texto de uma vida, além de cronológico, é topográfico, forja a identidade do indivíduo pelo modo como este se relaciona com o espaço que pode considerar seu[37].

Não é aleatório o fato de a literatura contemporânea eleger a grande cidade como referência privilegiada. A cidade não surge apenas como cenário para o desenrolar de um enredo, mas como agente determinante da significação da narrativa como um todo. A cidade surge, assim como personagem, um lugar. No caso de Paul Auster, a cidade de Nova York funciona como uma espécie de corpo da escrita, a folha em branco ocupada pela força da palavra e apresentada como labirinto, exigindo do leitor ser coautor da escritura. O desejo do vagar aleatório suscitado pela cidade tende a tornar o espaço da cidade um "lugar nenhum", quase um "vazio" de percepção:

Nova York era uma cidade inesgotável, um labirinto de pessoas sem-fim. Não importa quão longe ele [Quinn] fosse, o quanto conhecesse da cidade, sempre lhe ocorria a sensação de estar perdido. Toda vez que saía a caminhar, sentia-se como quem deixa a si próprio para trás, entregando-se ao movimento das ruas. [...] O movimento, o ato de colocar um pé adiante do outro e abandonar-se ao impulso do próprio corpo era a essência de tudo. Ao vagar sem destino, todos os lugares tornaram-se iguais, e não mais lhe importava seu paradeiro. Suas melhores caminhadas eram quando sentia estar em lugar nenhum, e isto era o que queria: estar em lugar nenhum. Nova York era esse lugar nenhum que construíra em torno de si e Quinn não tinha a menor intenção de deixá-lo[38].

A passagem demonstra a ambiguidade do relacionamento de Quinn com a cidade. Anonimato, indiferença: a relação básica ideal para se viver no lugar da cidade. Nova York é um espaço construído pela própria personagem ao seu redor. A cidade é o resultado de um desejo. Entretanto, Nova York está lá, já é o espaço efetivamente existente, expressão e imposição de seus movimentos. Mas os deslocamentos das personagens de Auster sugerem que o ato de andar pode constituir uma forma

37 L. A. Brandão, *Grafias da Identidade*, p. 37.
38 P. Auster, op. cit., p. 110.

GRAFIAS URBANAS   185

de enunciação – a "enunciação pedestre"[39] proposta por Michael de Certeau, um modo de produzir sentido.

No conto de Auster, Quinn, o protagonista, é pago para seguir e investigar os movimentos de Peter Stillman, o pai. Investido, por acaso, da função de detetive, Quinn utiliza a oportunidade como tentativa de compreender o comportamento humano. Entretanto, Quinn se depara com a "impenetrabilidade"[40] do comportamento de Stillman, cuja única ação é caminhar pelas ruas da cidade, coletando objetos sem valor: "Quinn viu-o recolher um guarda-chuva dobrável quebrado, a cabeça de uma boneca de borracha, uma luva preta, um bocal de uma lâmpada quebrado, vários pedaços de material impresso (revistas molhadas, jornais), uma fotografia raspada, peças soltas de algum maquinário e vários outros objetos que não pôde identificar".

Quinn decide, então, desenhar mapas, traçando os deslocamentos de Stillman a cada dia. A partir do terceiro desenho, percebe que os mapas são, na verdade, letras; que os movimentos de Stillman configuram uma caligrafia sobre o espaço da cidade. A questão se torna, então, decifrar as mensagens que as letras compõem. Dando continuidade na tarefa de cartógrafo dos passos de Stillman, Quinn obtém a referência: OWEROFBAB. Considerando que perdeu os quatro primeiros mapas/letras, conclui: as letras formaram a expressão The Tower of Babel – A torre de Babel[41].

Se pensada apenas em termos de significado da expressão, a descoberta de Quinn é óbvia: a grande cidade é a Babel moderna, lugar do desentendimento irredutível, da impossibilidade de os homens se comunicarem, da confusão, da inviabilidade de um projeto comum. "Se essa é a mensagem que o espaço urbano emite, o desafio está em compreender o modo como pode ser veiculada, ou seja, as características dos mecanismos de produzir significação que a cidade possui"[42], enfatiza Luis Alberto Brandão.

Acompanhar os passos de Quinn pelas ruas corresponde a admitir que é impossível conceber a noção de espaço sem levar em conta os deslocamentos do social na sua interação com o

39 M. Certeau, *A Invenção do Cotidiano*, p. 177.
40 P. Auster, op. cit., p. 77.
41 Idem, p. 82.
42 L. A. Brandão, op. cit., p. 48.

espaço físico urbano. Para a leitura do texto da cidade, é preciso considerar a relação entre espaço e uso social como uma determinação recíproca. *Cidade como espaço do lugar.*

Uma cidade conversa com seus habitantes num código de linguagem que é em si mesmo a própria fala sobre os homens. Os nomes das ruas, o desenho urbanístico, a estética da construção, a lógica da distribuição dos arranjos, do que falam esses aspectos senão de modos de existência dos homens? É esse, também, o conteúdo que se move por trás das falas distintas em uma obra de literatura.

Moreira pergunta: Que diferença, verdadeiramente, podemos encontrar entre Paris dos poemas de Baudelaire e a dos ensaios filosóficos de Walter Benjamin? Que diferença o texto de um romance de Guimarães Rosa teria de uma expressão tipo "a burguesia engravidou a história e deu à luz a revolução francesa", a forma poética-simbólica com que Marx em *18 Brumário de Luis Bonaparte* explica o golpe de Estado de 1858 na França?[43]

"A Cidade de Vidro" é uma obra aberta, metáfora da desordem e da descontinuidade, que leva ao desejo do vagar aleatório. Em verdade, viver na concreta cidade de Nova York é entregar-se à fragmentação dos citadinos, a esconder-se por trás de diversas máscaras representativas, sendo todos e nenhum ao mesmo tempo, visivelmente afetados pela cidade que habitam – lugar nenhum. Como nas palavras de Stillman:

Vim para Nova York porque é o lugar mais lamentável do mundo, o mais abjeto. A fragmentação está em toda parte, a desordem é universal. Basta abrir os olhos para ver. As pessoas quebradas, as coisas quebradas, os pensamentos quebrados. [...] Nas ruas tenho uma fonte infinita de material, um depósito inesgotável de coisas estraçalhadas. Todo dia saio com minha bolsa para coletar objetos que parecem dignos de investigação. Minhas amostras chegam a centenas, do lascado ao destroçado, do riscado ao esmagado, do pulverizado ao podre.
"O que o senhor faz com essas coisas?"
"Eu lhes dou nomes."
"Nomes?"
"Invento palavras novas que corresponderão às coisas."

---

43   R. Moreira, *O Pensamento Geográfico Brasileiro*, p. 146.

"Ah. Agora entendi. Mas como o senhor decide? Como sabe que encontrou a palavra certa?"

"Nunca cometo um erro. Essa é uma função do meu gênio."[44]

Mesmo aprisionada nas folhas minerais de um livro, Nova York, a cidade de vidro, se constrói e se reconstrói no fazer da leitura e da releitura do texto de Auster. Na literatura e na cidade contemporânea, constatam-se a similitude e a diferença dos elementos que configuram cidades e livros: as palavras e as pedras[45], conforme diálogo entre Quinn e Stillman[46], diálogo que inserido no mundo inclui o mundo na consciência. Como explicita Husserl: "A consciência é sempre consciência de alguma coisa... o objeto é sempre objeto-para-um-sujeito, importa descrever nesse momento como o objeto é para nós"[47]:

– A maioria das pessoas não presta atenção a esse tipo de coisa. Tratam as palavras como pedras, como objetos sem vida, como mônadas que nunca mudam.

– As pedras mudam. Elas se gastam com o vento e a água. Podem erodir. Podem ser esmagadas e transformadas em cacos, pedregulhos ou pó.

QUARTO PLATÔ: ÚLTIMO ROUND

Não é aleatório o fato de a literatura contemporânea eleger a grande cidade como referência privilegiada. A cidade surge não apenas como cenário para o desenrolar de um enredo, mas como agente determinante da significação da narrativa como um todo. A cidade surge, assim, como personagem. No caso da obra de Paul Auster, isso ocorre explicitamente em dois de seus livros: *A Trilogia de Nova York* e *No País das Últimas Coisas*. Em ambas, as nuances das transformações que ocorrem no espaço urbano tendem a se perder e a se fundir em uma

---

44 P. Auster, op. cit., p. 90.
45 L. A. Brandão, op. cit., p. 87.
46 P. Auster, op. cit., p. 87.
47 Apud A. Dartigues, *O Que É Fenomenologia*, p. 18.

genérica percepção da mutabilidade na desfocada sensação de metamorfose incessante[48]:

Sentou-se em sua sala e olhou para as paredes. Em outros tempos elas tinham sido brancas, lembrou-se, mas agora tinha adquirido uma curiosa tonalidade amarela. Talvez, um dia, elas enveredassem mais no rumo do encardido, decaindo no cinzento, ou mesmo marrom, como um pedaço de fruta que envelhece. Uma parede branca se transforma em amarela e em uma parede cinzenta, disse Quinn para si mesmo. A tinta se exaure, a cidade invade com sua fuligem, o reboco se esboroa por dentro. Alterações, e depois mais alterações ainda.

O livro social que se escreve sobre e que, simultaneamente, é escrito pelo espaço urbano fala aos citadinos sobre o espaço do lugar, lugar de encontro com o outro, de erotismo e de socialidade[49]. Uma nova gramática do espaço dá novos significados ao lugar como extensão da existência humana. É o que faz Paul Auster em "A Cidade de Vidro" ao revelar o espaço do lugar Nova York, fazendo a feografia aprender com a literatura. Ao utilizar o recurso da descrição, trata o espaço como urdidura semântica e morfológica, viajando fantasticamente pelo terreno da cidade nova-iorquiana, traçando roteiros, construindo cenários, alimentando imagens. "A Cidade de Vidro", aqui apresentada, não é só um exemplo, mas um terreno que fertiliza experiências e práticas na direção de um conhecimento que religa o fragmento ao todo, o lugar ao global, a palavra ao texto, a paisagem à vida – corpo orgânico de significados. Na medida em que vai sendo observada, descrita, conhecida e documentada, de maneira reverberante, Nova York vai despertando em seus habitantes o desejo de retirar-lhe as camadas que a envolvem, assim desnudando o seu profundo e inatingível mistério.

Entender o espaço como a dimensão de trajetórias múltiplas, uma simultaneidade de histórias e uma multiplicidade de durações, implica conceituá-lo como aberto, relacional, não acabado, sempre em devir. Implica ao mesmo tempo compreender o lugar como aberto, como um tecer de histórias em

48 P. Auster, op. cit., p. 117.
49 R. Barthes, *O Prazer do Texto.*

GRAFIAS URBANAS 189

processo, como um momento dentro das geometrias do poder, como uma constelação particular dentro de topografias mais amplas, *lócus* de "acabar juntos" que exigem compromissos políticos e negociações[50].

Essas redefinições permitem entender a cidade de Nova York como cidade agente na topologia do poder, e onde a vida pode ser pensada em função de um parâmetro espacial – os eventos são "passos", ou seja, iniciativas de deslocamento, referências que configuram o espaço do lugar.

Na literatura e na cidade contemporânea, a primeira escreve sobre e a segunda é escrita pelo espaço, o conceito de lugar torna-se uma questão importante, conforme esclarece Holzer e Holzer: "A preocupação dos geógrafos humanistas, que é a minha, foi, então, de definir o lugar enquanto uma experiência relevante, essencialmente, ao espaço como é vivenciado pelos seres humanos. Um certo gerador de significados geográficos, que está em relação dialética com o constructo abstrato que denominados 'espaço'"[51].

O estudo conceitual do lugar revela que o conceito de "lugar" está sendo associado ao próprio surgimento da consciência do espaço. Nas palavras de Milton Santos, "a localidade se opõe à globalidade, mas também se confunde com ela. O mundo, todavia, é nosso estranho. Entretanto, se, pela sua essência, ele pode esconder-se, não pode fazê-lo por sua existência, que se dá nos lugares"[52]. Afinal, *place counts* parece ser a expressão da ordem – ou seja, o lugar tem importância pela consideração das referências singulares que são experienciadas pela pessoa, individualmente, no seu cotidiano, no lugar onde a vida afinal ganha sentido.

REFERÊNCIAS BIBLIOGRÁFICAS

ASSUNÇÃO, Ronaldo. *Mario de Andrade e Jorge Luis Borges: Poesia, Cidade, Oralidade*. Campo Grande: Editora da UFMS, 2004.

50 D. Massey, *Pelo Espaço*.
51 W. Holzer; S. Holzer, Cartografia para Crianças, em J. Seemann (org), *A Aventura Cartográfica*, p. 209.
52 M. Santos, *A Natureza do Espaço*, p. 218.

AUSTER, Paul. A Cidade de Vidro. In: _____. A Trilogia de Nova York. São Paulo: Companhia das Letras, 1999.

BARTHES, Roland. O Rumor e a Língua. São Paulo: Brasiliense, 1988.

_____. O Prazer do Texto. São Paulo: Perspectiva, 1973.

BENJAMIN, Walter. Obras Escolhidas III: Charles Baudelaire, um Lírico no Auge do Capitalismo. São Paulo: Brasiliense, 1989.

BOLLE, Willi. Fisionomia da Metrópole Moderna. Folha de S.Paulo, 9 dez. 1984, São Paulo. Folhetim, n. 412.

BRANCO, L. C.; BRANDÃO, R. S. Literaturas. São Paulo: Annablume, 1995.

BRANDÃO, Luis A. Grafias da Identidade: Literatura Contemporânea e Imaginário Nacional. Rio de Janeiro: Lamparina, 2005.

CALVINO, Italo. As Cidades Invisíveis. Rio de Janeiro/São Paulo: O Globo/Folha de S.Paulo, 2003.

CERTEAU, Michel de. A Invenção do Cotidiano: Antes do Fazer. Petrópolis: Vozes, 2001.

DARTIGUES, Andre. O Que É Fenomenologia. Rio de Janeiro: Eldorado, 1973.

DELEUZE, Gilles; GUATTARI, Felix. Mil Platôs: Capitalismo e Esquizofrenia. Rio de Janeiro: Editora 34, 1995.

FOUCAULT, Michel. As Palavras e as Coisas. São Paulo: Martins Fontes, 1999.

GOMES, Renato C. Todas as Cidades, a Cidade: Literatura e Experiência Urbana. Rio de Janeiro: Rocco, 2008.

HOLZER, Werther; HOLZER, Selma. Cartografia para Crianças: Qual é o seu Lugar? In: SEEMANN, Jörn (org). A Aventura Cartográfica: Perspectivas, Pesquisas e Reflexões sobre Cartografia Humana. Fortaleza: Expressão, 2005.

ISER, Wolfgang. O Fictício e o Imaginário. Rio de Janeiro: Eduerj, 1996.

MASSEY, Doreen. Pelo Espaço: Uma Nova Política da Espacialidade. Rio de Janeiro: Bertrand Brasil, 2008.

MOREIRA, Ruy. O Pensamento Geográfico Brasileiro: As Matrizes da Renovação. São Paulo: Contexto, 2009.

SANTOS, Milton. A Natureza do Espaço: Técnicas e Tempo, Razão e Emoção. São Paulo: Edusp, 2006.

SARLO, Beatriz. Arlt: Cidade Real, Cidade Imaginária, Cidade Reformada. In: CHIAPPINI, Ligia; AGUIAR, Flávio W. de. Literatura e Histórias na América Latina. São Paulo: Edusp, 1993.

SCHORSKE, Carl. La Idea de Ciudad en el Pensamiento Europeo: De Voltaire a Spengler. Punto de Vista, n. 30, 10. Buenos Aires, jul.-out., 1987.

SENNETT, Richard. O Declínio do Homem Público: As Tiranias da Intimidade. São Paulo: Companhia das Letras, 1988.

SILVA, Egle P. Entre o Eu e o Outro na Cidade de Vidro: Uma Leitura de Paul Auster. Disponível em: <http://www.ufrj.br/ciencialit/encontro/Egle%20Pereira%20da%20Silva%20-%20UFRJ.doc>. Acessado em 29 mar. 2010.

**Aproximações
Fenomenológicas e Existenciais**

Aproximações
Fenomenológicas e Existenciais

Como Ponta de Lança

o pensamento do lugar em Heidegger

Ligia Saramago

PRIMEIRAS PALAVRAS

Mais conhecido como um filósofo do *tempo*, Martin Heidegger pode ser hoje considerado um dos mais expressivos pensadores do *espaço* no panorama da filosofia contemporânea. Não apenas do espaço, mas antes do *lugar*[1], que, para ele, de forma alguma poderia ser tomado como um sinônimo do primeiro. De

1 O conceito de lugar em Heidegger recebeu, primordialmente, um sentido altamente positivo (em contraste com o de espaço), sentido esse que o remete às noções de pertencimento mútuo, seja este entre habitantes e sua terra natal, objetos e seus lugares, seja mesmo entre diferentes lugares. Penso que será oportuno observar aqui os usos que Heidegger faz de palavras em alemão para designar "lugar". Michael Inwood, em seu *Dicionário Heidegger*, identifica quatro termos usados pelo filósofo: "1. *Ort* é usada para as posições das coisas no espaço como concebidas pela física matemática [...] e também metaforicamente, p.ex., o lugar ou 'local' da verdade [...]. 2. *Platz* é usada para o 'local' *apropriado* de/para alguma coisa: 'O *Platz* é sempre o *aqui* e lá determinados a que *pertence* um instrumento' [...]. 3. *Stelle*, 'ponto, posição', é usada, como *Ort*, para a posição de algo no espaço concebido geometricamente. 4. O mais elevado, *Stätte*, 'sítio', raramente ocorre em ST (Ser e Tempo), mas é importante mais tarde como o 'sítio' de um acontecimento decisivo na história do ser [...]. A '*polis* grega é o sítio da história [*Geschistsstätte*], o aí *no* qual e *para* o qual a história acontece' [...]." (M. Inwood, *Dicionário Heidegger*, p. 49).

fato, desde o início de sua reflexão, Heidegger pensou o espaço em sua vinculação ontológica com a noção de lugar, considerando esse último em seu sentido mais tangível: os lugares do mundo. E a importância do lugar veio a atravessar todo o seu pensamento como um conceito que constantemente reafirmou sua crucial necessidade teórica nos mais *diferentes* contextos. Heidegger partiu, inicialmente, de considerações fenomenológicas, inscritas no âmbito do entorno do mundo, para uma reflexão mais ampla sobre o lugar, envolvendo a paisagem, o sagrado, a tecnologia, a arte e a arquitetura, por exemplo. Seu pensamento, no que diz respeito a estas questões, vem encontrando importantes interlocutores não apenas na filosofia, mas também na geografia, no urbanismo e na chamada ecologia profunda. Nesse sentido, proponho aqui abordar, em linhas gerais, alguns temas presentes no pensamento de Heidegger sobre o lugar, partindo das premissas por ele colocadas já na década de 1920 até as formulações presentes nos escritos dos anos de 1950 – quando o fenômeno do lugar se impôs como um forte contraponto ao chamado espaço moderno –, dando ênfase à conexão do primeiro com a ideia de paisagem.

A abordagem heideggeriana das questões que envolvem o lugar começa a tomar forma já em seus primeiros tratados, na década de 1920, quando ele busca investigar de que maneira, a partir de determinadas situações concretas, inseridas numa cotidianidade imediata, se nos apresenta fenomenologicamente o *mundo*. Este, um dos mais fundamentais conceitos de toda a filosofia de Heidegger e que será amplamente desenvolvido em *Ser e Tempo*, deve sua importância e complexidade principalmente ao fato de Heidegger afirmar a unidade indissolúvel entre *mundo* e *existência* (*Dasein*); ou seja: na palavra "existência" já é explicitada a unidade entre mundo e vida humana. Suas considerações sobre os conceitos de lugar e espaço – ou sobre a *espacialidade*, como ele prefere chamar – focalizavam, naquele momento, a compreensão e a interpretação do entorno do mundo, tomando como referência primordial o ocupar-se, o deslocar-se e o habitar do homem. Essa compreensão e interpretação do mundo circundante sempre se fundamentou, para o autor, essencialmente no caráter de *encontro* do mundo. E esse encontro constantemente se efetiva por ser o mundo constituído por uma rede de remissões, onde cada coisa remete à outra, dotando esse encontro de *significatividade*. Esta pressupõe que cada coisa ganha seu sentido apenas a partir da *conjuntura* em que a encontramos e jamais a partir de si mesma, tomada isoladamente. Não é difícil perceber, portanto, a profunda conexão que já se insinua entre o sentido das coisas e seu lugar próprio (ou entre *sentido* e *lugar*).

Uma das primeiras associações que podemos então estabelecer no contexto do pensamento heideggeriano sobre o lugar é sua indissolúvel vinculação com a ideia de significatividade, que pode ser também compreendida como *abertura de sentido* das coisas. Tal abertura estaria marcada, segundo Heidegger, por dois aspectos: primeiro, pelo fato de que o sentido de tudo o que nos rodeia é revelado mais imediatamente por sua *disponibilidade* e por seu *caráter utilitário*. Essa forma de aproximação, utilitária e pragmática, está presente inclusive nas primeiras alusões de Heidegger à natureza, como será visto mais adiante. O segundo aspecto desta abertura estaria calcado no fato de que *cada coisa traz consigo todo o resto*, ou seja, faz com que apareçam "os outros". As coisas – e aqui podemos considerar como coisas desde um simples utensílio até um objeto arquitetônico, como um templo ou uma ponte, por exemplo –, no âmbito da cotidianidade, detêm não apenas o poder de reunir os homens em torno de si, mas também o de configurar lugares, ainda que, nessa primeira fase do pensamento de Heidegger, o poder de reunir e de configurar locais pelas coisas seja considerado de um ponto de vista estritamente utilitário. O lugar, ou a localidade, desempenha, portanto, um papel fundamental na constituição do mundo, considerando-se mundo tanto o conjunto físico de seus arredores como a própria ordem de sentido que torna a existência compreensível para nós.

Com o objetivo de facilitar esta abordagem da questão do lugar em Heidegger, serão aqui enfocados três momentos marcantes desta temática em sua obra: primeiramente, a apresentação de alguns conceitos básicos presentes em *Ser e Tempo* e na década de 1920 em geral, dentro de um tratamento assumidamente fenomenológico do problema. Num segundo momento, buscarei mostrar como a chamada *viravolta* do pensamento de Heidegger, da década de 1930, afetou profundamente sua reflexão sobre o lugar, trazendo novos parâmetros – como a arte, a poesia e o sagrado, por exemplo – impensáveis na década anterior. Finalmente, serão comentadas algumas ideias introduzidas pelo autor em seus escritos dos anos de 1950, em especial na conferência Construir Habitar Pensar, onde sua tematização do lugar aparece mesclada a preocupações com o habitar humano e com o ambiente em que este se insere. Vale lembrar que esses três momentos citados foram aqui escolhidos apenas por se revelarem, talvez, os mais afins com os objetivos deste livro; são tópicos, porém, que nem de longe esgotam os inúmeros desdobramentos que a ampla noção de lugar alcançou na filosofia heideggeriana.

SER E TEMPO: O FENÔMENO DO MUNDO E OS LUGARES DA EXISTÊNCIA

Em *Ser e Tempo*, famoso tratado de 1927 no qual seu autor se propôs resgatar a antiga (e, segundo ele, esquecida) pergunta pelo sentido do ser, Heidegger partiu da premissa de que o único ente capaz de estar à altura e de fazer face a tal pergunta era, evidentemente, o homem, o "ente que nós mesmos somos". Mas, para Heidegger, nosso existir no mundo pode apenas ser compreendido e interpretado a partir e no interior do próprio mundo. Tanto que ele usa o termo *Dasein* (literalmente, *existência*) para designar indiferentemente homem e mundo, sendo o primeiro preferencialmente referido com a expressão *ser-no-mundo*, onde os hífens buscam sublinhar a inquebrável unidade de seus termos.

O mundo, para Heidegger, possui um caráter tão originário que não haveria qualquer outra instância anterior que pudesse explicá-lo ou introduzi-lo. Tudo o que pode ser compreendido o é já no interior da rede de significações mundana. Nessa rede, a *referencialidade* prevalece completamente sobre a materialidade das coisas, e esse fato afeta decisivamente não apenas nossa percepção dos lugares, como também a própria concepção de *natureza*, por exemplo. Esta não é considerada como anterior ao mundo, ou mais originária do que este pelo simples fato de que, para que possamos compreender natureza, já pressupomos a rede mundana de significatividade em que a própria natureza ganha sentido. Há em Heidegger, nesse momento, uma relação desigual entre mundo e natureza, com uma clara primazia do primeiro: a natureza só pode ser compreendida e interpretada a partir do mundo. Pois o homem, como ser-no-mundo, não se compreende *inicialmente* como substância ou como um ente natural, mas sim no contexto significativo que é o mundo. A natureza é, ela mesma, apenas "um ente que vem ao encontro dentro do mundo e que pode ser descoberto"[2], dentre tantos outros; e descoberta, antes de tudo, por sua disponibilidade, para ser aproveitada. Este mundo, vale dizer, é então concebido por Heidegger primordialmente como um mundo de trabalho, de ocupação, de ação e de utilização de seus elementos.

Em *Ser e Tempo* e em outros tratados desse período – tais como *Prolegômenos para uma História do Conceito de Tempo*, de 1925, e *Problemas Fundamentais da Fenomenologia*, de 1927 – as reflexões de Heidegger sobre o lugar, bem como sobre as formas assumidas pela espacialidade humana em geral, ganharão uma abordagem que, de forma bastante resumida, poderia ser organizada em três focos temáticos prioritários: primeiramente, o de nossa relação com os utensílios que nos rodeiam em nossa lida cotidiana, os "entes à mão", na tão comentada fenomenologia heideggeriana do utensílio; em segundo lugar, a tematização da espacialidade originária do ser-no-mundo e do problema do corpo, e, finalmente, as questões que envolvem a natureza e os espaços públicos. É principalmente em torno desse último tópico que pretendo me deter aqui.

Na perspectiva de *Ser e Tempo*, tanto os entes à mão – os utensílios – como a própria natureza permanecem regidos pela *instrumentalidade*, compreendidos, antes de tudo, por sua *serventia* (em seu "ser para algo") no interior da rede mundana. À instrumentalidade e à serventia devemos também acrescentar a ideia de copertencimento, ou pertencimento mútuo entre os diversos entes que constituem essa rede. Isso significa que nenhuma relação espacial, e mesmo a própria noção de lugar, podem ser concebidas independentemente do "para quê" e "para

---

2   M. Heidegger, *A Origem da Obra de Arte*, p. 104.

onde" dos elementos dos quais, cotidianamente, dispõe o ser-no-mundo em sua lida.

A fenomenologia do utensílio, que constitui uma das mais comentadas temáticas de *Ser e Tempo*, traz em suas linhas uma expressiva reflexão sobre o lugar que, não obstante o fato de se referir a objetos cotidianos, já coloca alguns parâmetros que acompanharão toda a trajetória da topologia heideggeriana. O reconhecimento de uma distinção entre as relações do ser-no-mundo com os lugares em que habita e aquelas dos objetos com seus locais próprios introduz o conceito básico de *interioridade* do lugar, herdado de Aristóteles. Enquanto o ser-no-mundo *habita*, os utensílios (ou "entes destituídos de mundo") guardam entre si uma relação de interioridade, ou seja, estão sempre dentro uns dos outros, numa cadeia que se estende ao limite do cosmos.

Apesar da extrema simplicidade do conceito de interioridade recíproca, o pleno sentido desse "dentro" expõe como inevitável a ideia de pertencimento mútuo envolvendo todas as coisas; além disso, esse pertencimento acontece principalmente na forma de um permanente *abrigar*. Dessa forma, isto é, em função desse pertencimento e do sentido de abrigo, mesmo as relações de lugar que se estabelecem exclusivamente entre entes inanimados nunca se definem em termos de pura extensão, num sentido cartesiano. Heidegger jamais aceitou uma abordagem objetificadora do lugar, calcada apenas num conhecimento teórico: a compreensão, sendo mais originária que o conhecimento e mais própria do ser-no-mundo, só ocorreria por meio da *apreensão conjunta das relações entre as coisas*. E é apenas assim que podemos compreender o fenômeno do lugar, bem como o da interioridade. Contudo, não se pode atribuir a essas relações entre coisas qualquer sentido de *aproximação* ou de *proximidade* (o estar junto), pois este é uma possibilidade exclusiva do ser-no-mundo.

O sentido de *proximidade* – ou o desejo de suprimir distâncias – é, para Heidegger, o traço mais fundamental da espacialidade humana. Ele traz consigo o *direcionamento*, o orientar-se para algum local ou conjunto de locais. Em nosso agir, nos dirigimos a determinados contextos, a configurações ou "arranjos" de nossos apetrechos, já dispostos segundo nossas necessida-

COMO PONTA DE LANÇA   199

des. E é precisamente a partir das situações mais simples e do mover-se usual do ser-no-mundo que Heidegger identifica os elementos essenciais da estrutura fenomênica do entorno do mundo. E afirma: "De importância crucial para mim é a elaboração da estrutura do entorno. A estrutura do entorno do mundo, seu caráter ambiental específico, é definido por três fenômenos interligados: *distanciamento, região, orientação*"[3].

Esses três fenômenos – *distanciamento* (o *distanciar*, compreendido como a possibilidade de aproximação ou de anulação de distâncias pelo ser-no-mundo), *região* (definida por Heidegger como a "constelação dentro da qual uma coisa particular, de um certo ambiente, pode mover-se") e *orientação* (ou o *"para onde"* que norteia toda a atividade humana) – geram um sentido de *proximidade direcionada*, que irá determinar tanto o sentido de lugar relativo aos objetos quanto ao próprio homem.

O fenômeno da *região* é o que está mais essencialmente associado ao conceito de lugar nesse momento do pensamento de Heidegger, associação que é exposta em *Ser e Tempo* nos seguintes termos:

A proximidade direcionada de um instrumento significa que ele não ocupa meramente uma posição [*Stelle*] no espaço, estando à mão algures, mas que, como instrumento, já foi essencialmente acomodado e instalado, disposto e instituído. O instrumento tem o seu *lugar* [*seinen Platz*], ou então "está por aí", o que deve ser distinguido, em princípio, de ser apenas encontrado ao acaso em alguma posição no espaço. Cada lugar [*der jeweilige Platz*] se determina como o lugar [*Platz*] desse instrumento para..., como um lugar num todo de lugares reciprocamente direcionados e pertencentes ao contexto instrumental à mão no mundo ambiente. O lugar [*Platz*] e a multiplicidade de lugares não devem ser interpretados como o "onde" de qualquer ser-simplesmente-dado das coisas. O lugar é sempre o "lá" e "aí" [*"Dort" und "Da"*] determinados a que *pertence* um instrumento. Este pertencer a algum lugar corresponde ao caráter instrumental do que está à mão, isto é, corresponde ao seu pertencer a uma totalidade instrumental,

3   M. Heidegger, *Prolegomena zur Geschichte des Zeitbegrifs*, p. 308, grifado no original.

conforme seus envolvimentos. Mas, em geral, o "para onde" [*Wohin*] ao qual a totalidade de lugares de um contexto instrumental se remete, é a condição fundamental para o pertencimento a um lugar de um todo instrumental, enquanto algo que pode ser localizável. Este "para onde", que torna possível a um instrumento o seu pertencer a algum lugar, o qual, na circunvisão, temos à vista, diante de nós, em nosso lidar na ocupação, chamamos de *região* [*Gegend*][4].

O que imediatamente se mostra como fundamental nesta passagem é a importância decisiva atribuída à relação entre *ser* e *estar em seu lugar*, relação esta de um autêntico e essencial *pertencimento ao lugar*. Este tema, que será amplamente desenvolvido por Heidegger ao longo de seu pensamento, envolvendo posteriormente ideias como a de pertencimento à terra natal, por exemplo, já pode ser claramente identificado aqui em seu início, no prosaico pertencer de um instrumento ao lugar que lhe foi designado no interior de uma oficina ou de uma casa, num armário ou posto sobre uma mesa. É importante lembrar que *este lugar* é fundamentalmente condicionado pelo "para quê" do instrumento, por seus envolvimentos, refletindo-se como seu *destino*, no sentido pleno da palavra.

A noção de pertencimento mútuo não se restringe, contudo, aos instrumentos e seus lugares, mas se expande, desdobrando-se em relações de pertencimento de proporções ainda mais amplas *entre os próprios lugares* de uma determinada conjuntura e estes, no que remetem uns aos outros, configuram um todo ao qual eles próprios acabam por pertencer. Este todo, que pertence, enfim, ao mundo, remete também ao seu "para onde", uma vez que também "o todo de lugares" de um determinado contexto possui, em si, um caráter essencialmente instrumental. Este "para onde" é o que Heidegger denomina *região*. Regiões se revelam em seus diversos lugares, mas, em termos mais amplos, se articulam entre si, determinando-se também por outras regiões já pré-existentes que, por sua vez, podem sofrer modificações em suas determinações originais em função da ocupação.

4   Idem, *Ser e Tempo*, p. 150, grifado no original.

A ocupação humana no trabalho leva, portanto, às configurações de regiões e lugares do entorno do mundo, bem como à sua rede de encontro, basicamente ao tornar presentes para nós aquilo que está ao alcance direto das mãos: as coisas, instrumentos e utensílios que nos cercam cotidianamente. Mas as regiões que constituem o mundo receberam ainda outra abordagem de Heidegger em sua obra *Prolegômenos para uma História do Conceito de Tempo*: Heidegger considerou que há também regiões que, embora permaneçam disponíveis para a ocupação humana, não se deixam reduzir, literalmente, à condição de "objetos imediatamente à mão", possuindo, segundo o autor, uma natureza *não objetiva*. Não pertencem a nenhum ser-no-mundo individual, mas concernem a qualquer um; já estão desde sempre lá, presentes, alcançáveis, utilizáveis, mas jamais expressamente apreendidas. Essa *não objetividade* compreende o ambiente público e o mundo da natureza, temas diretamente ligados à reflexão heideggeriana sobre o lugar, mas tratados de forma fragmentada e menos direta em *Ser e Tempo*.

Em *Prolegômenos para uma História do Conceito de Tempo*, Heidegger antecipa a ideia que será posteriormente reforçada em *Ser e Tempo*, como já foi aqui mencionado, de que o conceito de natureza permanece estritamente subordinado à ideia de mundo, como evidenciam as seguintes palavras:

Nas estradas, pontes, ferrovias, sinais de estrada e instalações similares, o mundo como natureza e terra permanece constantemente como uma preocupação. Uma plataforma ferroviária coberta leva em conta a água, a água de um temporal. A iluminação pública, uma simples lâmpada de rua, leva em conta a escuridão, o encargo específico pela ausência do sol e da luz do dia. Conforme já indiquei, relógios públicos levam em conta, constantemente, uma constelação particular no sistema do mundo, a "posição do sol" em relação à terra. Em tudo isso, alguma coisa está presente, alguma coisa é especificamente levada em conta com referência a este caráter danoso, na medida em que este é ameaçador, obstrutivo, sem serventia e resistente. Mas nós não levamos a "natureza" em conta apenas em termos de autoproteção, mas também em termos de utilidade, como aquela que está posta para o uso; como forma e meio de negócios e de comércio (o transporte por água e vento); como terra que fornece sustento e posição, que serve como solo e fundação para uma casa. O solo pode servir como fazenda ou campo, a floresta como reserva para animais, os quais mantemos como caça, pesca, animais de montaria e domésticos. Isto não deve ser tomado nos termos de algum sentido de objetividade da natureza, mas sempre como algo encontrado no âmbito da preocupação ambiental[5].

Fica evidente, nesta passagem, que a natureza não é percebida, de imediato, enquanto natureza, mas antes num duplo modo: primeiramente, como uma permanente ameaça da qual o homem precisa constantemente se proteger – a natureza como tempestade, escuridão, frio, uma natureza obstrutiva e resistente – e, num segundo aspecto, como fonte de matérias-primas utilizáveis, que deixam a "natureza" vir à luz em sua serventia. Apenas graças ao mundo, a natureza se mostra; somente *no mundo*, em seus equipamentos, lugares e arredores, a natureza se torna acessível. A propósito, Heidegger, em *Ser e Tempo* afirma que:

Martelo, alicate, prego, em si mesmos fazem referência a aço, ferro, metal, mineral, madeira, no que consistem destes. No equipamento que é usado, a "natureza" é descoberta junto com este no uso – a "natureza" encontrada nos produtos naturais.

A natureza não deve ser compreendida aqui, porém, como aquela que é simplesmente dada, nem tampouco como *força da natureza*. A mata é reserva florestal, a montanha é pedreira, o rio é represa, o vento é vento "nas velas". Com a descoberta do "mundo ambiente", descobre-se também a "natureza"[6].

E ainda:

Quando olhamos para o relógio, tacitamente fazemos uso da "posição do sol", de acordo com a qual a medição do tempo se regula à maneira astronômica oficial. Quando fazemos uso do equipamento relógio, que está próxima e discretamente à mão, a natureza do mundo ambiente também está à mão com ele. Nosso empenho preocupado no mundo mais imediato do trabalho tem uma função desencobridora, e é essencial a esta função que, dependendo do modo como nos encontramos absorvidos, aqueles entes intramundanos evocados na obra e com ela, permaneçam passíveis de

5   M. Heidegger, *Prolegomena zur Geschichte des Zeitbegrifs*, p. 198.
6   Idem, *Ser e Tempo*, p. 112, grifado no original.

COMO PONTA DE LANÇA 203

descoberta em variáveis graus de explicitação e com variável aprofundamento na circunvisão[7].

Neste momento da filosofia heideggeriana, a natureza se
relaciona estreitamente com o sentido de lugar e com o espaço
público do mundo na medida em que o aspecto assumido pelos lugares públicos se pauta, na maior parte das vezes, apenas
em função do caráter ameaçador daquela.

Por estar continuamente disponível, o *não objetivo* já é, de
antemão, levado em conta pelo ser-no-mundo, não lhe sendo
atribuído, obrigatoriamente, um local específico. Um exemplo
da maneira como um ente natural pode estar permanentemente
disponível, ainda que não seja manuseável (embora não escape
a certas formas de manipulação pelo homem), nos é fornecido
por Heidegger quando discorre sobre o modo como o sol, sua
luz e seu calor são "usados cotidianamente". O trajeto do sol ao
longo do dia marca seus locais, os quais configuram uma região
celeste particular, sempre à mão, a partir da qual suas diversas
possibilidades de uso são identificadas. O nascente, o poente e
o meio-dia traçam os limites, não geográficos, da região, que
determina a formação de outras regiões do mundo ambiente,
como expõe o autor sobre este "manual" solar:

Os locais deste ente à mão em contínua mudança e, não obstante, numa constância uniforme, tornam-se "indicadores" privile-
giados de suas regiões. Estas regiões celestiais, que não necessitam
ainda de qualquer sentido geográfico, proporcionam previamente
o "para onde" de todas as formas específicas do delineamento de
regiões que possam ser ocupadas por lugares. A casa tem os seus
lados de sol e de sombra, a forma como esta é dividida em seus cômodos é orientada por estes, assim como as "arrumações" em seus
interiores, conforme seu caráter instrumental. Igrejas e sepulturas,
por exemplo, são dispostas de acordo com o nascente e o poente –
as regiões da vida e da morte, determinantes, para o próprio Dasein,
de suas possibilidades mais próprias como ser-no-mundo[8].

Esta passagem expõe a possibilidade de interpenetrabilidade
entre elementos de regiões tão distintas como o céu e a terra, e

7   Idem, p. 113.
8   Idem, p. 151.

sugere a interdependência entre as diversas regiões do entorno do mundo. Mostra que as distâncias formais, ou métricas, não interferem no estabelecimento das distâncias "efetivas" entre diferentes regiões, ou seja, a *proximidade* entre estas não obedece a qualquer critério geográfico. Aqui se evidencia, mais uma vez, a postura distanciada e utilitária de Heidegger em relação à natureza em suas obras da década de 1920, bem como a quase inexpressividade desta perante a força do mundo.

* * *

Será importante aqui, antes de passarmos ao próximo tópico, fazer algumas observações. Primeiramente, a diferença entre as noções de *lugar* – juntamente com a ideia de *região* – e de *espaço* (concebido como "espaço *puro*" ou "espaço *em si mesmo*") se manterá ao longo de toda a reflexão heideggeriana, com uma clara primazia do lugar. A crescente importância que o lugar alcançará no pensamento de Heidegger se justifica por sua relação direta, ainda que nem sempre explícita, com a questão do ser, pedra angular de toda a sua filosofia. *Ser* implica, inescapavelmente, *estar em* ou *pertencer a* algum *lugar*.

Como uma segunda observação, vale relembrar que a origem da noção de lugar encontra-se no seio da vida concreta, cotidiana, e não em qualquer entendimento teórico do que este venha a ser – e que o reduziria a *mera posição* em algum "espaço" extenso e homogêneo. E é igualmente significativo que Heidegger frise a diferença entre uma quase identificação de um ente com seu lugar e a indefinição ontológica em que este é lançado quando associado aos conceitos puros ou teóricos de espaço e tempo, onde não se reconhecem mais os diferentes "lugares" do mundo, mas apenas posições indistintas umas das outras.

Outro tópico relevante é o que diz respeito a um aspecto constitutivo do próprio conceito heideggeriano de lugar: a *temporalidade*. Um lugar é algo que se constitui tanto por seu onde como por seu quando. O espaço da geometria pura, por exemplo, que não interessa a Heidegger, é um espaço destituído de temporalidade. A ligação entre *ser* e *lugar* é precisamente o que fica anulado na abordagem teórica por ele rejeitada. Não haveria, portanto, para Heidegger, um "espaço" nem lugares objetivamente apreensíveis de forma isolada das circunstâncias da vida do ser-no-mundo.

Heidegger registra ainda que outro e fundamental aspecto do lugar é o possuir *limites*. O limite está, para ele, associado à ideia de *definição*, fundamental à condição de *ser*. Segundo suas palavras, "o limite não é onde uma coisa termina, mas, como os gregos reconheceram, onde uma coisa dá início à sua essência". A delimitação própria dos lugares se vincula principalmente à definição de uma *identidade*: um lugar é sempre um onde particular, com um caráter próprio, construído ao longo de um tempo. Essa identidade é partilhada, muito estreitamente, com os entes que nele se encontram. A natureza mesma da identidade do lugar é uma questão crucial no interior dessa temática mais ampla.

Finalmente, é importante considerar que a importância do sentido mais profundo do lugar se conecta diretamente – na forma de um contraponto – com a experiência de *desenraizamento*, que, pontuando aqui e ali diversos de seus escritos, acaba por perpassar todo o pensamento de Heidegger. Esse deserraizamento, bem como o sentimento de *estranheza* que atravessa, mais ou menos veladamente, nosso estar no mundo, podem ser traduzidos pela expressão "não se sentir em casa", segundo o próprio autor. Tal sentimento é, para Heidegger, existencial e ontologicamente, o fenômeno mais originário; daí sua crescente e recorrente preocupação com a questão do habitar, como será visto mais adiante.

PENSANDO O LUGAR, NA VIZINHANÇA DE FILOSOFIA E POESIA

O tratamento que o lugar receberá no contexto da filosofia de Heidegger a partir de meados dos anos de 1930 sofrerá os efeitos da chamada *viravolta*, que marcará a entrada da dimensão poética em seu pensamento, não se limitando, evidentemente, a esse fato. Essa inflexão no caminho de seu pensar não o afastou de suas questões fundamentais – mais do que qualquer outra, a questão do ser –, mas levou essas mesmas questões a serem contempladas também sob outros prismas, se assim podemos dizer. A forte presença da poesia, em especial de Friedrich Hölderlin, mas também de Rilke e Trakl, por exemplo, levará Heidegger a reconsiderar profundamente suas abordagens da terra e da natureza, do habitar humano e do sagrado. Este, a propósito, passa a comparecer expressivamente em diversas considerações heideggerianas sobre o lugar. A arte, em suas diferentes manifestações, também desempenhará, a partir daí, um importante papel em inúmeros de seus escritos, mantendo--se como uma das mais interessantes vias para a discussão do lugar até seus últimos textos. Uma volta às origens do pensamento grego é também outro traço marcante dessa viravolta.

O olhar retrospectivo em direção às *origens* do pensamento, que atravessou a filosofia de Heidegger no início dos anos de 1930, reconsiderou sob uma nova perspectiva inúmeras questões. A temática específica do lugar, por exemplo, iria receber, em 1936, importantes desenvolvimentos numa obra que é muitas vezes apontada como aquela onde a *Kehre* se apresentou em sua mais plena nitidez: *A Origem da Obra de Arte*. Essa obra, cuja versão final foi publicada em 1950 na coletânea intitulada *Caminhos de Floresta*, não se apresenta como um texto isolado, focalizando um assunto até então secundário no pensamento de Heidegger, a arte. Ao contrário, nele *não* aparece questões estranhas ao ambiente filosófico criado pelo autor nem surge um novo foco temático – as obras de arte –, como poderia a princípio parecer. De fato, a questão do ser é que passa a ser pensada no âmbito aberto, na existência mesma, pela arte, algo impensável na perspectiva de *Ser e Tempo*. Os comentários que se seguem não têm a pretensão de percorrer o argumento de *A Origem da Obra de Arte*, mas apenas de registrar de que forma a arte, em sua verdade, participa de maneira essencial na instalação, configuração e, porque não dizer, no poder do lugar.

* * *

A grande questão de *A Origem da Obra de Arte*, portanto, não é outra senão a questão do ser e, mais especificamente, a forma como sua verdade *acontece* por obra das obras de arte. A reflexão heideggeriana sobre a arte não reivindica qualquer cunho estético, apenas ontológico, ou seja: quer pensar o ser das obras e, principalmente, o *acontecer histórico do ser* em geral, que por elas é posto em marcha. Heidegger quer fazê-lo, porém, livre dos limites impostos pela forma de abordagem, e mesmo pela própria linguagem, de *Ser e Tempo*. Neste a onipresença do mundo englobava uma natureza que se mostrava como matéria-prima para o trabalho, ou como uma força ameaçadora a ser enfrentada. Por outro lado, excluía de si o não mundano, como o sagrado ou mesmo o não utilitário, como no caso das obras de arte. A entrada da poesia de Hölderlin no pensamento de Heidegger, transformando também sua própria linguagem, trouxe consigo não apenas a arte, a poesia, o sagrado, os deuses, o céu: trouxe também a terra.

Para que possamos compreender o papel da terra nesse novo contexto, é necessário que se tenha em mente, antes de tudo, o que está em questão quando Heidegger se debruça sobre a obra de arte. Ele considera que as obras da grande arte – e apenas elas estão aqui em pauta – são, por sua força geradora de compreensões da existência, capazes de *fundar* mundos históricos. Isso quer dizer: as obras da grande arte não contemplam a existência para *depois* representá-la na pintura, na música, na literatura, na escultura ou em qualquer gênero artístico. Muito pelo contrário, é a existência, em suas diferentes configurações históricas, que ganha uma identidade própria, que é compreendida e interpretada pelo poder das grandes obras de cada época. Essas grandes obras são *iniciadoras* de uma forma profunda e radical: são fundadoras de mundos históricos, de novas compreensões e interpretações da existência, dando a esta seu rosto. As obras de arte, portanto, *não representam* coisa alguma, mas as *apresentam* (ou "presentam", tornando-as presentes, se assim pudéssemos dizer) de uma forma nova, marcadas pelo frescor de um novo começo. Cada época histórica é, para Heidegger, um momento da longa história do ser, e cada um desses momentos, da mesma maneira como é fundado e mantido por algum tempo, é também sujeito à morte, de forma irreversível.

No que fundam mundos históricos e põem em marcha a história do ser, as obras da grande arte acabam por possuir, de acordo com Heidegger, um caráter fortemente *temporal*: a verdade do ser que é manifesta no *acontecimento* posto em obra nas obras de arte depende vitalmente, para sua permanência, da vigência do mundo histórico fundado por tais obras. A *vida* de uma obra, na condição de obra de arte *viva*, só pode se manter no contexto das relações que ela, como lugar que sem dúvida é, estabelece com seu entorno imediato. As relações assim abertas e estabelecidas tomam, então, as feições de um mundo. Mas não só isso: o acontecimento da verdade do ser assim posto em obra depende igualmente de que uma obra *não seja retirada de seu sítio original*, onde abriu, pela primeira vez, seu "espaço essencial". Por espaço essencial podemos compreender o lugar que é tomado e qualificado, em sua identidade própria, por aquilo que a obra traz. Talvez o exemplo mais claro seja o do espaço essencial que um templo instaura pelo poder de sua arquitetura – o lugar sagrado. Neste caso, é o próprio templo, como obra de arte, que *limita, qualifica* e *dota de identidade* seu sítio. Para Heidegger, uma obra autêntica jamais é instalada num local, mas ela mesma ali *se instala*, no que toma posse de seu sítio. Em outras palavras, não só o aspecto temporal, mas também a *dimensão espacial* desse evento inaugurador desencadeado pelas obras é igualmente crucial, incidindo diretamente no conceito heideggeriano de lugar.

O exemplo do templo não foi sugerido aqui por acaso: a talvez mais conhecida passagem de *A Origem da Obra de Arte* é aquela em que o autor evoca esse mesmo exemplo para falar do mundo que é aberto pela obra, e diz:

Um edifício, um templo grego, não imita nada. Está ali, simplesmente erguido nos vales entre os rochedos. O edifício encerra a forma do deus e nesta ocultação deixa-a assomar através do pórtico para o recinto sagrado. Graças ao templo, o deus advém no templo. Este advento de deus é em si mesmo o estender-se e demarcar-se do recinto como sagrado. O templo e o seu recinto não se perdem, todavia, no indefinido. É a obra templo que primeiramente ajusta e ao mesmo tempo congrega em torno de si a unidade das vias e das relações, nas quais nascimento e morte, infelicidade e prosperidade, vitória e derrota, resistência e ruína, ganham para o ser humano a forma do seu destino. A amplitude dominante destas relações abertas é o mundo deste povo histórico. A partir dele e nele é que ele é devolvido a si próprio, para o cumprimento da vocação a que se destina[9].

9   Idem, *A Origem da Obra de Arte*, p. 32.

Como podemos constatar pelo teor da citação acima, Heidegger reconhece na obra arquitetônica que o templo tem o poder de reunir, em si, o conjunto das relações que se estabelecem entre os homens que habitam seus arredores. O *lugar* por ele instaurado possibilita, admite e acolhe o aparecer do sagrado – "graças ao templo, o deus advém no templo", ele afirma –, e, sendo o lugar sagrado que é, o templo tem a força suficiente para fazer determinar o traçado, não apenas os caminhos que cruzam aquela região, mas também para "ajustar" e "congregar em torno de si" as vias dos destinos humanos. O poder configurador do lugar sagrado, bem como seu impacto na região em que irradia seu choque – o choque de sua verdade –, conferem a um povo histórico, segundo Heidegger, muito de sua autocompreensão como povo, assim como a visão, *a partir do lugar*, de tudo o que ali se congrega. "O templo, no seu estar-aí concede primeiro às coisas o seu rosto e aos homens a vista de si mesmos", afirma Heidegger.

A prerrogativa de dar às coisas o seu rosto tem um marcante papel no tratamento heideggeriano da paisagem nesse momento. Não há, a rigor, no pensamento de Heidegger, reflexões voltadas especificamente para esse tema. Contudo, não são raras suas longas alusões à paisagem, quer quando ele discorre sobre a natureza, quer sobre a terra natal, quer sobre a presença dos deuses. Em *A Origem da Obra de Arte*, a questão da paisagem acaba por se impor, e de uma forma bastante expressiva, se considerarmos algo como um acontecer da paisagem (como parte de sua reflexão sobre o lugar) na esteira do evento maior da verdade, posto em obra pelo templo grego.

Tal evento da verdade na arte, tema central de *A Origem da Obra de Arte*, pressupõe, porém, uma tensão entre o *mundo* – um determinado mundo histórico – e um outro elemento, a *terra*. Esta, como provavelmente um dos mais enigmáticos conceitos da filosofia heideggeriana, aponta, como um traço das obras de arte, para sua dimensão supra-histórica, ou transepocal, ou seja, aquela dimensão não vulnerável à morte dos mundos históricos, mas que os atravessa, permanecendo em si mesma. A terra nas obras de arte pode ser compreendida tanto como a *matéria* da qual são feitas as obras, como também como aquela que *dá guarida e abrigo* ao mundo e, finalmente, em sua identificação ao *solo pátrio* ao qual pertence a obra (e tal pertencimento deve ser interpretado aqui como o avesso do sentido de exílio ou de desenraizamento). Um último sentido para a terra pode ser também apontado como sua profunda afinidade com o poder criador – ou de fazer com que os entes *apareçam*, venham a ser – da *physis*. Segundo Heidegger, a tradução latina desse termo grego como "natura" – identificando-a, restritivamente, ao mundo natural – teria deixado que se perdesse seu sentido mais essencial, como a força que tudo traz à luz da existência.

Para os propósitos deste ensaio, não se torna, a meu ver, imprescindível entrar nas considerações de Heidegger acerca dessa tensão – ou o combate que se estabelece nas obras de arte vivas – entre as dimensões *mundo* e *terra*. Nosso interesse aqui se dirige ao lugar e a tudo o que possa a este se relacionar. O conceito de terra, talvez a grande novidade introduzida em *A Origem da Obra de Arte*, embora não se restrinja, em absoluto, à ideia de natureza, também não se afasta de todo dela. E o que agora mais nos interessa são as novas luzes que tal conceito lançará justamente sobre a visão da natureza que é então apresentada, trazendo em seu bojo também a de paisagem. A passagem que se segue deixa isso bastante claro:

Ali de pé a obra arquitetônica repousa sobre o solo rochoso. Este assentar da obra extrai da rocha a obscuridade do seu suportar rude e, no entanto, a nada impelido. Ali de pé, a obra arquitetônica resiste à tempestade furiosa que sobre ela se abate, e, desta forma, revela pela primeira vez a tempestade em toda a sua violência. Só o brilho e o fulgor da rocha, que aparecem eles mesmos apenas graças ao Sol, fazem, no entanto, aparecer brilhando a claridade do dia, a amplitude do céu, a escuridão da noite. O erguer-se seguro torna visível o espaço invisível do ar. O caráter imperturbado da obra destaca-se ante a ondulação da maré e deixa aparecer, a partir do seu repouso, o furor dela. A árvore e a erva, a águia e o touro, a serpente e o grilo conseguem, pela primeira vez, alcançar sua figura mais nítida e, assim, vêm à luz como aquilo que são, entram primeiro na nitidez de suas formas, e assim vêm a aparecer como o que são. Desde cedo os gregos chamaram a esse mesmo irromper, no seu todo, a *physis*. Ao mesmo tempo, clareia aquilo sobre o qual o homem funda o seu habitar. Chamamos-lhe a *terra*. Há que manter afastadas daquilo que esta palavra aqui quer dizer tanto a representação de uma massa de matéria sedimentada, como a representação meramente astronômica de um planeta. A terra é isso onde o erguer alberga tudo o que se ergue e, claro está, enquanto tal. Naquilo que se ergue advém a terra como o que dá guarida.

A obra que é o templo, ali de pé, abre um mundo e ao mesmo tempo repõe-no sobre a terra que, só então, vem à luz como o solo pátrio. Porém, jamais sucede que os homens e os animais, as plantas e as coisas estejam aí e, reconhecidos como objetos imutáveis, forneçam, em seguida, acessoriamente, a ambiência adequada ao templo, que um dia se acrescenta ao que lá está. Aproximamo-nos muito mais do que é, se pensarmos tudo isso de modo inverso [...][10].

Aqui dois aspectos devem ser, logo de início, ressaltados: primeiramente, que toda a alusão à paisagem na passagem acima, bem como à natureza, *parte da visão* da obra arquitetônica. As forças da natureza, em seu brilho e obscuridade, e as vidas que ali se manifestam não eram, antes do templo, invisíveis ou inexistentes. O que a *obra* templo *opera* é precisamente o seu *aparecer como tais, como* vida, *como* brilho, *como* quietude, *como* violência e, certamente, como paisagem. A partir da obra, a natureza não mais é percebida como reserva material disponível, mas na plenitude de seu ser em si própria. Em segundo lugar, *a partir* dessa obra, certa inicialidade parece entrar em ação: "pela primeira vez" é uma expressão que se repete na descrição acima. E não apenas isso: à terra está ligada a ideia de inesgotabilidade, imprescindível à possibilidade de novos começos, traço próprio ao evento da verdade do ser. E embora Heidegger, fugindo das estéticas da subjetividade e das análises de experiências pessoais, recuse fortemente estes termos – estética, subjetividade, experiência –, o que parece estar também em pauta aqui é, num jargão heideggeriano, o acontecer da beleza *como* paisagem, o "dar-se" paisagem no evento desencadeado por uma obra de arte. Não é pequena a distância que nos separa agora das abordagens da paisagem e da natureza no chamado "primeiro Heidegger", de *Ser e Tempo*. E, indubitavelmente, essas novas abordagens podem ser reconhecidas como momentos cruciais no panorama de sua longa reflexão sobre o fenômeno do lugar.

---

10   Idem, p. 33, grifado no original.

ENTRE A TERRA E O CÉU:
HABITANDO A *QUADRATURA*

A ampla temática do lugar em Heidegger não apenas refletiu, em todas as suas nuanças, as inflexões no caminho de seu pensamento, como foi se constituindo num dos principais marcos desse caminho. Nesse sentido, as palavras de Heidegger, em seu terceiro seminário em Le Thor, em 1969, não deixam dúvidas quanto à crucial importância do lugar em sua filosofia:

Com *Ser e Tempo*, sem dúvida, a "questão do ser" recebe um sentido bastante diferente. Trata-se ali da questão do ser enquanto ser. Em *Ser e Tempo* esta questão recebe tematicamente o nome de "pergunta pelo sentido do ser".

Esta formulação é mais tarde abandonada em favor da "pergunta pela verdade do ser", e, finalmente, pela "pergunta pelo lugar ou pela localidade do ser", donde o nome de *topologia* do ser.

Três palavras que se revezam mutuamente, três passos que marcam o caminho do pensar:

SENTIDO – VERDADE – LUGAR (*tópos*)

Se se busca clarificar a questão do ser, é necessário apreender o que liga e o que diferencia estas três formulações sucessivas[11].

Sendo assim, desde que o diálogo com a poesia, especialmente com Hölderlin, se tornou um traço constitutivo de sua filosofia, e quando a proximidade do sagrado – especialmente em sua relação com os mortais, como propôs o autor – tornou--se um tema recorrente nos escritos de Heidegger nos anos de 1950, a questão do lugar se mostrou, mais uma vez, decisiva. E essa proximidade do sagrado acontece, para Heidegger, no âmbito da vida concreta, do familiar, em meio aos afazeres diários e aos objetos mais simples. Interessa a Heidegger a presença dos deuses no âmbito do doméstico, no próprio lugar da habitação. É precisamente no seio do ordinário que o extraordinário se dá a conhecer, numa reunião, ou mais ainda, numa unidade entre o sagrado e o mundo cotidiano.

Esta reunião ou unidade constitui o cerne de seu ensaio "A Coisa", de 1950, publicado na coletânea *Ensaios e Conferên-*

11   Idem, p. 82, grifado no original.

COMO PONTA DE LANÇA   213

cias, e a questão que é posta logo de início e que oferece o fio condutor para a reflexão ali levada a cabo é precisamente a da *proximidade*. Em "A Coisa", o problema que envolve espaço e lugar, que se insere na tematização da proximidade, é trazido para o âmago da crítica de Heidegger à tecnologia, crítica que já havia sido elaborada um ano antes em "A Questão da Técnica", de 1949. A proximidade é, sem dúvida, o conceito-chave em toda a meditação heideggeriana sobre o lugar.

Em "A Coisa", duas décadas depois de *Ser e Tempo*, Heidegger vai mais uma vez recorrer ao modo de ser de utensílios muito simples – e próximos – para pensar a crise desencadeada pelas profundas mudanças por que passaram as concepções usuais de espaço e lugar na era da tecnologia – algo como uma crise da proximidade, em decorrência da anulação artificial das distâncias. Um cântaro é escolhido como *a coisa* que se encontra na proximidade, em torno do qual girarão as considerações de Heidegger. A partir deste, se desenrolará uma meditação que, entre outras questões, pensará a natureza mesma do lugar. Numa escrita que nos remete, sem dúvida, ao *Tao Te King*, de Lao Tsé, Heidegger diz:

> Parede e fundo são, certamente, o impermeável do receptáculo. Impermeável ainda não é, porém, recipiente. Ao encher o cântaro, o líquido vaza para dentro do cântaro vazio. O vazio é o recipiente do receptáculo. O vazio, o nada no cântaro, é que faz o cântaro ser um receptáculo, que recebe. [...] Pois é para o vazio, no vazio e do vazio que ele [o oleiro] conforma, na argila, a produzir o recipiente, o conduz à configuração de receptáculo. É o vazio da jarra que determina todo tocar e apreender da produção. O ser coisa do receptáculo não reside, de forma alguma, na matéria de que consta, mas no vazio que recebe[12].

Aqui, o vazio do cântaro é, antes de tudo, "o recipiente no receptáculo", o lugar em que "a própria recepção vigora em si mesma", como acolher, reter, vazar e doar o líquido pelo cântaro. É precisamente nessa possibilidade de doação, como aquilo que caracteriza o ser do cântaro, que repousa a fundamental diferença entre a ideia de interioridade decorrente de

---

12 Idem, *Ensaios e Conferências*, p. 147.

uma destituição de mundo (como ocorria com os utensílios em *Ser e Tempo*) e a interioridade que, como o vazio-receptáculo, recebe e doa, fazendo ver que sua vaza aproxima e reúne numa unidade aquilo que chamamos mundo. Essa outra visão da interioridade desdobra, a partir de seu vazio acolhedor e doador, uma rede mais complexa de remetimentos – ou pertencimentos mútuos –, se considerarmos essa noção tal como encontrada nos primeiros tratados de Heidegger. Agora acontece uma ampliação da própria noção de mundo, que passa a envolver, em si, a dimensão do sagrado. É a partir de sua concepção dilatada de mundo que Heidegger introduzirá o conceito de *quadratura* (*die Geviert*): quadratura é mundo compreendido como reunião – a partir das coisas mais simples – da terra e do céu, dos mortais e dos deuses. O poder de reunião do cântaro, por exemplo, congrega a natureza, o trabalho humano e o sagrado, numa nova compreensão da proximidade e do pertencimento mútuo, o que é expresso pelo autor nos seguintes termos:

Na água doada, perdura a fonte. Na fonte perdura todo o conjunto das pedras e todo adormecimento obscuro da terra, que recebe chuva e orvalho do céu. Na água da fonte, perduram as núpcias de céu e terra. As núpcias perduram no vinho que a fruta da vinha concede e no qual a força alimentadora da terra e o sol do céu se confiam um ao outro. Na doação da água, na doação do vinho perduram, cada vez, céu e terra.

A doação da vaza é bebida para os mortais. É ela que lhes refresca a sede. É ela que lhes refrigera o lazer. É ela que lhes alegra os encontros, a convivência. Mas às vezes, o dom do cântaro se doa na e para uma consagração. [...] Agora a vaza se torna poção dedicada aos divinos. [...]

Na doação da vaza, no sentido de bebida, vivem, a seu modo, os mortais. Na doação da vaza, entendida como oferenda, vivem, a seu modo, os divinos, que recebem de volta na doação da oferta, a doação da dádiva. Na doação da vaza, vivem, cada qual de modo diferente, os mortais e divinos. Na doação da vaza, vivem terra e céu. Na doação da vaza, vivem, *ao mesmo tempo*, terra e céu, mortais e divinos. Os quatro pertencem, a partir de sua união, a uma conjunção. Antecipando-se a todos os seres, eles se conjugam numa única quadratura de reunião.

Na doação da vaza, perdura a simplicidade dos quatro.

COMO PONTA DE LANÇA   215

A doação da vaza é doação à medida que terra e céu, os divinos e os mortais permanecem. Mas permanecer não é mais o simples manter-se de algo simplesmente dado. Permanecer apropria. Traz os quatro à luz do próprio de cada um. [...] Na doação vigora o cântaro como cântaro[13].

O conceito de quadratura levará Heidegger a uma profunda reformulação de sua ideia de *habitar*. Habitar a quadratura é habitar o "entre": sobre a terra e sob o céu, numa copresença dessas duas dimensões da existência. A quadratura, enquanto preserva cada coisa em sua individualidade própria, compreende essa individualidade como constitutiva de uma unidade, da unidade entre terra, céu, mortais de deuses. Na quadratura, a proximidade que se dá por meio das próprias coisas – tema fundamental do ensaio – é compreendida também em termos da *unidade do que é diferente*, como uma proximidade que não exclui de si a distância. Cada um dos quatro – terra e céu, mortais e deuses – resguardando suas diferenças e sua distância dos outros três, faz, precisamente assim, com que estes apareçam em seu brilho próprio.

Embora a quadratura não possa ser tomada, em si mesma, como um conceito topológico, ela se remete inevitavelmente ao espaço e ao lugar, na medida em que é essencialmente proximidade, movimento, habitar, mundo, terra e céu. Essa qualidade espacial ou topológica se deixa vislumbrar, contudo, na palavra mesma, no nome *quadratura*. O que é importante registrar aqui no que concerne às questões do lugar é, primeiramente, a tomada do conceito de proximidade como um conceito que se conecta com todos os âmbitos possíveis da existência, dos deuses às coisas simples, não excluindo animais ou vegetais. Finalmente, a concepção do mundo como quadratura terá consequências bastante evidentes nas considerações sobre o habitar humano e sua relação com o ambiente que o envolve, ambiente esse que se define não apenas a partir da reunião de regiões distintas – a terra e o céu –, mas antes como o *entre* a terra e o céu. Pois é precisamente nesse *entre* que habita o homem.

13 Idem, p. 150-151, grifado no original.

SOBRE O HABITAR E O CONSTRUIR: A GÊNESE DO LUGAR

Estreitamente vinculada à reflexão heideggeriana sobre o lugar está a noção de habitação, ou da natureza própria do habitar humano na terra. Tema recorrente no pensamento de Martin Heidegger desde seus primeiros tratados, a questão do *habitar* recebeu sua mais expressiva elaboração em 1951, com "Construir Habitar Pensar" e "...Poeticamente o Homem Habita...", também integrantes da coletânea *Ensaios e Conferências*, escritos que têm marcado significativamente algumas vertentes do pensamento sobre a arquitetura até hoje. "Construir Habitar Pensar", o que mais nos interessa nesta reflexão sobre o lugar, foi escrito em meio à crise habitacional do pós-guerra, quando importantes cidades europeias tratavam de sua reconstrução e de repensar suas identidades. Heidegger deixa claro, porém, logo nas primeiras linhas do ensaio, que quer pensar *o que significa habitar e construir*, sem, contudo, se referir a tal crise habitacional, ou ao papel da arquitetura no contexto dessa crise. Envereda, antes, por considerações sobre a linguagem, aparentemente fúteis diante da situação concreta de carência de moradia. Começa a esboçar uma concepção de habitar que se desprende do que há de aparentemente mais próprio a este conceito: a ideia mesma de *construção*. O que não se costuma levar em conta, porém, é o fato de que, quando "Construir Habitar Pensar" foi redigido, o pensamento arquitetônico e urbanístico se encontrava num momento bastante específico, em que a questão prioritária era, evidentemente, a habitação, ou seja, discutiam-se intensamente as características das novas residências a serem construídas ou reconstruídas nas cidades europeias. Essas discussões aconteciam, contudo, num contexto dominado por ideias funcionalistas, e por conceitos e atitudes herdados do movimento moderno.

A arquitetura e o planejamento das cidades eram então fortemente marcados por um racionalismo formal e metodológico que, embora associado ao trabalho de grandes arquitetos e urbanistas, produziu uma concepção espacial que viria a ser bastante refutada nas décadas que se seguiram à Segunda Grande Guerra. Como assinala Giulio Carlo Argan, "o espaço, para

Gropius, não é nada *em si*; é pura, inclassificável e ilimitada extensão"[14]. De fato, as intervenções modernistas dos arquitetos da primeira metade do século, como analisa Kate Nesbitt, haviam "dilacerado o espaço urbano a ponto de torná-lo irreconhecível": seus edifícios, como "objetos" arquitetônicos isolados, "flutuavam em um 'espaço aberto' modernista, ilimitado e indiferenciado". Nesse sentido, continua Nesbitt, "a importância das fronteiras assinalada por Heidegger tornou-se fundamental para repensar o espaço moderno. O valor do espaço cartesiano anônimo e ininterrupto, uma expressão de liberdade, deve ser considerado no confronto com a necessidade humana do familiar e da segurança proporcionada pelos limites"[15].

De fato, "Construir Habitar Pensar" parece se alinhar a um sentimento antifuncionalista que já vinha, desde o final dos anos de 1940, sendo compartilhado por alguns arquitetos, e que poderia ser traduzido como uma rejeição aos espaços ultrarracionalizados, que se pretendiam "universalmente" funcionais. Tal sentimento apontava, então, para a necessidade da volta a um pensamento que recolocasse o problema em termos de *lugar*. Heidegger buscou não apenas o pensar os *limites* – que agiriam como configuradores de um espaço pretensamente ilimitado e homogêneo em lugares da existência –, mas, principalmente, pensar a *poesia* inerente ao habitar humano. O elemento poético associado ao pensamento atua, em Heidegger, como uma antítese ao pensamento representacional, identificado por ele com a abordagem racionalista e objetificadora do real, bem como ao domínio da tecnologia. A inversão dessa abordagem acontece em "Construir Habitar Pensar" pela via da poesia, como "poetar pensante". Em seu fundamento último, o *habitar* do homem é aí concebido em termos de *poesia* e *pensamento*: "a relação entre homem e espaço nada mais é do que o habitar pensado essencialmente", afirma Heidegger.

Mas o que é *pensar o habitar essencialmente*? E como conceber o habitar nas cidades contemporâneas como algo da ordem do *poético*? Pois o habitar poético não se refere nem à poesia como obra literária nem à posse de um domicílio. Essas indagações remetem à concepção heideggeriana de habitar

14 G. C. Argan, *A Arte Moderna*, p. 273, grifado no original.
15 K. Nesbitt, *Uma Nova Agenda para a Arquitetura*, p. 69.

um mundo compreendido como *quadratura*, ou seja, como copertencimento entre a terra e o céu, homens e deuses. Cada um dos quatro, resguardando suas diferenças e sua distância dos outros três, faz estes aparecem em seu brilho próprio: cada um "reflete e espelha de volta a vigência essencial dos outros".

O elemento poético é, para Heidegger, o que há de mais essencial no habitar do homem, pois é ele que possibilita o habitar na quadratura, isto é, sobre a terra e sob o céu, ou seja, na proximidade do sagrado. Pensar o construir *a partir* do habitar na quadratura significa, para Heidegger, pensar antes de tudo *a coisa construída*, que configura, em si mesma e antes de tudo, um lugar. O conhecido exemplo da ponte de Heidelberg dá margem a uma das mais belas descrições fenomenológicas de Heidegger, e é a partir desta, de seu papel como configuradora de um todo de localidades que se estendem para além dela, que ele irá refletir sobre a *gênese do lugar*. Diz Heidegger:

A ponte pende "com leveza e força" sobre o rio. A ponte não apenas liga margens previamente existentes. É somente na travessia da ponte que as margens surgem como margens. A ponte as deixa repousar de maneira própria uma frente à outra. Pela ponte, um lado se separa do outro. As margens também não se estendem ao longo do rio como traçados indiferentes da terra firme. Com as margens, a ponte traz para o rio as dimensões do terreno retraídas em cada margem. A ponte coloca numa vizinhança recíproca a margem e o terreno. A ponte *reúne integrando* a terra como paisagem em torno do rio. A ponte conduz desse modo o rio pelos campos. Repousando impassíveis no leito do rio, os pilares da ponte sustentam a arcada do vão que permite o escoar das águas. A ponte está preparada para a inclemência do céu e sua essência sempre cambiante, tanto para o fluir calmo e alegre das águas, como para as agitações do céu com suas tempestades rigorosas, para o derreter da neve em ondas torrenciais abatendo-se sobre o vão dos pilares. Mesmo lá onde a ponte recobre o rio, ela mantém a correnteza voltada para o céu pelo fato de recebê-lo na abertura do arco e assim novamente liberá-lo.

A ponte permite ao rio o seu curso ao mesmo tempo em que preserva, para os mortais, um caminho para sua trajetória e caminhada de terra em terra. A ponte da cidade conduz aos domínios do castelo para a praça da catedral. [...] Em seus arcos, ora altos, ora quase planos, a ponte se eleva sobre o rio e o desfiladeiro. Quer os mortais prestem atenção, quer se esqueçam, a ponte se eleva sobre o caminho para que eles, os mortais, sempre a caminho da última ponte, tentem ultrapassar o que lhes é habitual e desafortunado e assim acolherem a bem-aventurança do divino. Enquanto passagem transbordante para o divino, a ponte cumpre uma *reunião integradora*. [...]

A seu modo, a ponte *reúne integrando* a terra e o céu, os divinos e os mortais junto de si[16].

A ponte congrega com seu poder de reunião a amplidão ao redor: ela "reúne integrando a quadratura de tal modo que lhe propicia um lugar. Mas somente isso, que em si mesmo é um *local*, pode dar espaço a um lugar". O modo de reunião possível à ponte como construção é o seu propiciar um lugar para a quadratura. Como coisa construída, a ponte arruma e doa espaços. Isso porque *lugares* não são previamente encontrados ao longo do rio, apenas posições passíveis de ocupação, dentre as quais alguma pode vir a se tornar um lugar por obra da ponte: "deste lugar determinam-se lugares e caminhos, pelos quais um espaço é concedido".

Essa afirmativa de Heidegger é de suma importância aqui. *Um lugar se mostra como a "origem", ou a essência, de diferentes espaços, que acontecem como dádivas, ou doação do lugar*. Cada um desses espaços assim doados detém seus próprios limites: é um espaçamento aberto e arrumado que se articula com outros espaços igualmente arrumados e limitados, integrando-se uns aos outros. As palavras de Heidegger deixam claro esse processo quando ele afirma que:

Coisas, que desse modo são lugares, são coisas que propiciam a cada vez espaços. Uma antiga acepção pode nos dizer o que designa essa palavra "espaço". Espaço diz o lugar liberado para um povoado, para um depósito. Um espaço é algo arrumado, liberado, a saber, num limite, em grego πέρας [*péras*]. O limite não é onde uma coisa termina, mas, como os gregos reconheceram, onde alguma coisa *dá início à sua essência*. [...] Espaço é, essencialmente, o fruto de uma arrumação, de um espaçamento, o que foi deixado em seu limite. O espaçado é o que, a cada vez, se propicia e, com isso, se articula, ou seja, o que se reúne de forma integradora através de um lugar, ou seja, através de uma coisa do tipo da ponte. *Por isso os espaços recebem sua essência dos lugares e não "do" espaço.* [...]

16 M. Heidegger, *Ensaios e Conferências*, p. 131-133, grifado no original.

A ponte é um lugar. Como essa coisa, a ponte estancia um espaço em que se admitem terra e céu, os divinos e os mortais. O espaço estanciado pela ponte contém diversos lugares, alguns mais próximos e outros mais distantes da ponte[17].

Como configuradora de lugares, a ponte também arruma e doa espaços. As coisas construídas são aqui pensadas como o fundamento e a edificação mesma dos lugares e, consequentemente, dos espaços por eles gerados. Se *os espaços* têm como raiz a coisa construída que configura um lugar, seria possível completar agora essa afirmativa considerando que o solo onde se firma essa raiz é o próprio habitar. O construir, por sua vez, funda-se no habitar humano, como Heidegger afirmara no início. O habitar, assim compreendido como o fundamento último de toda e qualquer abordagem possível de espaços, encontrará seus parâmetros, por fim, na poesia. Desta não se poderia dizer que é o fundamento do habitar, mas que é, em si mesma, *o modo humano* de habitar: "poeticamente o homem habita esta terra", já dissera Friedrich Hölderlin.

É justamente na conferência ...Poeticamente o Homem Habita... que a questão do habitar receberá seu acabamento. O ensaio se insere no conjunto dos escritos de Heidegger que encontram na poesia de Hölderlin um manancial de inspiração e matéria para reflexão, na qual a existência humana é concebida como o habitar *entre* a terra e o céu, ou o habitar *o entre*. Hölderlin fala do homem cujo olhar não mais se restringe a um movimento horizontal pelo entorno do mundo, mas que, no interior de sua lida cotidiana, se volta para o alto. Seu olhar percorre um âmbito que o deixa ver onde ele próprio se *situa*: ele habita a terra. Mais precisamente, ele habita *entre* a terra e o céu: habita a própria fissura ou diferenciação originária *entre* esses dois âmbitos.

Embora não evocada explicitamente, essa diferença está por trás das considerações de Heidegger nesse ensaio, e é aí pensada em termos de *dimensão* e *tomada de medida*. A dimensão *entre* a terra e o céu é, em si mesma, a diferença. Medindo-se com o divino, o homem habita no que dimensiona a diferença. Medindo-se com o sagrado ele obtém o parâmetro

17 Idem, p. 134, grifado no original.

que confere a medida de sua permanência finita sobre a terra, o parâmetro de seu habitar. Essa medida que se remete ao divino é o contraponto, ou a resistência, que então se oferece à abordagem calculadora não só do habitar humano como, igualmente, dos conceitos de lugar e espaço. Isso fica evidente quando Heidegger explicita que a tomada de medida não é mera geometria nem é nenhuma ciência, "mas possui seu próprio μέτρον", sua métrica própria. A tomada de medida inerente à dimensão é, em si, o que confere duração e consistência ao habitar humano.

"Construir Habitar Pensar" e "...Poeticamente o Homem Habita..." têm sido considerados dentre os textos filosóficos que mais influenciaram não apenas as teorias arquitetônicas no último século, mas afetaram também a compreensão da complexidade do fenômeno do *lugar*. A abordagem fenomenológica de inspiração heideggeriana enfatiza não apenas a importância de se atentar para a dimensão sensorial da arquitetura – como atesta a famosa frase atribuída a Mies van der Rohe, "Deus está nos detalhes" –, mas incorpora, principalmente, o pertencimento recíproco entre habitar, poesia e pensamento.

Têm sido constantes as referências à filosofia de Heidegger em algumas discussões contemporâneas sobre questões urbanas. Arquitetos e teóricos como Vittorio Gregotti, Raimund Abraham, Tadao Ando e Kenneth Frampton são somente alguns dos nomes por ele diretamente influenciados. Apenas para citar alguns exemplos, a fenomenologia heideggeriana encontrou um indubitável eco na chamada Escola de Veneza, na qual, além da atenção para com o *lugar*, a noção de *medida*, como o que há de propriamente poético no habitar, segundo Gregotti, remete claramente aos ensaios do filósofo na década de 1950. Uma reflexão sobre o poder de reunião da paisagem circundante por obras arquitetônicas, permitindo assim o pleno habitar do homem, é um dos temas heideggerianos tratados por Karsten Harries – em obras como *The Ethical Function of Architecture*, por exemplo –, levando a importantes considerações sobre a dimensão ética inerente à arquitetura e a instituição do *ethos* humano.

Também não poderia deixar de ser aqui mencionado o arquiteto e teórico norueguês Christian Norberg-Schulz, que, desde a década de 1960, elabora uma fenomenologia da arquitetura diretamente calcada no pensamento de Heidegger e publica obras como *Intentions in Architecture, Existence, Space and Architecture* e *Genius Loci, Towards a Phenomenology of Architecture*, entre outras. Um de seus temas fundamentais é o poder que detém a arquitetura, como lugar da existência, de conferir sentido a seu entorno, não se restringindo apenas a oferecer o habitat humano. Norberg-Schulz chama atenção ainda para o fato de que a concepção funcionalista do espaço "conduz a um ambiente esquemático e descaracterizado", e reafirma a necessidade de se considerar o problema do significado na arquitetura.

Pensar o mundo como quadratura, bem como a ideia de proximidade aí implicada, compreendida em termos da *unidade do que é diferente*, têm inspirado também algumas expressivas vertentes da ecologia profunda, onde as ideias de habitar e também do lugar são retomadas desde suas raízes; estas nada distantes, porém, de seus mais poéticos desdobramentos.

O PROBLEMA DO LUGAR
NOS ÚLTIMOS ESCRITOS DE HEIDEGGER

As reflexões de Heidegger sobre o lugar se estenderam até seus últimos escritos, e a variedade de temas que levaram Heidegger a recorrer à noção de lugar, como um conceito crucial, para elaborar seu pensamento, foi mais ampla do que comumente se imagina. Darei aqui apenas alguns exemplos de ocasiões em que a topologia heideggeriana se mostrou em toda a sua complexidade. Nas conferências publicadas sob o título de A Caminho da Linguagem, que reúne obras de toda a década de 1950 em torno da temática da linguagem e da poesia, Heidegger acaba por reintroduzir a questão da complexidade do lugar. Esse é o cântaro, a ponte e também o poema. Mesmo os lugares do mundo só aparecem como tais *na* linguagem: no que traz à vista o mundo, a linguagem instala simultaneamente seus lugares. Para o autor, o movimento desencadeado a partir do centro vital de uma obra poética, por exemplo, repete, em relação aos poemas isolados, o mesmo movimento regionador que caracteriza a formação dos lugares e espaços do mundo.

COMO PONTA DE LANÇA

Será interessante também lembrar que ao longo da década que se estende de 1959 a 1969, o problema que envolve lugar e espaço suscitou intensos debates nos seminários de Zollikon, onde Heidegger abordou o lugar sob diferentes enfoques, dentre estes, o da *corporalidade*, ou *o estar-no-espaço de um corpo*. Ainda nesses seminários, foram discutidas as concepções topológicas de Aristóteles, em sua *Física*, que se desenvolvem também no sentido da relação entre um corpo e seu lugar. O vazio – considerado de forma altamente positiva nos ensaios do início da década de 1950, em relação ao interior do cântaro e aos vãos entre os pilares da ponte de Heidelberg, por exemplo – voltou a ser tematizado nos seminários em Zollikon.

Essas questões reaparecem ainda em *A Arte e o Espaço*, de 1969, último escrito de Heidegger dedicado às artes. Aqui são retomadas as discussões sobre as relações entre espaço e lugar, e entre estes e o conceito de região. Ainda que não seja o caso de se desenvolver aqui todos esses temas de uma forma mais detida, será importante apenas registrar o fato de que o interesse de Heidegger por esses tópicos atesta a grande expressão que tiveram em sua filosofia. Desde seus primeiros tratados até os últimos escritos, e abarcando uma gama variada de possibilidades e interpretações, a temática do lugar se mostrou, em sua inesgotável riqueza, como uma questão crucial, e, quanto a isso, o autor não deixou margem a dúvidas quando afirmou:

A palavra "lugar" significa originariamente ponta de lança. Na ponta de lança, tudo converge. No modo mais digno e extremo, o lugar é o que reúne e recolhe para si. O recolhimento percorre tudo e em tudo prevalece. Reunindo e recolhendo, o lugar desenvolve e preserva o que envolve, não como uma cápsula isolada, mas atravessando com seu brilho e sua luz tudo o que recolhe de maneira a somente assim entregá-lo à sua essência[18].

REFERÊNCIAS BIBLIOGRÁFICAS

ARGAN, Giulio C. *A Arte Moderna*. São Paulo: Companhia das Letras, 2006.
ARISAKA, Yoko. On Heidegger's Theory of Space: A Critique of Dreyfus. *Inquiry*, v. 38, n. 4, 1995.

18 M. Heidegger, *A Caminho da Linguagem*, p. 27.

224   QUAL O ESPAÇO DO LUGAR?

BERNSTEIN, J. M. *The Fate of Art: Aesthetic Alienation from Kant to Derrida and Adorno*. Cambridge: Polity Press, 1997.

CASEY, Edward S. *The Fate of Place: A Philosophical History*. Berkeley: University of California Press, 1998.

DREYFUS, Hubert L. *Being-in-the-world: A Commentary on Heidegger's Being and Time*, Division 1. Massachusetts: The MIT Press, 1995.

DUQUE-ESTRADA, Paulo C. Sobre a Obra de Arte como Acontecimento de Verdade. *O que nos Faz Pensar*, Rio de Janeiro, n. 13, 1999.

FOLTZ, Bruce V. *Habitar a Terra: Heidegger, Ética Ambiental e a Metafísica da Natureza*. Trad. Jorge Seixas e Souza. Lisboa: Instituto Piaget, 2000.

FRANK, Didier. *Heidegger e o Problema do Espaço*. Trad. João Paz. Lisboa: Instituto Piaget, 1986.

HEIDEGGER, Martin. *A Caminho da Linguagem*. Trad. Márcia Sá Cavalcante Schuback. Petrópolis: Vozes, 2004.

_____. *Ensaios e Conferências*. Trad. Emmanuel Carneiro Leão, Gilvan Fogel, Márcia Sá Cavalcante Schuback. Petrópolis: Vozes, 2002.

_____. *Ser e Tempo – Parte II*. Trad. Marcia de Sá Cavalcante Schuback. Petrópolis: Vozes, 2000.

_____. *Ontología: Hermenéutica de la Facticidad*. Trad. Jaime Aspiunza. Madri: Alianza Editorial, 1999.

_____. *Caminhos de Floresta*. (Vários tradutores, sob a coordenação de Irene Borges Duarte). Lisboa: Fundação Calouste Gulbenkian, 1998.

_____. *Ser e Tempo – Parte I*. Trad. Marcia de Sá Cavalcante Schuback. Petrópolis: Vozes, 1997.

_____. *L'Art et l'espace*. In: _____. *Questions III-IV*. Paris: Gallimard, 1996.

_____. *History of the Concept of Time*. Trad. Theodore Kisiel. Indianápolis: Indiana University Press, 1992.

_____. *The Basic Problems of Phenomenology*. Trad. Albert Hofstadter. Indianápolis: Indiana University Press, 1988.

_____. *Prolegomena zur Geschichte des Zeitbegrifs*. Frankfurt am Main: Vittorio Klosterman, 1979.

_____. *A Origem da Obra de Arte*. Trad. Maria da Conceição Costa. Lisboa: Edições 70, 1977.

_____. *Vier Seminare*. Frankfurt am Main: Vittorio Klostermann, 1977.

INWOOD, Michael. *Dicionário Heidegger*. Trad. Luísa Buarque de Holanda. Rio de Janeiro: Jorge Zahar, 2002.

LAFONT, Cristina. *Heidegger, Language and World–disclosure*. Trad. Graham Harman. Cambridge: Cambridge University Press, 2000.

MALPAS, Jeff. *Heidegger's Topology*. Cambridge: The MIT Press, 2006.

_____. Uncovering the Space of Disclosedness: Heidegger, Technology and the Problem of Spatiality in "Being and Time". In: WARTHALL, Mark A.; MALPAS, Jeff (eds.). *Heidegger, Authenticity and Modernity: Essays in Honor of Hubert L. Dreyfus*. v.1. Massachusetts: The MIT Press, 2000.

_____. *Place and Experience: A Philosophical Topography*. Cambridge: Cambridge University Press, 1999.

NESBITT, Kate. *Uma Nova Agenda para a Arquitetura*. Trad. Vera Pereira. São Paulo: Cosac Naify, 2006.

NUNES, Benedito. *Hermenêutica e Poesia: O Pensamento Poético*. Belo Horizonte: Ed. UFMG, 1999.

COMO PONTA DE LANÇA   225

_____. *Passagem para o Poético: Filosofia e Poesia em Heidegger*. São Paulo: Ática, 1986.

PÖGGLER, Otto. Methaphisics and the Topology of Being. In: SHEEHAN, Thomas (ed.). *Heidegger: The Man and the Thinker*. Chicago: Precedent Publishing Inc., 1981.

RICHARDSON, William J. *Heidegger: Through Phenomenology to Thought*. Haia: Martinus Nijhoff, 1967.

SARAMAGO, Ligia. *A Topologia do Ser: Lugar, Espaço e Linguagem no Pensamento de Martin Heidegger*. Rio de Janeiro: Ed. PUC-Rio, 2008.

SCHUBACK, Marcia de Sá C. *O Espaço entre Poesia e Pensamento*. Dissertação de Mestrado, Instituto de Letras e Artes, Universidade Federal de Pelotas, Pelotas, 1986.

STRÖKER, Elisabeth. *Investigations in Philosophy of Space*. Trad. Algis Mickunas. Athens: Ohio University Press, 1987.

VILLELA-PETIT, Maria. Heidegger's Conception of Space. In: MACANN, Christopher (ed.). *Critical Heidegger*. Londres: Routledge, 1996.

YOUNG, Julian. *Heidegger's Philosophy of Art*. Cambridge: Cambridge University Press, 2002.

_____. What is Dwelling? The Homelessness of Modernity and the Worlding of the World. In: WARTHALL, Mark A.; MALPAS, Jeff (eds.). *Heidegger, Authenticity and Modernity: Essays in Honor of Hubert L. Dreyfus*. V. 1. Massachusetts: The MIT Press, 2000.

ZIAREK, Krzysztof. *Inflected Language: Toward a Hermeneutics of Nearness – Heidegger, Lévinas, Stevens, Celan*. Albany: State University of New York Press, 1994. [SUNY Series in Contemporary Continental Philosophy]

ZIMMERMAN, Michael E. Toward a Heideggerian Ethos for Radical Environmentalism. *Environmental Ethics*, n. 5, 1983.

Lugar Enquanto Circunstancialidade

Eduardo Marandola Jr.

1

Situação nº 1: Dois brasileiros se encontram em uma rua movimentada de Tóquio. A probabilidade de isso acontecer é moderada, devido ao grande número de brasileiros que vivem temporariamente a trabalho no Japão, mas a densidade e os muitos milhões de habitantes sem dúvida dificultam o encontro. Foram as palavras em português que chamaram a atenção de Ricardo, que imediatamente se virou perguntando a Marcos: "Você também é do Brasil?", com aquela familiaridade e felicidade que dedicamos a velhos amigos. "De onde você é?" "Está aqui desde quando?" "Trabalhando onde?" É fácil imaginar a sequência da conversação, a troca de referências brasileiras e japonesas, últimas notícias ou viagem ao Brasil etc. Dificilmente não sairão dali sem o contato um do outro e com uma sensação de reconforto.

Situação nº 2: Estamos numa convenção de ferroviários. Os funcionários mais antigos de uma antiga profissão que as mudanças tecnológicas têm deixado ao largo. Aqueles são os últimos, ou seus mais velhos praticantes. Alguns se conhecem, pois em seus anos de trabalho profissional se encontraram em feiras, cursos, greves e outras situações específicas ligadas ao ofício. Mas muitos não se conhecem, nem têm outros elos senão a profissão em comum. Isso não impede que a convenção seja repleta de memórias compartilhadas, como causos, histórias e lugares especiais, como as estações, as linhas mais perigosas ou clube da categoria. Além destes, certamente o trem é o lugar comum que traz maiores lembranças e fomenta o maior número de discussões. "Você chegou a operar o modelo 42?" "Não há comparação, desde 1970, nada foi melhor do que aquele trem!" "Saudade eu tenho é do apito".

Situação nº 3: Dois jovens se encontram num bar. Vestem roupas pretas, com maquiagem pesada. Ali encontram outros jovens, meninos e meninas, que vestem roupas semelhantes. Costumam sempre se encontrar ali, para beber, conversar, conhecer pessoas, ficar uns com os outros. Fumam, programam baladas, falam de forma parecida, usando as mesmas palavras e os mesmos trejeitos. Têm a mesma idade e provêm de famílias com condições sociais semelhantes. A maioria é vista pelos pais com um misto de condescendência e desespero. Nenhum deles tem ideia clara do que pretende fazer no futuro, mas gostam de se reunir ali toda semana para se encontrar antes de irem para outros lugares madrugada adentro.

O que essas situações têm em comum? As três exemplificam, de maneiras diferentes, como o lugar faz parte de nosso cotidiano e como é a partir dele que nos inserimos no mundo. É pelo lugar que nos identificamos, ou nos lembramos, constituindo assim a base de nossa experiência no mundo.

É o Brasil para o emigrado, que longe de casa se reconhece imediatamente, estabelecendo o elo a partir de elementos corporais, culturais, simbólicos, como a própria língua. Mas pode se tornar a cidade específica de cada um, caso seja a mesma, ou o próprio Estado, se o compartilham.

São as estações de trem para os tantos trabalhadores que viviam entorno do sistema ferroviário: trens, estações, alojamentos, pátios de manobra, locomotivas, vagões. Lugares significados pela experiência adensada pela memória compartilhada, com um toque de nostalgia.

Mas é também o lugar do encontro, onde construímos nossa identidade, como um bar específico onde um grupo se reúne, manifestando no corpo sua coletividade, que se fortalece a partir

LUGAR ENQUANTO CIRCUNSTANCIALIDADE 229

de lugares onde podem relacionar-se sem se explicar. É um bar, uma igreja, uma praça, um viaduto, uma sala ajardinada.

Se as três situações são exemplos de lugar, notamos que ele não possui uma escala definida, nem uma temporalidade *a priori* dada. O tempo é vivido como memória, e por isso memória e identidade adensam o lugar. A memória é a experiência vivida que o significa, definindo-o enquanto tal. Não é à toa que pensar em lugar é mais fácil recuando no tempo: lugar de nascimento, lugar de lembranças, lugar de saudade, lugar de memória, lugar de identidade. Ele parece mais conectado a uma tradição, a uma experiência profunda de entrelaçamento com a terra. Um ritmo lento onde o sentido da permanência prevalece. Mas não apenas isso.

Esse é o sentido geral atribuído pelos geógrafos humanistas que se dedicaram a pensar o lugar como envolvimento do homem com a terra. Tuan, a partir de Bachelard, utilizou o termo topofilia para expressar esse envolvimento[1], ao passo que Dardel resgatou o sentido visceral da relação homem-Terra, pensando o lugar como expressão da geograficidade[2]. Ambos buscavam um sentido mais profundo para a relação homem-meio e encontraram no seu cerne o lugar enquanto essência da experiência e da existência, respectivamente.

Essa perspectiva tem sido muito atacada nos últimos anos, acusada de conceber o lugar de forma estática e essencialista, o que a descredenciaria para pensar o sentido de lugar no mundo contemporâneo, com sua fluidez, incertezas, mobilidade, crises e transformações. Essa crítica parte da mesma bibliografia que defende a relatividade da espacialidade (nas ciências sociais) e a sobreposição de ordens e lógicas globalizantes sobre dinâmicas e sentidos locais (abordagem geográfica marxista-estrutural). Alguns, na procura pela novidade nas relações socioespaciais contemporâneas, relativizam a profundidade do lugar em prol de sua eventualidade[3]. É o velho embate localismo *versus* globalismo reinventado[4].

---

1 Y.-F. Tuan, *Topofilia*.
2 E. Dardel, *O Homem e a Terra*.
3 D. Massey, *Pelo Espaço*.
4 W. Sachs, Um Só Mundo, *Dicionário do Desenvolvimento*; A. Bourdin, *A Questão Local*.

No entanto, ao invés de um conceito científico de conteúdo abstrato, lugar se refere à mundanidade de nosso cotidiano, e por isso ele é fundamental quando pensamos o ser-no-mundo e a existência. Entendido em sua dimensão ontológica, supera os diferentes contextos históricos, transformando-se à medida que se mantém em dia com cada temporalidade. Referindo-se à própria forma de ser-e-estar-no-mundo, lugar é inalienável e, portanto, permanece como fundante da nossa experiência contemporânea, independente das transformações socioespaciais. Longe de ser estático, ele é dinâmico, pois corresponde à própria essência do ser, que é igualmente viva.

O que pretendo neste ensaio é refletir sobre o sentido ontológico de lugar no mundo contemporâneo, procurando entendê-lo em sua atualidade e essência ao mesmo tempo. Minha estratégia, para sustentar o argumento do parágrafo anterior, será pensá-lo enquanto *circunstancialidade*. Não porque essa ideia enceta toda sua complexidade, mas porque é uma abertura para compreendê-lo enquanto eventualidade relativa: uma posição e uma situação que enfatiza o sentido relacional do ser--e-estar-no-mundo, ao mesmo tempo que dá o devido peso à realidade fenomênica do ser-aí e sua espacialidade.

Este ensaio, portanto, é mais uma ponderação do que uma conceituação: procura um caminho para pensar o lugar no mundo contemporâneo sem se seduzir pela velocidade das transformações em curso, que tendem a relativizar em demasia o papel da concretude da experiência, sobrepujando o movimento imaterial sobre a materialidade vivida. Busco uma conciliação entre a defesa das substanciais alterações no campo socioespacial contemporâneo com uma perspectiva profunda da relação homem-Terra que, aquém de todas as mediações técnicas e midiáticas contemporâneas, continua a fazer parte da nossa forma de ser-e-estar-no-mundo. Lugar enquanto circunstancialidade, portanto, é a busca por um entendimento fenomenológico da experiência contemporânea, a qual não pode se furtar da resistência do espaço às nossas intencionalidades e volições.

O caminho para esta reflexão será a ideia de *mundo circundante* (*Umwelt*)[5], tal como utilizada na ontologia funda-

---

5 Outra tradução comum em português é mundo ambiente, na qual a palavra ambiente expressa igualmente o sentido de circunscrição contextual.

mental de Martin Heidegger, e na ontologia da modernidade de Anthony Giddens. No primeiro caso, temos os elementos para pensar a circunstancialidade em sua dimensão originária fática: a *mundanidade*. No segundo caso, o mundo circundante se converte em esferas de proteção e sentidos vividos pelo eu na contemporaneidade. A flutuação entre o ser-aí desencaixado (exterioridade) e o sentido orgânico original (interioridade) será a mediação para um entendimento circunstancial relacional do lugar no mundo contemporâneo.

O pensamento dos dois autores está envolvido com a dimensão espacial da existência. Heidegger reabilitado pode ser entendido hoje como um filósofo do espaço (tanto quanto do tempo), estando a ideia de lugar incorporada em sua ontologia[6]. Giddens, por seu lado, é um dos protagonistas da guinada espacial nas ciências sociais, esforçando-se em incorporar o espaço em sua teoria social[7], indo em direção à ideia de lugar quando se volta para a dimensão ontológica da constituição da identidade[8].

Mas não é a ideia de lugar em si que me interessa no pensamento dos dois autores. Procuro neles o entendimento de mundo circundante, o qual possui uma dimensão espacial em Heidegger, mas não em Giddens, construindo a partir dela uma perspectiva circunstancial do ser-no-mundo, cuja centralidade gravitacional se dá no lugar.

É esse lugar a âncora espacial do ser-no-mundo e que se constitui enquanto circunstancialidade que é o objeto deste ensaio. Para esta construção, portanto, é inevitável pensar o sentido de espaço em Heidegger e a compreensão da constituição do eu (*self*) em Giddens.

2

A tradição fenomenológica e hermenêutica tem procurado enfatizar a espacialidade da existência de diferentes maneiras. Desde o resgate recente de Heidegger como um pensador do

6   L. Saramago, *A Topologia do Ser*.
7   A. Giddens, *A Constituição da Sociedade*.
8   Idem, *Modernidade e Identidade*.

espaço, tanto quanto do tempo, em sua cruzada pela questão fundamental do ser[9], lugar passou a ocupar os filósofos de maneira mais substancial. O resultado é uma rica e densa bibliografia que passa pela presença do tema na história da filosofia[10], sua encarnação corpórea essencial[11] e a dimensão da experiência[12], colocando o lugar como tema central da ontologia fenomenológica do espaço atualmente.

O que farei neste ensaio se filia a essa tradição, mas, de certa maneira, é diferente. Em vez de me concentrar na ideia de lugar, diretamente vou circunscrevê-lo a partir da ideia de *circunstancialidade* ligada ao entendimento fenomenológico de mundo. Procuro adensar nessa palavra duas ideias que se aproximam e compõem a discussão sobre lugar: situação (*situatedness*) e mundo circundante (*Umwelt*).

A primeira se refere à qualidade própria de se situar: um posicionamento relativo em um sentido amplo. Refere-se ao mesmo tempo a uma *delimitação* (a definição por ele mesmo) e a um *contexto* (posição em relação a outros). Pode referir-se a várias dimensões (tempo, espaço, cultura, gênero, ordenamento) ou, de forma mais holística, a fatores que no conjunto definem sua própria natureza.

A geografia tradicionalmente se utilizou da situação e da posição de forma articulada, descrevendo e circunscrevendo a partir delas paisagens, lugares e regiões. A situação, para o geógrafo, envolve elementos da paisagem tanto quanto de sua posição topológica, bem como dos sentidos atribuídos por aquela situação relativa[13]. Situação, portanto, envolve tanto uma posição em relação aos outros objetos e entes quanto um contexto circunstancial. Ambos são definidores da natureza do lugar, pois este não pode ser pensado apenas em sua *unicidade* e *singularidade* (o que o diferencia), mas também e sobretudo pela sua *interconectividade*, ou seja, pela relação estabelecida com outros lugares (interações espaciais), com os entes, os homens e o ser[14].

9   J. Malpas, *Heidegger's Topology*; L. Saramago, op. cit.
10   E. Casey, *The Fate of Place*.
11   Idem, *Getting Back into Place*.
12   J. Malpas, *Place and Experience*.
13   O. Dolfus, *L'Espace géographique*.
14   J. N. Entrikin, *The Betweenness of Place*.

LUGAR ENQUANTO CIRCUNSTANCIALIDADE   233

Heidegger dá à situação uma posição central em *Ser e Tempo*, utilizando-a para definir a própria pre-sença, o ser-aí (*Dasein*), central em sua ontologia[15]. É o "aí" a situação relativa que o ser encontra diante dos entes e do mundo. Malpas alerta, no entanto, que esse "aí" não pode ser tomado de forma estritamente literal, como um lugar[16]. *Da*, no alemão, é mais abrangente e implica vários lugares[17], e por isso é também traduzido como pre-sença, em razão do seu caráter fático imediato e simultâneo da existência.

A que se refere, então, a situação do "aí" do "ser-aí"?

Isso precisa ser respondido a partir do entendimento de mundo e da mundanidade tal como apresentados por Heidegger[18]. O filósofo elenca quatro sentidos de mundo, sendo os dois últimos de nosso interesse mais direto: (1) o mundo como conceito ôntico, ou seja, que se refere à totalidade dos entes que estão no mundo; (2) mundo no sentido ontológico, referente aos entes do primeiro item; (3) mundo no sentido ôntico, referente ao mundo pré-ontologicamente existenciário: o mundo público, doméstico, enfim, das coisas percebidas dos entes intramundanos; (4) mundo como conceito existencial-ontológico da mundanidade. Este se refere diretamente à pre-sença do ser-aí, ligada ao cotidiano: é o mundo onde somos, o ser-no-mundo.

Este mundo, entendido fenomenologicamente, se realiza na cotidianidade de base fenomenal[19], conforme afirma Saramago. Segundo a autora, a ligação da cotidianidade do mundo se revela na mundanidade como facticidade do ser diante dos entes intramundanos. Ou, conforme aponta Dubois, as coisas, em sua substancialidade, se apresentam, enquanto parte do mundo, como preocupações cotidianas, articuladas em suas funções e posições[20].

Mas este mundo só faz sentido para Heidegger, do ponto de vista ontológico, em sua mundanidade. Isso significa que este mundo é aquele mais próximo, que envolve o ser e os entes em um cotidiano fático da pre-sença: o *mundo circundante*. Este

15 M. Heidegger, *Ser e Tempo*.
16 J. Malpas, *Heidegger's Topology*.
17 Para lugar, Heidegger utilizava a palavra alemã *Ort*.
18 M. Heidegger, op. cit., p. 105.
19 L. Saramago, op. cit.
20 C. Dubois, *Heidegger*.

se dá na interioridade, que significa "um ser constituído em si mesmo pela extensão é circundado pelos limites extensos de alguma coisa extensa. O ente interior e o circundante são ambos simplesmente dados no espaço", caso não se leve em conta "[...] a espacialidade específica do próprio ente que vem ao encontro no mundo circundante"[21].

O ser se constitui, portanto, por essa circunstancialidade composta pelos entes (as coisas do mundo) e os seres, os quais se dispõem de determinada maneira relacional. É a partir desse entendimento que Heidegger pensa o estar-com e o estar-entre, características do ser-aí, que se constitui a partir dessa posição relativa circunstanciada. Somos em relação aos objetos, às pessoas, a nós mesmos, sempre em dado espaço temporalizado.

Embora reconheça textualmente que o mundo circundante aponta para espacialidade, Heidegger enfatiza que não é esta que primordialmente define seu sentido. "O caráter espacial que pertence indiscutivelmente ao mundo circundante há de ser esclarecido, ao contrário, a partir da estrutura da mundanidade"[22]. Como?

Saramago recorre à ideia de referencialidade para sustentar o ponto de vista heideggeriano de sua prevalência sobre a materialidade, pois assim a interpretação em termos de significação da espacialidade é prioritária diante de uma interpretação das substâncias[23]. Nesse mesmo sentido, a mundanidade se refere à própria estrutura ontológica do ser-aí, inalienável do ser-no--mundo. Heidegger afasta-se de uma interioridade subjetivista ou de uma exterioridade objetivista: busca a ideia de espacialidade do mundo circundante associada a um espaço vivido, na facticidade do mundo cotidiano, corpóreo.

Malpas chama a atenção para a forma de inserção nesse mundo circundante a partir do ser-aí[24]. A espacialidade existencial heideggeriana envolve a *inclusão* de entes intramundanos (objetos ou a própria natureza) e o *envolvimento* na própria mundanidade, operada a partir da proximidade e da circunstancialidade.

21 M. Heidegger, op. cit., p. 148-149.
22 Idem, p. 107.
23 L. Saramago, op. cit., p. 63-65.
24 J. Malpas, *Heidegger's Topology*.

LUGAR ENQUANTO CIRCUNSTANCIALIDADE

Estar no mundo fenomênico ontológico é, nessa perspectiva, uma imersão completa que coloca no centro o ser-no-
-mundo circunscrito e circundado pelas coisas e pelos homens,
circunstanciado no tempo e no espaço. Aquela situação se converte em uma circunstância ontológica primária que pode alterar os componentes ônticos, mas nunca os ontológicos. O
centro gravitacional da circunstancialidade permanece o
mesmo: a pre-sença do ser-aí, mesmo que o mundo ôntico se
altere em termos da sua estrutura material ou situacional. Isso
porque a situação de que se trata a mundanidade do mundo
circundante é predicativa da existência e, enquanto tal, se manifesta pela espacialidade do mundo cotidiano.

Embora a mediação técnica possa alterar nossa experiência do mundo, ela não se opera de forma ontologicamente diferente: a dimensão existencial do ser-aí permanece, embora
sua processualidade de referenciação assuma outras formas.

A cotidianidade se refere à familiaridade e à proximidade
da circunvisão (*Umsicht*), a qual envolve uma visão de conjunto
do mundo cotidiano. Ela está implicada no ser-no-mundo enquanto espacialidade, à medida que espacialidade, mundo e
pre-sença não existem nem pré-existem independentemente.
Essa é uma chave importante para compreender a experiência
contemporânea em sentido ontológico. Segundo Heidegger, "O
espaço só pode ser concebido recorrendo-se ao mundo. Não
se tem acesso ao espaço, de modo exclusivo ou primordial,
através da desmundanização do mundo circundante"[25]. Isso
significa que só é possível pensar a espacialidade mundana se
concebermos o espaço como constitutivo do próprio mundo.
Trata-se, pois, de inverter a ordem do pensar: *o espaço a partir
do ser-no-mundo, e não o inverso*[26].

O mesmo se refere à relação mundo-sujeito. Heidegger escreve: "*O espaço nem está no sujeito nem o mundo está no espaço.*
Ao contrário, o espaço está *no* mundo na medida em que o ser-
-no-mundo constitutivo da pre-sença já descobriu sempre um
espaço. O espaço não se encontra no sujeito nem o sujeito considera o mundo 'como se' estivesse num espaço. É o 'sujeito', entendido ontologicamente, a pre-sença, que é espacial em sentido

25 M. Heidegger, op. cit., p. 163.
26 C. Dubois, op. cit.

originário"[27]. Isso implica uma precedência do encontro com o espaço no mundo circundante, e não a projeção de um espaço a partir do sujeito.

Retomando, pois, a pergunta sobre a que se refere o "aí" do "ser-aí", pode não ser um lugar, um espaço dado, na forma da *res extentia* cartesiana[28], antes, se refere a uma circunscrição, uma posição ontológica que se define afetivamente, compreensivamente e discursivamente[29]. No mesmo sentido, se não é prioritariamente espacial, também não deixa de sê-lo, já que mundo circundante, espaço e pre-sença não podem ser pensados separadamente.

A abertura vislumbrada com o ser-aí, portanto, é o pensar o espaço na sua constituição, e não o contrário: pensar a mundanidade do mundo circundante, em sua unicidade, singularidade e interconectividade, como atributos essenciais da forma de se situar no mundo, constituindo um ego a partir do qual é possível experienciar e existir: ser-e-estar-no-mundo.

Relph percorre de certa maneira esse caminho ao pensar as origens fenomenológicas da geografia, aproximando a geografia científica, experiência geográfica e ser-no-mundo[30]. Ele reconhece nas essências geográficas paisagem, região, espaço e lugar elementos dos três polos, manifestos enquanto ser autêntico na espacialidade da circunvisão na dimensão da experiência geográfica. O ser-no-mundo intencional dos entes se manifesta no circundante do mundo circundante de forma mais forte e significativa no lugar: afetivo, significado e indissociavelmente ligado à manifestação ontológica do ser.

É o lugar que está definitivamente associado ao ser-no--mundo. O próprio Heidegger o revela quando evoca as ideias de estância e circunstância como condições para o lugar. Ao citar o exemplo da ponte como união da quadratura (terra, céu, deuses e mortais) e da possibilidade do espaço, Heidegger afirma: "A partir dessa circunstância determinam-se os lugares e os caminhos pelos quais se arruma, se dá espaço a um

27 M. Heidegger, op. cit., p. 161, grifado no original.
28 Idem.
29 C. Dubois, op. cit.
30 E. Relph, Geographical Experiences and Being-in-the-world, em D. Seamon; R. Mugeauer (eds.), *Dwelling, Place & Environment*.

espaço"[31]. A ponte não se constitui em lugar, em si, mas é por meio dela que se funde o lugar, ao reunir posições, realizar a ligação entre dois lados e por estar em dada estância e circunstância. Heidegger coloca dessa forma o lugar enquanto centro da circunstancialidade ou, dito de outra maneira, como fundamento do espaço e de sua expressão ontológica: o habitar.

3

Na opinião de alguns, as relações essenciais que delineiam o sentido ontológico da espacialidade do ser, tal como pensa Heidegger, perderam sua efetividade na experiência contemporânea. Marcada por uma liquidez desconcertante, que implica a fluidez das relações sociais, das instituições modernas, das relações sociais e até do sentido de tempo e espaço, autores como Bauman[32], Jameson[33], Castells[34], nas ciências sociais, assim como Harvey[35] e Massey, na teoria crítica na geografia, têm tentado mostrar a falência dessa forma de identificação com o lugar, que tenderia a também se fluidificar na atualidade.

O argumento central que perpassa os escritos desses autores é bem exemplificado pela ideia de desencaixe de Giddens[36]. Segundo ele, a força do sistema globalizante, que tende à homogeneização, teria alterado a forma de experiência centrada no lugar, ou seja, numa escala próxima, desencaixando processos cognitivos e de produção da vida material e trazendo para o local aquilo que ele não produziu, nem tem elementos para avaliar.

Giddens possui uma importante contribuição para pensarmos essas questões no mundo contemporâneo[37]. Ele é um dos grandes expoentes do esforço de pensar uma teoria social espacializada. Além disso, sua teoria da estruturação tem um componente fenomenológico significativo, embora defenda uma

---

31 M. Heidegger, Construir, Habitar, Pensar, *Ensaios e Conferências*, p. 133.
32 Z. Bauman, *O Mal-estar na Pós-modernidade*; e *Modernidade Líquida*.
33 F. Jameson, *Pós-modernismo*.
34 M. Castells, *A Sociedade em Rede*.
35 D. Harvey, *Condição Pós-moderna*; e *Justice, Nature and the Geography of Difference*.
36 A. Giddens, *As Consequências da Modernidade*.
37 Idem, *A Constituição da Sociedade*.

posição intermediária que procura manter o foco nas instituições e instâncias sociais.

Ocupado com esse projeto, Giddens buscou aproximar as análises micro e macro, focando nas atividades sociais cotidianas, nas rotinas, nos processos de construção da autoidentidade e na sociabilidade em diferentes âmbitos. Compartilha do entendimento de que ações da vida diária retroalimentam a estrutura social, e por isso merecem atenção mesmo para uma sociologia ocupada com paradigmas da teoria social[38].

Esse caminho o levou à ideia de lugar e local, termos que ele intercala em seus escritos em busca dos contextos espaço-temporais onde se desenvolve o cotidiano. Local é entendido como uma região física que limita a ação (em contraposição ao global), onde a proximidade se impõe e mecanismos de poder possuem processos e gêneses claramente identificadas, permitindo a concentração da ação. Já lugar está associado a um âmbito mais visceral de relação simbólica entre as pessoas, a cultura e os grupos sociais, na esteira dos próprios geógrafos humanistas, como Tuan e Relph, citados por Giddens.

A base dessa vida diária cotidiana está na copresença, a qual se dá em circunstâncias social e espacialmente delineadas. A copresença define lugares, comunidades e as instâncias sociais fundadas no local, ao mesmo tempo que retroagem nas instituições sociais, interferindo, portanto, na organização macroestrutural da sociedade. O fundamento dessa dialética é o "[...] modo como a interação em contextos de copresença está estruturalmente implicada em sistemas de ampla distanciação de tempo-espaço – por outras palavras, ao modo como tais sistemas abrangem grandes setores espaço-temporais"[39].

Giddens quer chegar, com essa argumentação, à reflexão ontológica sobre a sociedade: Que é homem? Que é sociedade? Essas são algumas das perguntas fundamentais que ele coloca para seu trajeto intelectual, tendo para isso a concepção espaço-temporal no âmago de sua teoria social.

Em *A Constituição da Sociedade*, ele sistematiza as bases dessas preocupações, mas não consegue chegar ao seu âmago no que tange à discussão que mais nos interessa aqui: a da se-

38 Idem, ibidem.
39 Idem, p. xxix.

LUGAR ENQUANTO CIRCUNSTANCIALIDADE   239

gurança ontológica. Embora elaborada em *A Constituição da Sociedade*, Giddens retomará o tema em um livro posterior, publicado originalmente em 1991: *Modernidade e Identidade* (com o sugestivo título original *Modernity and Self-identity: Self and Society in the Late Modern Age*)[40]. O tema central do livro são as repercussões existenciais da forma de organização e estruturação da sociedade contemporânea, passando pela construção do eu (*self*), os sistemas de confiança e os riscos, chegando às repercussões para o ser no mundo contemporâneo.

O foco de Giddens é a experiência dos processos sociais de desencaixe, ansiedade e crise de confiança por parte dos indivíduos. Para ele, a fragmentação da experiência contemporânea torna a experiência dos lugares mediada por processos desencaixados de produção de riscos e significados, o que enfraquece o lugar como referência para pensar a escala local da produção da vida cotidiana. Seu horizonte de análise parte de uma diferenciação compreensiva das sociedades tradicionais e contemporâneas para poder contextualizar os sistemas de confiança atuais e suas repercussões para segurança ontológica. Giddens se esforça em mostrar de quais maneiras a modernidade tardia traz questões existenciais e sociais diferentes para a vida cotidiana. Essas diferenças podem ser assim sumarizadas:

1. Os estilos de vida, trajetórias e identidades são objeto de escolha e conformam decisões que os indivíduos têm de tomar para construir sua autoidentidade;

2. Os mecanismos de proteção e confiança, inquestionáveis nas sociedades tradicionais, são objetivo da intensa reflexividade contemporânea, o que os torna, se não obsoletos, pouco aderentes ou efetivos em promover segurança ontológica;

3. As relações sociais e espaciais são estabelecidas a partir de relações puras, ou seja, baseadas em critérios definidos nelas mesmas, sem densidade temporal que transcende a própria relação.

Esses pontos se desdobram em vários aspectos que são explorados por Giddens na tentativa de mostrar como o indivíduo atualmente tem mais incertezas e dificuldades para lidar com

40 Idem, *Modernidade e Identidade.*

as ansiedades e a crise de confiança em que estamos mergulhados. Mais do que isso, e sobretudo, esses pontos conduzem à insegurança ontológica: a ameaça constante de que nossa autoidentidade não perdure, ou seja, que não continuemos sendo. A pergunta "quem sou eu?" assombra à medida que pode aceitar várias respostas ao longo da vida: é a ambivalência da liberdade apontada por Giddens.

O ponto mais fundo dessa insegurança ontológica é a separação tempo e espaço, marcada pelas descontinuidades dos modos de vida, das culturas e do ritmo da mudança social. Essa separação provoca, para Giddens, uma radical diferença em relação às sociedades tradicionais. Estas tinham tempo, cultura e espaço contínuos ligados "*através* da situacionalidade do lugar"[41]. O *desencaixe*, noção central da análise giddesiana, indica o descolamento das relações sociais dos contextos locais e suas rearticulações através do espaço-tempo.

Esse desencaixe é o que permite a Giddens pensar sua dialética local-global: a separação entre a escala mais próxima, em geral tratada por ele como local, e as escalas mais distantes de produção global. O resultado, em termos da experiência, é sua intensa mediação, já que eventos de escalas superiores são trazidos ao cotidiano sem os elementos próprios para as pessoas poderem digeri-lo ou avaliá-lo. As escalas são solapadas, numa colagem que conforma uma experiência mediatizada e instantânea de lugares distantes tornados de repente (artificialmente?) próximos.

Como ter segurança assim? Giddens encontra a resposta na familiaridade e na permanência de rotinas espaço-temporais, ou seja, numa certa normalidade que dura, no sentido bergsoniano de duração[42]. Em meio a processos dinâmicos que nos circundam constantemente, fluidos (para usar a expressão de Bauman), o cotidiano repetido do mundo dos entes constitui uma continuidade tranquilizadora que fornece segurança e permanência.

Giddens recorre assim à noção de mundo circundante, tal como utilizada por Goffman, que a entende como um "núcleo de normalidade (realizada) com que os indivíduos e grupos se

41 Idem, p. 22, grifado no original.
42 H. Bergson, *Duração e Simultaneidade*.

LUGAR ENQUANTO CIRCUNSTANCIALIDADE   241

cercam"[43]. Ele implica o entorno físico imediato de coisas com porções de tempo e espaço, aos quais corresponde um sistema de relevâncias. Como é centrado no indivíduo, o mundo circundante é um mundo de normalidade em movimento, incluindo acontecimentos projetados ou acidentais.

Aqui, diferente de Heidegger, Giddens alija o mundo circundante de uma espacialidade, centrando-a no indivíduo. Seu argumento para isso é duplo: o primeiro vem do desencaixe e da fragilidade do lugar como provedor dessa normalidade: "o lugar se torna fantasmagórico. Embora os meios em que as pessoas vivem permaneçam como fontes de ligações locais, o lugar não constitui o parâmetro da experiência; e não oferece a segurança do sempre familiar, característica dos lugares tradicionais"[44].

O segundo argumento vem da reflexividade do eu, pois, para Giddens, o eu persegue suas próprias trajetórias, separando-se de um ciclo de vida onde a produção coletiva era centrada no lugar para uma sucessão de deslocamentos e reconstruções autoidentitárias. "O reencaixe só pode ocorrer de maneira significativa se for possível ajustar as práticas regulares a especificidades do lugar"[45], condições essas difíceis de conseguir na concepção do autor.

No entanto, quando Giddens busca uma ligação mais originária para a segurança ontológica, como característica própria do mundo circundante, ele recorre ao *casulo protetor*. Esse ente é o que garante a condição protetora do mundo circundante. Onde está fundado o casulo protetor? Segundo o próprio Giddens, nas instituições sociais da tradição: a família, amigos e cultura, ou seja, onde as pessoas se conhecem e sabem sua história; onde as relações não estão estabelecidas a partir de relações puras, mas estão alicerçadas na memória e na copresença reintegrada por laços no espaço-tempo.

Giddens não reconhece, no entanto, que o casulo protetor possui uma natureza espacial fundante: a *casa natal*, o lugar originário, que se prolonga para os lares ao longo da vida e se estabelecem em uma rede de lugares de segurança[46]. A casa

43 A. Giddens, *Modernidade e Identidade*, p. 120.
44 Idem, p. 137.
45 Idem, ibidem.
46 G. Bachelard, *A Poética do Espaço*; Y.-F. Tuan, *Segmented Worlds and Self*.

natal, no sentido de lar, está no centro da terra natal, o lugar de onde somos. É nesse lugar que estão fundadas a memória coletiva, a identidade e os laços compartilhados que nos mantêm ligados ao mundo. É para lá que temos de recorrer quando precisamos de uma normalidade livre das relações puras. Podemos fugir de lá, procurar reconstruir nossa autoidentidade, procurar outros caminhos, mas a casa natal continuará lá, nos servindo de referência para o ser e para o não-ser.

Podemos estender o sentido de lar para a constituição ontológica, conforme desenvolve Malpas[47]. Segundo o filósofo, lar não precisa ser necessariamente um lugar específico, mas o conjunto de lugares nos quais o ser estabelece sua base existencial. O próprio Bachelard sugere isso quando pensa a casa natal como imagem que se projeta a partir da memória espacial para todas as nossas outras casas ao longo da vida[48]. Em qualquer um dos casos, no entanto, lar e casa permanecem como sentido espacial originário.

O casulo protetor, da mesma forma, ontologicamente espacial, e por isso o próprio mundo circundante também o é, assim como a nossa própria existência[49]. Se é verdade que o mundo circundante, como uma normalidade estabelecida, acompanha a pessoa em seus deslocamentos, isso só lhe é possível mediante a garantia espacial da fixação do mundo circundante no casulo protetor localizado em um ou mais lugares.

No fundo, o que a experiência da modernidade tardia realiza é, como bem aponta Giddens, a fragmentação e a mediação da experiência da vida cotidiana. A segregação da experiência se expressa pela dissociação da loucura, criminalidade, doença, morte, sexualidade e da própria natureza da experiência social de ser-no-mundo. No entanto, a experiência espacializada, tal como aponta a ontologia heideggeriana, não pode ser segregada, pois é inalienável. A que se refere, então, o desencaixe?

Na verdade, o desencaixe se refere às esferas que compõe a circunstancialidade do cotidiano. A experiência contemporânea é desconcertante porque se ampliam as esferas que compõe

47 J. Malpas, *Heidegger's Topology*.
48 G. Bachelard, op. cit.
49 J. Malpas, *Heidegger's Topology*.

LUGAR ENQUANTO CIRCUNSTANCIALIDADE 243

e circunscrevem nossa existência. Elas aumentam a distância e os horizontes de alcance de nossa cognição[50]. Não se trata, como indica a análise de Giddens, de um enfraquecimento do sentido de lugar, devido à definição do eu estar centrada em elementos desencaixados e reflexivos; ao contrário, nunca estivemos tão apegados às circunstâncias que circunscrevem nosso mundo circundante, em razão da necessidade de construção da autoidentidade e do maior esforço de reconhecimento das diferentes mediações e experiências fragmentadas. A fluidez contemporânea não elimina a importância da relação originária com a casa natal e o lugar: cria outras possibilidades de autoidentidade, as quais são construídas em bases menos sólidas, e é nesse processo que se funda a insegurança ontológica: não na perda de importância do lugar, mas no aumento das mediações e do distanciamento dele.

Em outras palavras, houve uma ampliação da experiência contemporânea, e não uma desestabilização da relação original do mundo fenomênico ontológico: continuamos circundados pelas coisas, pelos homens, pelo tempo e pelo espaço, só que agora temos um maior número de possibilidades de ser-no--mundo.

Reconhecer que o casulo protetor e, portanto, a segurança ontológica continuam fundados diretamente em uma espacialidade circunstancial centrada no lugar não é contrariar o argumento de Giddens. Na verdade, trata de localizar de forma mais precisa em seu argumento o papel do lugar e concordar com seu diagnóstico sobre os processos de mediação da experiência e de desencaixe, mas discordando da explicação: isso não ocorre porque o lugar se enfraqueceu ou perdeu o sentido, mas porque a produção social globalizada distribui tal desestabilização como forma de introduzir o risco e a insegurança nas relações cotidianas. Em outras palavras, o lugar não se enfraquece ontologicamente, mas apenas socialmente, continuando a ser essencial para a segurança ontológica e processos autênticos de identidade[51].

---

50   A. Buttimer, Home, Reach and the Sense of Place, em A. Buttimer; D. Seamon (eds.), *The Human Experience of Space and Place.*
51   E. Relph, *Place and Placelessness.*

No fundo, Giddens descredencia o lugar por ter partido do espaço para pensar o ser, enquanto a orientação de Heidegger é o contrário: vir do ser em direção ao espaço. Fazendo isso, o lugar é reabilitado, estando no centro da cotidianidade mundana e do próprio mundo circundante.

4

Considerar as transformações contemporâneas no mundo circundante e nas formas de identidade altera significativamente a relação com o lugar e sua natureza, de maneira a afetar a interpretação ora dada às três situações que iniciam este texto?

A resposta é não. O lugar enquanto circunstancialidade abre a possibilidade de pensar seu sentido mais essencial, ligado à mundanidade do mundo cotidiano. Apesar da complexidade de esferas de mediação e das dificuldades de estabelecimento de casulos de proteção ou mesmo de um mundo circundante claro e inteligível, o lugar continua a operar como centro cognitivo, afetivo e lógico do nosso mundo vivido.

Se o "aí" do ser-aí não pode ser focalizado como um lugar (como a casa), na concretude do vivido é assim que nós o operamos: como se fossem lugares específicos, fenomênicos ou existenciários.

Não é possível enfrentar a fluidez contemporânea negando a força da concretude existencial ligada a uma dada circunstancialidade centrada no lugar. A constituição do lugar e do eu são indissociáveis, pois têm os mesmos processos constitutivos, operando nos dois polos: eu-lugar[52]. Ambos compõem a centralidade egocêntrica da circunstancialidade do ser-no-mundo, e por isso as análises sobre as transformações na experiência contemporânea se referem também ao lugar. Esse lugar pode ser um conjunto, pode ser uma cidade, pode ser um quarto. O importante é o sentido evocado pelo circundante do mundo: um conjunto dinâmico que faz sentido a partir de uma centralidade, de um ego, que é o ser-no-mundo. Essa dimensão do ser, independente da força que os processos de mecanização e me-

52 R. D. Sack, *Homo Geographicus*.

LUGAR ENQUANTO CIRCUNSTANCIALIDADE

diação da experiência ou de ruptura da segurança ontológica possam ter, continua figurando como o principal mecanismo de autoidentidade e de, em última análise, constituição do ser. Mas não como algo estático e cristalizado num enraizamento imobilizante; lugar é algo dinâmico que se constrói a partir da circunstacialidade do ser-no-mundo.

Na verdade, portanto, ao invés de entender Giddens e outros autores da modernidade líquida (ou tardia) como defensores da diminuição do papel da espacialidade e, em especial, da importância do lugar no mundo contemporâneo, vejo que há uma aproximação muito mais elementar entre o diagnóstico que fazem da sociedade contemporânea com o posicionamento ontológico heideggeriano. Afinal, o filósofo alemão está pensando justamente o estabelecimento da sociedade que temos hoje: o império da técnica. Heidegger está atento e contrapõe-se, na sua reflexão sobre o ser, ao que hoje Giddens identifica como crise ontológica e da autoidentidade, que nada mais é do que um profundo ocultamento do ser e o impedimento de uma existência autêntica. Esta, para Heidegger, não pode ocorrer senão na pre--sença, no ser-aí ontologicamente mundano. Giddens, por seu lado, identifica alguns dos obstáculos para tal possibilidade hoje.

Contudo, o obstáculo também é a potência, e o caminho posto é o da subversão desse ordenamento antilugar que circunscreve a circunstancialidade a esferas abstratas que não podem ser manejadas pelo indivíduo. Para que nos postemos à soleira do ser, precisamos que o lugar seja o centro, na proximidade, para que possamos operar o cuidado e a proteção. E para isso, os processos de desencaixe são uma dificuldade, não uma indeterminação.

Diante dessas possibilidades, o que ressurge é o lugar: forte, necessário, imprescindível para pensar uma experiência mais autônoma e menos autômata no mundo contemporâneo. Se circunstancialidade é de fato uma abertura para se compreender o sentido de lugar, então é nesta situação atual, nesta possibilidade, que o lugar deve ser entendido: *no centro do mundo circundante da cotidianidade, enquanto fundamento espacial da existência.*

REFERÊNCIAS BIBLIOGRÁFICAS

BACHELARD, Gaston. *A Poética do Espaço*. São Paulo: Martins Fontes, 1993.

BAUMAN, Zygmunt. *Modernidade Líquida*. Rio de Janeiro: Jorge Zahar, 2001.

_____. *O Mal-estar na Pós-modernidade*. Rio de Janeiro: Jorge Zahar, 1998.

BERGSON, Henri. *Duração e Simultaneidade*. São Paulo: Martins Fontes, 2006.

BOURDIN, Alain. *A Questão Local*. Rio de Janeiro: DP&A, 2001.

BUTTIMER, Anne. Home, Reach and the Sense of Place. In: BUTTIMER, Anne; SEAMON, David (eds.). *The Human Experience of Space and Place*. London: Croom Helm, 1980.

CASEY, Edward. *The Fate of Place: A Philosophical History*. Berkeley: California University Press, 1998.

_____. How to get from Space to Place in a Fairly Short Stretch of Time: Phenomenological Prolegomena. In: FELD, Steven; BASSO, Keith H. (eds.) *Senses of Place*. Santa Fe: School of American Research Press, 1996.

_____. *Getting Back into Place: Toward a Renewed Understanding of the Place*. Bloomington: Indiana University Press, 1993.

CASTELLS, Manuel. *A Sociedade em Rede*. Rio de Janeiro: Paz e Terra, 1999.

DARDEL, Eric. *O Homem e a Terra: Natureza da Realidade Geográfica*. São Paulo: Perspectiva, 2011.

DOLLFUS, Olivier. *L'Espace géographique*. Paris: PUF, 1970.

DUBOIS, Christian. *Heidegger: Introdução a uma Leitura*. Rio de Janeiro: Jorge Zahar, 2000.

ENTRIKIN, J. Nicholas. *The Betweenness of Place: Towards a Geography of Modernity*. Baltimore: John Hopikins University Press, 1991.

GIDDENS, Anthony. *A Constituição da Sociedade*. São Paulo: Martins Fontes, 2003.

_____. *Modernidade e Identidade*. Rio de janeiro: Jorge Zahar, 2002.

HARVEY, David. *Justice, Nature and the Geography of Difference*. Oxford: Basil Blackwell, 1996.

_____. *Condição Pós-moderna: Ensaio sobre as Origens da Mudança Cultural*. Rio de Janeiro: Loyola, 1992.

HEIDEGGER, Martin. *Ser e Tempo*. Trad. Marcia Sá Cavalcanti Schuback. Petrópolis: Vozes, 2002.

_____. Construir, Habitar, Pensar. In: _____. *Ensaios e Conferências*. Trad. Emmanuel C. Leão, Gilvan Fogel, Marcia S. C. Schuback. Petrópolis: Vozes, 2001d.

JAMESON, Fredric. *Pós-modernismo: A Lógica Cultural do Capitalismo Tardio*. São Paulo: Ática, 2002.

MALPAS, Jeff. *Heidegger's Topology: Being, Place, World*. Cambridge: MIT, 2006.

_____. *Place and Experience: A Philosophical Topography*. Cambridge: Cambridge University Press, 1999.

MASSEY, Doreen. *Pelo Espaço: Uma Nova Política da Espacialidade*. Trad. Rogério Haesbaert. Rio de Janeiro: Bertrand Brasil, 2008.

_____. *Space, Place and Gender*. Cambridge: Polity Press, 1994.

RELPH, Edward. Geographical Experiences and Being-in-the-world: The Phenomenological Origins of Geography. In: SEAMON, David; MUGEAUER, Robert (eds.). *Dwelling, Place & Environment*. New York: Columbia University Press, 1985.

LUGAR ENQUANTO CIRCUNSTANCIALIDADE   247

_____. *Place and Placelessness*. London: Pilon, 1976.

SACHS, Wolfgang. Um Só Mundo. In: SACHS, Wolfgang. *Dicionário do Desenvolvimento: Guia para o Conhecimento como Poder*. Rio de Janeiro: Vozes, 2000.

SACK, Robert D. *Homo Geographicus: A Framework for Action, Awareness and Moral Concern*. Baltimore: The Johns Hopkins University Press, 1997.

SARAMAGO, Ligia. *A Topologia do Ser: Lugar, Espaço e Linguagem no Pensamento de Martin Heidegger*. Rio de Janeiro: Ed. PUC Rio/Loyola, 2008.

TUAN, Yi-Fu. *Segmented Worlds and Self: Group Life and Individual Consciousness*. Minneapolis: Univesity of Minnesota Press, 1982.

_____. *Topofilia: Um Estudo da Percepção, Atitudes e Valores do Meio Ambiente*. Trad. Lívia de Oliveira. São Paulo: Difel, 1980.

Corporeidade e Lugar

elos da produção da existência

Eguimar Felício Chaveiro

INTRODUÇÃO

Numa alusão categórica, ao sabor de uma pretensão igualmente robusta – refletir o sistema de referência teórica da geografia na realidade da sociedade global –, Milton Santos, numa de suas obras mais expressivas de seu amadurecimento intelectual, *A Natureza do Espaço: Espaço e Tempo: Razão e Emoção*, lança uma ideia que é o cerne do trabalho que se propõe. O autor ensina que em uma sociedade marcada pela fluidez de capital, pela intensa mobilidade de pessoas e símbolos, ao mesmo tempo que é marcada pela pressa e por estratégias de aceleração, a corporeidade se coloca como o que é mais concreto e sensível. Em decorrência disso, ela é portadora de todas as forças, porém é atiçada, recorrentemente, por todos os golpes que almejam inseri-la nos diagramas mercantis.

Muito próximo dessa alusão, o geógrafo David Harvey, em sua obra *Espaços de Esperança*, esboçada também com o objetivo de compreender as transformações espaciais do mundo contemporâneo sob múltiplas dimensões, reflete o que parece ser um contorno essencial quando se busca o entendimento geográfico da relação entre corpo e lugar. O autor diz que embora o corpo seja a mira mais alvejada das estratégias de acumulação capitalista, reino sobre o qual age o marketing, a propaganda, a publicidade e os fios sedutores da "sociedade da imagem" – assim como a presa sobre a qual funda as intenções da farmacologia e dos imaginários de consumo e todos os impulsos simbólicos que almejam lançá-lo na esteira da mercantilização da vida –, ele é um território irredutível, o universo sobre o qual determinadas ações externas não controla, não furta e não esmaece. Por ser assim, é uma potência de transformação.

Com efeito, o corpo é a propriedade pela qual o sujeito pode fundar a sua extrema singularidade, registrar na carne a sua história na linha de contato e de intersecção com a história do mundo e dos lugares, mote para experimentar a si mesmo, peça de sentido para colher a propriedade das coisas e para afetá-las com a percepção e com a ação, recurso de entranhamento no tempo e de realização temporal no encontro com o outro, figura de interferência, de gozo – e de descoberta.

Uma visita ligeira a autores clássicos que se ocuparam em interpretar o corpo em múltiplos aspectos filosóficos, tais como Sartre[1] e Merleau-Ponty[2], poder-se-ia ajustar uma linha de conduta da análise para direcionar a interpretação geográfica e lhe dar consistência: além da importância dos estudos do corpo e das corporeidades, não é possível haver existência do corpo e da vida sem o espaço e os seus componentes, como não é possível existir espaço, lugar, paisagem ou outro atributo que permite a ação humana, sem a experiência do corpo.

Se o espaço, em geral, e o lugar, em particular, como sua dimensão concreta, é existencial e a existência é espacial, além de compreender o que é o corpo e a corporeidade como componentes do devir, cabe-nos elucidar geograficamente os termos. Assim, pode-se dizer que o espaço é a categoria de mediação na relação de experiência do corpo com o mundo por intermédio daquilo que é possível, portanto vivenciável e experienciável: o lugar.

É da atitude do corpo constituir-se como substância da ação. Andar e ver; comer e dormir; trabalhar e descansar; correr e comprazer; gritar e silenciar; falar e encontrar; beijar e fugir – eis o corpo em ação se fundindo ao lugar para, em devires

1   J.-P. Sartre, *O Existencialismo é um Humanismo.*
2   M. Merleau-Ponty, *O Visível e o Invisível.*

CORPOREIDADE E LUGAR 251

sociais, históricos, culturais, tornar-se corporeidade. A ação constante das corporeidades no lugar corresponde às diversas experiências de existir. É pela ação, também, que se pratica o lugar pela vivência, desenvolvendo símbolos, manuseando coisas, desferindo representações que alimentam o devir.

Por outro lado, o lugar é um feixe ininterrupto de relações e, portanto, de práticas espaciais de diferentes sujeitos que, em sua luta diária pela existência, com valores e símbolos, com sensações e sentimentos, com intencionalidades e motivações, com a sua produção de sentido, transformam o corpo num ator de suas plataformas. Convém sintetizar: os lugares são arenas vitais para – e pela – ação das corporeidades, por onde o mundo torna factível, encarnado, real e possível.

A lição de que o mundo somente é mundo nos lugares, ou a lição de Santos, de que sem os lugares o mundo é pura abstração, apenas um nome, nos certifica que corpo e lugar se interconectam, se processualizam e se pressupõem como componentes diferenciados absolutamente conectados[3].

E já que não pode existir corpo sem lugar e sem os seus atributos – e já que não há vida humana sem fluxo, movimento, relações –, a essência do corpo e do lugar está no devir. Trataremos de esboçar, neste ensaio, uma interpretação teórica da relação corpo-corporeidade e lugar tendo como fundamento uma assertiva estrutural da teoria do conhecimento: conhecer é apreender a densidade histórica de um tema na relação que possui com a sociedade da qual é parte; conhecer é apreender um fenômeno concretizado num espaço no qual está determinado.

De acordo com essa assertiva, cumpre-nos ponderar, inicialmente, o contexto sobre o qual o tema emerge.

OS DEVIRES DO CORPO NOS LUGARES CONTEMPORÂNEOS: CONTORNOS DE UM CONFLITO

Vários estudos realizados sobre a corporeidade por meio das reflexões geográficas atuais têm se situado em diferentes acepções.

---

3 M. Santos, *A Natureza do Espaço*.

Alguns estudos originados do que se tem denominado etnodemografia, ao fazerem um diálogo com sociologia e com a antropologia, desenvolvem as interpretações envolvendo, principalmente, temas baseados em afirmações identitárias, de gênero, etnia, sexualidade. Alguns desses estudos, na fecunda estrada teórica enunciada por Deleuze[4], tratam de traçar cartografias identitárias dos gêneros, das etnias-raça a partir de lugares concretamente situados no espaço contemporâneo. Ou o que tem sido denominado "cartografias existenciais".

Muitos desses trabalhos, além de procurar perceber como as identidades se tornam complexas, de acordo com a efusão – e profusão – de símbolos próprios deste tempo, direcionam as reflexões para compreender as trajetórias socioespaciais dos diversos grupos identitários. Percursos no espaço ou nos lugares como percursos de vida por meio de suas referências de origem ou de representações sociais esculpidas na trama de poder entre identidades hegemônicas e hegemonizadas são meios de efetivar as análises.

Vê-se, também, uma recusa à leitura da corporeidade – e também de outros aspectos que envolvem o sujeito – apenas pelo viés economicista. A chamada "abertura de rumos", evocando táticas de vida esculpidas no lugar, ao envolver componentes como raça-etnia, identidades culturais, gênero etc., alarga a compreensão política das trajetórias dos sujeitos – e demonstra como o controle hegemônico dos lugares age sobre essas diversidades étnicas promovendo preconceitos, sequestros de voz e valores etc.

Isso tem levado os pesquisadores que se ocupam com esses temas[5] a não abandonarem a classe social como importante recurso mental de identificação da ação dos sujeitos e das corporeidades. E também a não absolutizá-la como único meio de dizer o que o corpo é e o modo como o lugar está sendo efetivado.

Outra direção bastante trabalhada nas últimas décadas tem sido as pesquisas originadas do campo denominado geografia cultural. Esta cria aproximações da geografia com vários gêneros e campos da arte e, nesse sentido, surge uma leitura do corpo--corporeidade ligada ao sujeito psicológico da ação social.

4   G. Deleuze, *Diálogos*.
5   D. M. Cirqueira, *Trajetórias Sócio-espacial de Estudantes Negros e Negras da* UFG.

CORPOREIDADE E LUGAR   253

Antes de adentrarmos nesse debate, na ordem do que estamos propondo, vale sintetizarmos o modo como ponderamos as noções de corpo e corporeidade.

O CORPO:
UM GUARDADOR DE LUGARES

A recomendação enfatizada por profissionais da arte terapia, segundo a qual ao tocar um corpo humano deve-se antes ter uma atitude de solenidade e respeito antecipado, pois está se tocando no que é mais concreto e essencial da história do universo, da terra e da cultura, tem sentido quando se pensa, por exemplo, que a relação de um corpo com o mundo mediado pelo lugar, desde o corte do cordão umbilical até os seus níveis amadurecidos, se faz num incessante cruzamento que remonta à genética, aos conteúdos culturais, simbólicos e sociais. Matéria sensível e vibratória, o corpo é o que é mais singular e é o que é mais universal. É nome e terra.

Além disso, a vida de um sujeito é inclusa da participação total de sua corporeidade, que, por ser assim, o transforma num grande arquivo infinito de sua própria história ligada à história social. Os contatos com o mundo pela via da alimentação, da moradia, do trabalho, das ligações simbólicas com a educação e com o afeto dos pais, do desenvolvimento da sexualidade, das experiências de contato, dos perigos causados pelas brincadeiras e do lazer, dos sentimentos interditados ou os expressos e repulsados, demonstram que o corpo é, de fato, um guardador de lugares.

Essa memória-arquivo ou esse arquivo-vivo-memória aglutina cultura e genética, coaduna imaginários, desejos e carne, justapõe dor, superação e afetos. Qualquer corporeidade, assim, é, ao mesmo tempo, dispositivo da ação e testemunho de vivências. É um mundo no mundo que se exerce por meio de relações nos lugares. Nas relações, por meio delas e dentro delas, os órgãos ou o organismo se traduz na história por meio do espaço.

É essa condição que se transforma no mote essencial da análise geográfica da corporeidade. Se as desigualdades de classes sociais, as diferenças étnicas, as preferências sexuais, o gênero ou os componentes imagéticos, narcísicos como a beleza, o tônus muscular, a cor dos olhos, a estatura, a capacidade de realizar determinadas ações culturais, participam decisivamente de valores como renda, trabalho, poder, é no lugar que isso se concretiza.

O deslocamento na cidade, as trajetórias do morar, do conviver junto ao lazer, a relação com as instituições como a escola, as igrejas, os partidos políticos etc., são conduzidos pela corporeidade. É aí que participa do mundo e efetiva as suas ações e as suas potencialidades como conflito.

Não é à toa que se diz que todas as instituições possuem prerrogativas para os corpos, assim como a escola, a fábrica, as igrejas, as punitivas, as de lazer etc. E é por isso que elas desenvolvem técnicas de controle, de esquadrinhamento, de hierarquização, de registros, de observação. Assim como de alienação, de subordinação e de tortura simbólica ou carnal.

O LUGAR: UM GUARDADOR DE RELAÇÕES CORPORAIS

Os estudos recentes que apontam críticas a uma análise apenas biomédica do corpo ou de cunho dualista, separando genética de cultura, dimensão social da subjetiva ou psíquica do social, têm efetivado uma síntese: a corporeidade é biopsiquicossocial, por isso, o seu controle ou a sua subordinação ocorre, desde sempre, por estratégias invisíveis. Essas estratégias ou os golpes de vida, os mais sutis, exíguos, simbólicos, nada mais são que a matéria-prima dos lugares.

Uma educação baseada no medo, conforme foi a tradição goiana[6], ou as técnicas punitivas aos heréticos como ocorreram na Idade Média e de Inquisição pela Igreja Católica, os processos de padronização de valores, a tortura impetrada pelas ditaduras da América Latina, o silêncio ameaçador imposto pelos pais autoritários aos filhos num regime de consecução de valores da família patriarcal patrimonialista etc., pretenderam criar algemas interiores e, com isso, afeiçoaram os lugares por meio

---

6   E. F. Chaveiro, Símbolos das Paisagens do Cerrado Goiano, em Maria G. de Almeida (org.), *Tantos Cerrados*.

CORPOREIDADE E LUGAR

dessas táticas de controle. Prisões, escolas militarizadas, manicômios, fortalezas são marcas de controles nos lugares, cujo objetivo é o de desenvolver táticas de subordinação do corpo. A história da tortura, da subordinação e da violência aos corpos no Ocidente é, junto, uma história dos lugares, bem como da rebelião simbólica a partir da blasfêmia, das heresias, da criatividade, de gritos de liberdade e dos projetos de emancipação. O poder transformador que possui a comunicação, o pensamento, a emoção, o desejo e as paixões, enfim, toda a gramática de ação do corpo se traduz na história em potência e força. Assim, para operacionalizar o objetivo de cercear a capacidade disruptiva do corpo, sua possibilidade de insurgência, insurrecional, só havia um modo: criar o lugar pela rubrica do controle.

Lugares insalubres ou lugares de confinamento, lugares de registro ou lugares indefesos, por certo proclamam necessariamente desvelos simbólicos e de produção de sentido em forma de medo, fobias, desmotivações, traumas, egoísmos, transtornos etc. Essas peças invisíveis dos lugares agem no que é fundamental no corpo: contamina a sua capacidade de agir, de conviver, de potencializar forças no coletivo. O corpo doente encerra em suas dores, esmaece diante de obstáculos pessoais. Deleuze, ao fazer uma leitura do devir corporal na atualidade, pondera com braveza:

[...]. Vivemos em um mundo desagradável, onde não apenas as pessoas, mas os poderes estabelecidos têm interesses em nos comunicar afetos tristes. A tristeza, os afetos tristes são todos aqueles que diminuem nossa potência de agir. Os poderes estabelecidos têm necessidade de nossas tristezas para fazer de nós escravos. O tirano, o padre, os tomadores de almas, têm necessidade de nos persuadir que a vida é dura e pesada. Os poderes têm menos necessidade de nos reprimir do que de nos angustiar, ou, como diz [Paul] Virílio, de administrar e organizar nossos pequenos terrores íntimos. A longa lamentação universal sobre a vida: a falta-de-ser que é a vida [...][7].

Percebe-se que uma subjetividade poluída ou uma consciência exilada de suas raízes e estranha às condições do sujeito pode servir facilmente aos propósitos de quem a subordina. Atolada na doença do mundo ou no jogo de poder das instituições, o

7   G. Deleuze, op. cit.

sujeito perde a capacidade de criar insurgentemente, ou de insurgir criativamente. Sem essa potência, pode perder o poder de voar pela imaginação, de encontrar dentro de si soluções para o grupo e de encontrar no grupo a força de si.

É esse poder da consciência, do pensamento e da imaginação que pode dar ao corpo ou à corporeidade o estatuto de sujeito. Ser sujeito exige que o ser social enfrente a si mesmo no mundo; tenha na consciência o instrumento decisivo desse enfrentamento. Ao agir intensifica o que é, irmana com outro para juntar forças em nome da emancipação. Mas pode haver emancipação fora de órbitas sociais que instauram mudanças no lugar ou que faz do lugar a condição fundamental da mudança?

A CORPOREIDADE EM BUSCA DE PRÓTESES E OS LUGARES MERCANTILIZADOS

Uma leitura da relação entre corpo e lugar na sociedade contemporânea exige, por certo, que se pense em dois elementos que tramam a realidade atual. A força da engenharia genética promovendo o que Moreira[8] tem denominado bioespaço e a força da economia de mercado amparado pelo que tem sido chamada logística espacial para inserir todos os lugares em órbitas simbólicas e efetivas do mercado.

Pode-se sintetizar que estão sendo efetivadas novas e portentosas táticas do que Deleuze denominou sociedade de controle[9]. O processo de controle, além de acompanhar descobertas recentes da vanguarda científica, como o desenvolvimento de embriões que promete fazer curas ou reparos genéticos, leva alguns a desejarem um parque humano formado de genes fortes. Ao cabo dessa possibilidade, ressuscita-se a eugenia, o neonazismo e o neofascismo. Ou o que se tem denominado de *zoopolitik* – um novo parque humano. Está em curso o projeto virtual para uma nova corporeidade andrógina, inteligente, fabricada pela ciência mercantil.

Junto ao processo de reprodução de embriões, a publicização de medicamentos que propõem a complementação alimen-

8   R. Moreira, *Para Onde Vai o Pensamento Geográfico*.
9   G. Deleuze, op. cit.

CORPOREIDADE E LUGAR

tar, a reposição de vitaminas, elementos químicos e proteínas prometem aumentar a vida, criar o processo de longevidade. Isso será, com o tempo, feito a partir da pílula da longevidade. O corpo injetado de um tempo manietado pela ciência cai numa dependência de complementos advindos da indústria farmacoquímica.

Fora o debate ético, jurídico e político em torno dessas inovações, um conjunto de indagações surgem: qual é o efeito da temperatura do corpo de um peito siliconado? Qual é o efeito ambiental do milho transgênico? Os laboratórios não podem criar mecanismos para a guerra bacteriológica e para a guerra química? Os vírus serão reforçados geneticamente?

Além dessas dúvidas, a discussão aponta para um rumo político: as inovações da engenharia genética e de seus desdobramentos têm um sentido de efetivar um novo paradigma mercantil para o corpo, estabelecendo novos usos e sentidos – mercantis – também para a natureza, especialmente à diversidade genética de biomas, ecossistemas. Isso repercute na vida política dos lugares, fazendo irromper a discussão da democracia, dos valores dos saberes, do sentimento de pertencimento, da gestão dos recursos naturais, dos saberes locais etc.

Sendo assim, a pirataria genética, a defesa geopolítica da propriedade do conhecimento, a lei de patente e o debate da biodiversidade são demonstrações de que o capitalismo contemporâneo se reproduz na ciência por meio da tecnologia, usando os lugares como estratégias sutis comandada pela divisão internacional do trabalho.

Mais que isso, não está em curso apenas as próteses do corpo, os novos *ethos* estéticos, a corpolatria, o imageamento como um referente de valor do sujeito, mas procedimentos e descobertas que irão refazer o diagrama dos lugares conforme o seu posicionamento na divisão internacional do trabalho.

Por isso Moreira afirma com veemência: o século XXI conhecerá outra modalidade de conhecimento científico que entrará na órbita vivencial do ser humano, como foi a invenção da fábrica moderna no século XVIII. Há indícios concretos que podem comprovar essa afirmação[10].

10 R. Moreira, op. cit.

Os japoneses fizeram uma melancia quadrada; há, desde algumas décadas, o pênis artificial; em Londres, foi feita uma pele também artificial que cobriu o corpo de um sujeito que sofreu danos de queimadura em sua pele original. O milho e a soja transgênica transgridem a cultura da reprodução pela semente: agora o processo precisa passar pelo laboratório.

Processos chamados de enxertos unem laranja e lima, limão de uma espécie com a de outro. O solo ácido do cerrado pode fazer germinar a uva sob tratamento genético na beira do rio São Francisco nordestino. A jabuticaba e a mangueira, bem como outras espécies frutíferas, podem gerar seus produtos em apenas seis meses. Morin e Moigne dizem que esse processo muda a natureza da natureza[11]. Santos fala que se vive o período de artificialização da natureza[12].

Fora isso, houve uma *Miss* Brasil, alardeada pela mídia, que havia feito 24 (vinte e quatro) operações plásticas, passando por processos de correção, implante, modelização e infiltração. O transplante de medula, de córnea, de ligamentos e outros são modalidades corriqueiras, o mesmo que se deseja para o encéfalo.

Um rol de paradigmas científicos se coloca: foi possível sequencializar os genes do organismo humano pelo que se denomina de projeto Genoma; e também foi possível conhecer processos íntimos e internos de funcionamento químico e biológico da vida pelo mecanismo do mapeamento do DNA.

Isso fez a ciência ter maior controle sobre a vida e propugnar, então, as clonagens, a cura genética, o retardamento do envelhecimento e a complementação alimentar. A genética se tornou engenharia, e o corpo recebeu, fundo, a aproximação da tecnologia. Engenharia genética ou biotecnologia é o que marca esse novo estágio de evolução da ciência em que os lugares são recipientes que, de acordo com a sua estrutura, podem ou não receber a sua ação direta. Todavia, todos recebem o efeito e as consequências indiretas.

É certo que se forja novas ideologias, como a da eterna juventude; ou como a ideologia genômica que apregoa que a emoção, o sentimento, a sensibilidade e a paixão são efeitos

11 E. Morin; J.-L. Moigne, *A Inteligência da Complexidade*.
12 M. Santos, Por uma Epistemologia Existencial, em A. I. G. de. Lemos et al. (orgs.), *Questões Territoriais na América Latina*.

CORPOREIDADE E LUGAR   259

químicos dos genes. Ou então, de que o milho transgênico é mais útil ao organismo, assim como o Viagra, o Cialis e outros que não "vão deixar a peteca cair". E mais: o corpo sarado, os bíceps emplumados, os músculos tonificados, o tórax erguido, os seios pontiagudos, a pele sem rugas etc. forjam outra concepção de corpo – e também de desejo e de cisões.

O corpo agora não deve ser apenas a morada da vida, mas a forma simétrica comandada pela ciência. Deve-se fazer comigo o que o outro quer ver. Tudo deve ser um espetáculo como a vitrine do shopping, como o vestido ramado, como o vídeo e as purpurinas. Tudo deve ter solução como a pomada que faz surgir as lágrimas do ator de novela diante de vinte câmeras miradas num zoom frontal rumo aos seus olhos.

Ao cabo dessas mudanças, desenham-se novos conflitos na construção da corporeidade os quais suscitam outra sensibilidade política para situar não apenas a leitura de sua relação com os lugares, mas o modo ético, político e científico de proceder diante dos conflitos.

Uma chuva de novas doenças passa a apavorar, especialmente a juventude, como a bulimia, a vigorexia, a anorexia e a obsessão pela modelagem do corpo. Viciados em imagens[13], como no dizer de Rolnik, muito desses jovens alimentam a nova indústria farmacoquímica com medicamentos para diminuir peso, para tonificar a musculatura e para potencializar a sexualidade.

Quem produziu essa necessidade de imagem? Um camponês ou um indígena, ou mesmo qualquer outro sujeito das sociedades tradicionais não tinha essa necessidade. Aliás, afirma-se que a micrologia da vida dessas comunidades se enredavam em torno de saberes advindos de sua própria tradição. Isso quer dizer que, no caso do valor da imagem para o sujeito contemporâneo, há que se importar, fora do próprio circuito de vida, outros saberes. Está em curso a ação de saberes alhures nos lugares, procedendo uma espécie de alienação tópica, invasão simbólica nos lugares sob a encomenda mercantil.

Daí nasce novos atores que protagonizam os efeitos de mudanças. São os cirurgiões, os médicos, os criadores de fórmulas.

13 S. Rolnik, Toxicômanos de Identidade, em D. Lins (org.), *Cultura e Subjetividade.*

Esses profissionais utilizam as descobertas científicas originadas do funcionamento químico e biológico da vida, especialmente em forma do DNA, para vender os seus produtos e os seus serviços. Aqui, pode-se dizer que ciência e mercado se aglutinam mediante a ação do dinheiro, tomando como referência a produção da imagem.

Em linguagem crítica, esse processo confirma o que se tem denominado de nova ideologia: a ideologia genômica. Tudo está inscrito nos genes: as paixões, a força muscular, a simetria dos órgãos, a altura, o peso, a predisposição para as doenças e, inclusive, o amor, o sistema nervoso, a percepção feminina ou masculina etc.

Estará ocorrendo um novo determinismo biológico? E os pobres da cidade, as condições precárias de vida do "povo da periferia", o desemprego estrutural, o inchaço das metrópoles?

Vale refletir o efeito da engenharia genética nos novos processos de reprodução. Giannetti diz que "o corpo humano é uma relíquia pré-histórica abruptamente trasladada para o mundo das vacinas e antibióticos, tomógrafos e genética aplicada"[14]. Diz ainda que o ciclo da vida é formado também pela ética, pela integridade e pelo vigor com que uma comunidade se relaciona com a outra. De que maneira a incursão genética pode arrastar os indivíduos para uma prática individualista e para cindir uma relação consigo mesmo?

A operação mercantil sobre a corporeidade contemporânea pelo enredo da engenharia genética ressoa, assim, nas instituições que gestam e direcionam a vida social do lugar. Do mesmo modo, se inclui, no processo, os saberes, as tradições, os gostos e a produção do desejo, a formação do imaginário e da ideologia.

A ideologia genômica, ao conceber a vida a partir da eficiência científica no trato com os genes, não estaria retraindo o indivíduo humano de seu papel histórico? E se assim faz, ela não seria mais uma peça do mercado colocando a vida como a grande mercadoria? O valor da vida não estaria medido pela cifra econômica mais que pela ética?

14   E. Giannetti, *O Valor do Amanhã*, p. 40.

CORPO E LUGAR:
PRISMAS DA GEOGRAFIA CONTEMPORÂNEA

Autores como Hissa[15], Cavalcanti[16], Chaveiro[17], Moreira e outros, ao avaliarem o contexto teórico da geografia contemporânea, têm lançado sínteses que merecem ser refletidas. O pressuposto de que uma ciência está inelutavelmente ligada ao seu tempo – e deve, por isso, dar respostas aos seus problemas e aos seus conflitos, confirma a necessidade de perguntar: por onde situa o debate teórico da geografia brasileira contemporânea?

Algumas imagens têm sido recorrentes, tais como a posição de três vertentes atuais, uma ligada à tradição marxista advinda do Movimento de Renovação da Geografia na década de 1970 para 1980; a força de um expediente fenomenológico-existencialista; a reatualização positivista ou neopositivista notadamente com alguns trabalhos de modelagem da geografia física aplicada e de setores da geomática.

Alguns autores, tais como Amorim, defendem o êxito das reflexões geográficas atuais incorporado à dimensão humanista, reafirmando o logro plural de sua emergência como saber[18]; outros, tais como Cavalcanti[19] e Chaveiro[20], criticam o monolitismo e advertem para os perigos do chamado ecletismo pós-moderno. Ao cabo dessas críticas, defendem a pluralidade e o alargamento temático, bem como as aproximações com campos do saber como a antropologia, a psicologia, a semiótica e campos da arte como o cinema, a literatura etc.; e há os que apontam os problemas advindos das chamadas "novas geografias contemporâneas" e a adesão involuntária aos temas filões. Autores como Marandola Jr.[21], tal como Santos[22], indicam que o conhecimento geográfico é efetivado em todas as experiências humanas, daí é necessário "[...] Estar atentos

15 C. E. V. Hissa, *Saberes Ambientais*.
16 L. de S. Cavalcanti, *Geografia e Práticas de Ensino*.
17 E. F. Chaveiro, *Goiânia, Travessias Sociais e Paisagens Cindidas*.
18 O. Amorim Filho, *Reflexão sobre as Tendências Teóricos-metodológicas da Geografia*.
19 L. de S. Cavalcanti, op. cit.
20 E. F. Chaveiro, op. cit.
21 E. Marandola Junior, Geosofia e Humanismo, em A. M. Katuta; W. R. da Silva (orgs.), *O Brasil Frente aos Arranjos Espaciais do Século XXI*.
22 M. Santos, op. cit.

para a importância dos conhecimentos que não tem origem científica [...]"[23].

Esse debate é necessário, rico, múltiplo e recai em qualquer trabalho que se faz. Todavia, para cumprir o que se pretende neste ensaio, trataremos de apresentar apenas um mapa sintético do que temos pesquisado na última década. Coletivo e entrelaçadamente, os estudos de corporeidade, lugar, práticas espaciais e sujeitos, surgem de algumas tomadas de posições.

Valemo-nos de princípios do paradigma socioespacial mediante o qual a leitura do espaço deve ser inseparável do tempo, assim como a interpretação de componentes da natureza não deve eximir a ação direta da cultura e da economia. Criticamos, num único termo, a reflexão que prioriza o modo de produção e exclui a existência, a subjetividade, a ordem ativa do invisível que age na mesma proporção que criticamos os delineamentos que, no coração de um espaço conflituoso, desigual, contraditório, abdica de ver a fome, a pobreza, as diferenças de classes, a diferencialidade espacial etc.

Essa posição abre as possibilidades para propormos uma leitura da relação entre corporeidade e lugar num fecundo diálogo com autores de diferentes origens temporais e matrizes teórico-filosóficas.

CORPO E LUGAR:
O LUME EXISTENCIALISTA

A rica obra de Sartre tem como centro uma visão de homem baseada neste princípio[24]: não há anterioridade fora da existência dos indivíduos que se faz como essência. Poder-se-ia reorganizar o seu pressuposto: o homem existe com o seu corpo. Lançado nos lugares e na vivência, ele se descobre, se define, se faz, se constitui em relações. Sendo assim, o homem não é obra de nenhum Criador, mas de tudo o que ele escolheu e projetou ser. Escolher é, assim, o contrário de qualquer destino e de qualquer determinismo. Sem destino, é na ação de esco-

23   E. Marandola Junior, op. cit., p. 273.
24   J.-P. Sartre, op. cit.

CORPOREIDADE E LUGAR 263

lha ou nas escolhas de suas ações que um indivíduo se forma, que um corpo se constitui. Na escolha, o homem define a sua humanidade, entrelaça-se com o outro, envolve-se na malha cultural e histórica. E especialmente se enfronha no lugar. O pai do existencialismo francês pondera que "Quando dizemos que o homem escolhe a si, queremos dizer que cada um de nós escolhe a si próprio, mas com isso queremos também dizer que, ao escolher a si próprio ele escolhe todos os homens. Com efeito, não há dos nossos atos um sequer que, ao criar o homem que desejamos ser, não crie ao mesmo tempo uma imagem do homem como julgamos que deve ser"[25].

Escolher é fundar a si mesmo com o mote de responsabilidade. Ao agir sobre o mundo, o homem age sobre si mesmo. Funda a si mesmo movido por uma universalidade que é construída no lugar e no tempo. E, ao se relacionar com o outro, seus planos e projetos podem ser compatíveis com os de outros homens ou contrapor-se a eles.

Dessa feita, o homem não é o que apenas existe, vive, experimenta. É o que trama ações e trajetórias fora de uma moral pré-estabelecida, de uma anterioridade. Em sua vivência, os valores de ações são valores da vida. O corpo é esse presente contínuo que vibra e vive, apalpa o mundo para ser e é entrelaçado aos lugares.

Essa posição exige continuamente que cada indivíduo tenha a responsabilidade de sua própria vida. O homem, ao ser responsável pelas livres consequências de suas escolhas, não pode culpar outrem pelo que é. Nessa condição, o mesmo autor afirma ainda que sentimentos como angústia e desespero são inerentes a todos os homens. A angústia, por exemplo, é um sinal daquilo que o homem faz e que faz com o homem: a sua incessante capacidade de escolher.

Ao definir que a angústia é fruto da liberdade e que cada homem está entregue a um rol de possibilidades, é a liberdade que permite ao homem ser fraco ou forte, covarde ou determinado, resoluto ou sereno. Somente um ser angustiado e desamparado, vazio, isto é, não absoluto, não completo, não pronto,

25 Idem, p. 6-7.

pode se fazer mediante a escolha que faz. E pode ser na ação. Há ação sem lugar? Há ação sem corpo?

A produção teórica da geografia brasileira e mundial na última década tem revelado, com insistência, que não existe sociedade sem espaço na mesma condição que não existe espaço sem sociedade. O veredito pode ser reorganizado: não há ação social sem lugar que dê um matizamento às diferentes identidades corpóreas. Em decorrência disso, pode-se afirmar que as corporeidades se realizam no lugar, mas são condicionadas também por ele. Um *point* jovem; uma boate negra; um circo; ou uma sala de reunião instalada num palácio administrativo; um bairro da periferia proletária ou as vitrines perfumadas de um shopping revela esse encontro e lhe dá rubor simbólico, geração de sentidos.

No processo de agir no lugar, escolher a ação, experimentar a si mesmo, relacionando-se com o outro, o homem se constitui, e assim é definido por Sartre como "uma série de empreendimentos, que ele é a soma, a organização, o conjunto das relações que constituem estes empreendimentos"[26].

A relação entre existência e lugar é uma marca do arcabouço existencialista-fenomenológico que passa por Merleau-Ponty[27], Tuan[28], Claval[29]. Embora com timbres diferenciados, e nem todos esses autores tratam o assunto pelo prisma geográfico, algo pode ser comum: a ação da percepção, a presença da consciência ou a definição da subjetividade como experiência no lugar envolve o corpo como uma usina da vida. Destaca-se que sentir é apreender o lugar ou dotá-lo de sentido mais fundo que apenas o julgamento teórico apriorístico.

Pode-se assim preconizar que as diferentes corporeidades exercem experiências de lugares, razão pela qual sente o mundo como presença intensiva, permanente, recorrente. Mas uma pergunta brota na análise que se faz dessa perspectiva: cada sujeito-corpo pode fazer outras escolhas, definir planos, projetos os quais não habitualmente desenvolve? A resposta sartreana é: todo sujeito é situado. Estar no sítio é ser situado. Ser situado

---

26 Idem, p. 14.

27 M. Merleau-Ponty, *Fenomenologia da Percepção*.

28 Y.-F. Tuan, *Espaço e Lugar*.

29 P. Claval, A Contribuição Francesa ao Desenvolvimento da Abordagem Cultural na Geografia, em R. L. Corrêa; Z. Rosendahl (orgs), *Introdução à Geografia Cultural*.

é unir sítio e ação. Ou em outros termos: estabelecer relações no presente a partir do lugar com outras dimensões do tempo.

Se o ser humano é situado – onde o corpo se funda como experiência de vida num jogo relacional incessante –, a sua situação define um pouco o conteúdo de sua condição de sujeito como espacial e historicamente fundado. Poder-se-ia compreender aqui que não há período histórico vazio, banal, sem relações de sentido, como não há corpo sem uma densidade histórica que faculta a existência e os lugares.

Uma síntese pode ser estipulada: por essa visão, conhecer nada mais é que averiguar a especificidade de cada coisa ou evento como acontecimento humano e espacial fundado nos lugares. Ou então: conhecer é perceber o acontecimento específico de cada coisa na arena do lugar com a disposição da atividade do corpo, os seus sentidos, as suas correias nervosas, o seu sistema lógico, a sua percepção. Mas a interpretação se prolonga: se ninguém escapa de escolher e, ao escolher, universaliza-se a ação envolvendo o corpo, o sujeito humano é um projeto lançado nos lugares, por onde decorre a cultura e os sentidos, a experiência e o suor, a busca de liberdade e as restrições. Todas essas ações são uma possibilidade conduzida pela consciência.

E é no lugar, por intermédio dele, em relação a ele, que ocorre esse infinito projetar da consciência-mundo, que na verdade é uma consciência-lugar. E porque projeta, todo sujeito é um ser de possibilidade, grão aberto para uma fecundação que envolve a consciência. Esse tino político da leitura de corpo-sujeito atesta o papel da significação dessa filosofia e de seu sustentáculo da geografia: nenhuma mágoa implacável; nenhuma dívida emocional a ser atualizada; nenhuma relação versada em medo infatigável. Ou: nenhuma sorte alhures, nenhum remédio fora da experiência – e do logro envolvendo o corpo-sujeito e o seu lugar exime a atividade da consciência.

LUGAR E CORPO: UMA TRADIÇÃO REINVENTADA PELO PARADIGMA SOCIOESPACIAL

Pode-se afirmar que o lugar é uma categoria identificatória do saber geográfico e que transmuta de sentido, tanto em decorrência dos aportes filosóficos que a sustentam como pela transitorie-dade histórica que lhe confere sentido. Desde as considerações lablacheanas aproximando lugar e região pelo gênero de vida até o resgate desenvolvido por autores do que se tem alcunhado paradigma socioespacial, o que se vê é a categoria manter a sua força como componente da tradição geográfica, mas de maneira reinventada.

Santos é um dos que se ocupou, nas últimas três décadas, de estabelecer pontuações decisivas a respeito do conceito[30]. A sua lição de que o mundo é uma plêiade de lugares, que fora dos lugares o mundo é mera abstração, indica que o lugar é o enlace concretizador entre o corpo e o vasto mundo. Mais que isso: o lugar e os lugares dão o dom da diferenciação social, cultural, simbólica de tudo que existe. Sob este esquema de pensamento, não seria o mundo um mapa de lugares? E não seriam os lugares, mapas de relações entre sujeitos e entre corporeidades? O autor explica que: "[...] O lugar é o quadro de uma referência pragmática ao mundo, do qual lhe vêm solicitações e ordens precisas de ações condicionadas, mas é também o teatro insubstituível das paixões humanas, responsáveis, através da ação comunicativa, pelas mais diversas manifestações da espontaneidade e da criatividade"[31].

A sua explicação indica que o lugar é um "teatro" das pai-xões humanas onde se repercute a comunicação e outros tipos de manifestações, o seu esforço em aglutinar uma leitura exis-tencial a uma leitura de totalidade. Isso vai ser comprovado com outra reflexão. Ainda de acordo com Santos:

Cada lugar é, à sua maneira, o mundo. Ou, como afirma M. A. de Souza , "todos os lugares são virtualmente mundiais". Mas, tam-bém, cada lugar, irrecusavelmente imerso numa comunhão com o mundo, torna-se exponencialmente diferente dos demais. A uma maior globalidade corresponde uma maior individualidade. É a esse fenômeno que G. Benko denomina "glocalidade", chamando a aten-ção para as dificuldades do seu tratamento teórico. Para aprender essa nova realidade do lugar, não basta adotar um tratamento loca-lista, já que o mundo se encontra em toda parte. Também devemos evitar o "risco de nos perder em uma simplificação cega", a partir

30 M. Santos, op. cit.
31 Idem, p. 332.

CORPOREIDADE E LUGAR 267

de uma noção de particularidade que apenas leve em conta "os fenômenos gerais dominados pelas forças sociais globais"[32].

A sua leitura trata de fazer um chamamento para as estruturas sociais e também para o nível da individualidade e da particularidade, bem próxima da noção de Harvey do corpo como o irredutível que age. Está exposta também a sua ligação com a história e uma visão diferenciada da de Sartre, pois a ação das rugosidades e das variáveis externas não simplifica a ação apenas no nível da consciência e da escolha.

Mas logo mais acrescenta uma categoria de análise que conforma tempo e ação, lugar e corpo, que, além de ser relacional, impõe a necessidade de instaurar sentidos e significados: o cotidiano. Ao apresentar o cotidiano para se pensar o lugar atual, são expostas as variáveis teóricas que podem facilitar o seu discernimento geográfico. Componentes como relação, movimento, materialidade e ações, controle, limite, objeto, conexões, sentidos, usos e símbolos são a seiva que conforma os lugares e lhe dão faculdade de analisar a complexidade do mundo atual.

Esses componentes ajudam a diferenciar o conceito de lugar do conceito de local. Enquanto o lugar é o movimento social, histórico, cultural, simbólico vestido – e investido – no cotidiano, o local é uma referência pontual cartográfica, rubrica assinalada por coordenadas, referência geodésica. Por conseguinte, é tarefa do lugar envolver as tramas do modo de produção, dos objetos técnicos, das manifestações culturais, da subjetividade, das ações dos sujeitos e, então, do envolvimento das diferentes corporeidades no uso e apropriação do espaço. Mas uma interrogação é o que define o lume geográfico da análise: por que tais coisas estão num lugar ou noutro? Quais são as lógicas que presidem a formação dos lugares e o que significa, numa dimensão da existência, estar num lugar ou noutro?

Uma prostituta em tal avenida; o Papa no Vaticano; os migrantes da América Latina que pulam o oceano Atlântico em busca de emprego; o quiosque na esquina; o palácio no cume da rampa; o professor no centro da aula etc., que referências para a vida social e para existência humana e que significados

32 Idem p, 314.

possui o sentido de situar em tal ou qual local a partir do qual se estabelece relações concretas com o mundo?

Nascemos num lugar dentro do corpo da mãe; a mãe está num lugar dentro de uma casa ou de um hospital; esse está num lugar na cidade ou no campo que, por sua vez, está num lugar dentro do estado, de um país, de um continente. Mas há outros lugares – os de dentro, os que não se enxergam, não se pisam, não se tocam... O meu lugar no olho daquele que me vê; o lugar do estranho na sensação do meu espanto; os trieirinhos da alma, cada coisa sentida, cada afeto recebido, cada desejo não cumprido. Ou mesmo os rios das paixões desacertadas, os mares transbordantes do medo que quiseram se transformar em dores... Sempre perguntamos "qual é o meu lugar?" O lugar do meu nome na língua...[33]

Lugar e corpo assumem múltiplas dimensões num nível de conexão que aglutina o existencialismo-fenomenológico com a leitura da materialidade espacial de Santos.

Vê-se ainda uma imbricação de lugares em escalas que, ao desenvolver infinitas conexões, recria situações de lugares. E, por certo, revolve as capacidades das diferentes corporeidades de usá-los, habitá-lo, promulgar a sua experiência. Nessa perspectiva, os lugares são atravessados de subjetividades que também não estão isentas de controle ou de conflitos, tais como os lugares por onde se caminhou na vida de acordo com as trajetórias históricas de um indivíduo ou de um grupo; lugares simbólicos como as catedrais, teatros, cinemas; lugares blasfêmicos como os campos de futebol, bares; lugares orgiásticos ou lugares silenciosos, herméticos etc. Os lugares aqui não são apenas concebidos, mas vividos pela experiência do corpo.

A materialidade pode ser uma indicação simbólica para a produção de sentido, mas esta ocorre com a vivência. Por conseguinte, um lugar com a mesma materialidade não tem os mesmos sentidos para um sujeito ou para outro. Daí cabe ao analista do lugar ter robusta sensibilidade, transformando a perspicácia também de narrativas. Dizer o lugar é efetuá-lo ou inscrevê-lo no rol de diferentes significações. Dessa forma, Garney pontua que:

---

33 E. F. Chaveiro, *A Vida é um Engenho de Passagens*, p. 58.

À primeira vista, lugar não é um termo evocativo. Lugar (place) – palavra que deriva de modo variado do inglês médio/ francês antigo *open space* (espaço aberto), do latim *broad street* (rua larga), do grego *broad* (largo) ou *flat* (plano) e do espanhol *plaza* (lugar) [sic] – investiu-se de todo tipo de características. No entanto, "lugar" é um termo útil em geografia e muito mais evocativo que a visão geral das pessoas quanto à essência da geografia – localização do nome dos lugares. Durante séculos, o conhecimento de lugares específicos foi o foco da investigação geográfica – aquilo a que os geógrafos de hoje se referem como "geografia do nome dos lugares"[34].

Lugar-nome como a *toponímia* – referência simbólica que esculpe o nome dos lugares; *topofilia* – referência de afeição ao lugar; *topofobia* – alusão ao medo do lugar; a *heterotopia* – indicação de diferença de lugares a partir de um outro. E mais que isso: os lugares-memória que moram na pele dos indivíduos, advindo de suas passagens pelos recantos do mundo e que podem ser atualizados na circularidade incessante próprio da subjetividade de cada um. Tudo isso dá ao lugar um viés qualitativo por onde as diferenças, as desigualdades ou os conflitos do corpo se efetivam em significações sociais, tornando, por isso, corporeidades.

A interpretação qualitativa do lugar pode ser inquirida por esse questionamento: como começa e onde termina um lugar? A interpretação dada pelo paradigma socioespacial é: não há como medir os lugares, desde que a interpretação efetuada tenha como mote a leitura de suas qualidades e de seus sentidos. Mas há que se advertir: tudo que possui sentido é social e historicamente construído, portanto o lugar é formado por componentes materiais ou imateriais que os constroem.

Esse vislumbre é reforçado por Garney ao reforçar a ideia de que as características físicas do lugar como o solo, o clima, a maior ou menor presença de água etc. são seus substratos[35]. E esses componentes ganham valor e sentido quando os diferentes sujeitos usam esses elementos. Por ser assim, a qualidade dos lugares é "uma questão culturalmente concebida".

34 G. Garney, Música e Lugar, em R. L. C. Corrêa; Z. Rosendahl (orgs.), *Literatura, Música e Espaço*, p. 123.
35 Idem, ibidem.

A análise da qualidade do lugar depende, então, das concepções geográficas e de suas conexões. Sendo assim, o lugar sempre é composto de variáveis internas e externas conforme convergências, aglutinações e conflitos. Se não pode haver um lugar sem variáveis internas, não há como existir sem a interferência de variáveis externas. Por essa via de compreensão, o lugar é uma síntese em movimento dessas naturezas de variáveis e de seus sentidos.

TERRITÓRIOS DA EXISTÊNCIA E DISPUTA DE LUGARES

A narrativa desenvolvida anteriormente caminha para que a compreensão do encontro das corporeidades com o lugar transforme o estatuto corporal num território de existência. A mudança da ordem dos termos poderia também gerar sentidos: a existência pode ser considerada um construto territorial. Se o lugar é uma seiva para as corporeidades e essas desenvolvem sentidos na construção dos lugares, o que está em questão é: como os territórios de existência se constituem em meio às disputas ou aos conflitos que permeiam os lugares?

Inicialmente, cabe conceber que o lugar como um pleito de relações, de articulação e de estratégia, é um conceito que ajuda a interpretar o valor do território e o seu uso, ao mesmo tempo que contribui para averiguar os fundamentos da desigualdade territorial ou regional promovidas pelas atividades econômicas, culturais e sociais de grupos ou sujeitos sociais.

Atributos como a segregação socioespacial, diferenciação de classes em bairros urbanos, montagem de territorialidades de migrantes de origens semelhantes ou ação de travestis em determinadas ruas ou avenidas, localização de quilombolas, populações indígenas, conflitos de geraizeiros, pressões sofridas por povos indígenas etc., demonstram que as diferentes corporeidades, ligadas aos conflitos sociais espacialmente configurados, são a alma dos lugares. E esses lugares são definidos em relação ao outro que, em processos de discriminação, de confinamento, de subordinação, de tirania, transformam os territórios da existência numa correia edificada pelos conflitos nos lugares.

CORPOREIDADE E LUGAR

A realidade conflitiva dos lugares, marcada pelas diferenças de identidades, desigualdade de classes, diversificação cultural etc., faz parte da arena de disputas de acordo com níveis de resistências ou de adaptações, de negociações, de convergências etc. E, no pleito histórico desse período, é comum perceber que a ação normativa torna-se uma maneira de estabelecer garantias de lugares para determinados sujeitos ou agentes apropriarem-se do mundo. Mas o campo simbólico, disseminado por vetores como a TV ou a internet, sobrepõem o sentido físico do lugar – ou o seu substrato material –, criando fronteiras móveis e invisíveis de igual densidade como as materiais e as tangíveis.

Ademais, há ainda – e junto – os lugares subjetivos. Diz-se, nessa dimensão, que o corpo é condutor de lugares pela via da subjetividade, como é o caso dos migrantes internacionais que se tornam, nos lugares alhures, agenciadores da cultura que carregam na memória. Em muitos casos, embora tecendo a vida social em países diferentes que o seu, o seu lugar originário ou por onde desenvolveu grande parte de sua vida, é levado pelos costumes, pelos hábitos e por condutas culturais no modo de ver e sentir as coisas e são atualizados, refeitos, adaptados, de modo a mostrar que a vida dos lugares mora também na subjetividade do sujeito.

Nesse campo residem, necessariamente, as representações. Elas se estendem a uma infinidade de modalidades, de golpes, de enunciações. Em várias estirpes, as representações são complexas: qual é o peso de uma religiosidade pentecostal na mística do Movimento dos Sem-Terra? Qual é o lugar do sagrado na visão homofóbica impetrada pela cultura brasileira? Como a representação racista repercute nas motivações do povo negro em momentos de seu cotidiano?

Originam das representações – e de seus sentidos –, os valores e o estatuto ético e político de grupos sociais mediante a sua conformação cultural. E pode, numa sociedade de tempo acelerado e de incrível mobilidade de símbolos, embaralhar as definições identitárias, gerar perplexidades, perdas de rumo. Em tudo, o que está posto é que o lugar pode-se referir a uma variedade de escalas, que contam com experiências ligadas à estrutura interna e das identidades culturais de diferentes sujeitos.

A GESTÃO DO CORPO
NOS LUGARES DE CONFLITOS

Refletir a existência do corpo nos conflitos dos lugares exige que nos atentemos: uma das características atuais das espacialidades contemporâneas é a fragmentação, que é o produto da segregação e das desigualdades sociais, próprios das formações espaciais capitalistas. Essas desigualdades e fragmentações participam da existência espacial dos sujeitos nos lugares.

Especialmente fenômenos como a concentração de população em metrópoles e regiões metropolitanas, em vários aspectos, demonstram esse fato. Assim, o desenho caótico das periferias segregadas; os vários territórios juvenis que se espalham nos diferentes espaços; os sofisticados clubes em que empresários nacionais e internacionais, sob o subterfúgio do lazer, desenvolvem negócios depois dos jogos de tênis; os condomínios fechados de luxo como fortalezas da solidão; os heliportos sobre o cume dos prédios desenhados por programas inteligentes de computadores; os edifícios inteligentes salvaguardados por radares; as imensas favelas; os grupos de desempregados que fazem crescer o trabalho informal por todos os cantos; os ônibus repletos de trabalhadores suados no *rush* dos horários de picos etc., mostram a segregação socioespacial e o nível de conflitos nos lugares. Mostram também como o corpo sofre impulso, é acometido por essas injunções, em vários níveis, que não apenas no plano material e objetivo.

Junto a esses conflitos, percebe a distância do mundo mental dos pais com o dos filhos em razão de gostos criados pela mídia; o nível de neurose nos trânsitos; a imensa polissemia simbólica de placas, outdoors, letreiros e propagandas diversas; a ação estratégica de "negócios ocultos" de vendedores de lotes inexistentes; a tentativa de aliciamento de vendedores, de gurus, de seitas religiosas, dos discursos de idealizações de autoajuda etc. E junto, a racionalidade das leis de trânsito feitas e refeitas diariamente pela engenharia de trânsito; a vigilância eletrônica e técnica de radares, a distribuição de câmeras nos prédios etc., demonstram que o espaço fragmentado, especialmente da metrópole, envolve o sujeito e a sua corporeidade em níveis de conflitos que são ideolo-

CORPOREIDADE E LUGAR 273

gizados e absorvidos também pelo diagrama do dinheiro, da troca e de processos de tirania.

Uma pergunta importante: é possível haver corporeidades que lutam pela liberdade nos espaços de fragmentação? Ou: é possível haver insurgência criativa pela ação coletiva dos territórios de existência nos lugares segregados? Barcelos, ao refletir o poder do samba de Paulinho da Viola, aborda que "a loucura da experimentação conduz ações que [...] é capaz de recusar os modos de encodificação pré-estabelecidos e de construir diferentes tipos de singularização existencial"[36].

O que está na ação política dos conflitos dos lugares é um esforço de "singularização existencial". Para isso, é necessário compreender a produção da subjetividade. Barcelos afirma que:

A produção da subjetividade ocorre em todos os níveis, não só no âmbito dos indivíduos. Seus contornos são apenas uma parte desta produção que os transborda. Ela não é determinada por estruturas macropolíticas ou macroeconômicas, não se reduz às ideias ou significações, nem, tampouco, a modelos de identidade ou identificações maternas, paternas etc. Trata-se de sistemas de conexão direta entre as grandes máquinas produtivas de controle social e as instâncias psíquicas responsáveis pela apreensão do mundo[37].

A produção da subjetividade, ao remeter à ideia de territórios da existência, demonstra que há operações nos interstícios do espaço metropolitano em que as corporeidades traçam diferentes formas de gestão do tempo, que é, afinal, gestão da vida. A mesma complexidade criada pela profunda circularidade de símbolos edifica a possibilidade de invenção de outras temporalidades.

Mas convém resolver um problema de percepção: ao olhar esses lugares e essas ações com dispositivos de outro tempo e de outros paradigmas incorre-se no risco de não enxergar processos de mudanças sutis ou que se denomina de "inventar artimanhas na fresta". Desse modo, mesmo em regimes de alienação, controle e de disciplinarização do corpo, é possível golpear o sofrimento, distender dores, criar espaços de prazer onde

36 T. M. Barcelos, *Re-quebros da Subjetividade e o Poder Transformador do Samba*.
37 Idem, p. 22.

as plataformas sociais parecem não permitir isso. Pode haver também subversão de territórios dominantes como, por exemplo, pela internet, com base na qual outras potências de vida são edificadas e outros tipos de comunicações podem juntar sujeitos em projetos de gestão da vida. O que está colocado no plano teórico é: não é possível domar todos os impulsos da vida, como não é possível domesticar todos os territórios de existência, esquadrinhá-los por qualquer tipo de maquinação. Ao contrário, muitos territórios podem se beneficiar das contradições criadas pelas técnicas de dominação e de sua complexificação. Com o aumento da circulação de símbolos, os cruzamentos de culturas, semblantes, identidades e as hibridações podem fazer crescer a capacidade criativa de efetivar meios de insurgências e de, então, elaborar novos códigos morais e éticos, e meios de transgressões e superações. Isto é, o mesmo processo que cria a fragmentação e a segregação pode, por outro lado, gerar aproximações e servir para que se constitua uma pedagogia criativo-subversiva em diferentes lugares.

Os exemplos são diversos, como o crescimento da consciência alimentar, da luta por novos modos de morar; da diversificação do que se chama consciência ambiental; das táticas de defesa da memória coletiva, como o aumento da defesa do patrimônio genético e da biodiversidade; o crescimento da consciência corporal e o crescimento de vários setores do campo dos saberes e dos movimentos sociais que lutam pela vitalidade da diversidade, experimentando novos paradigmas centrados em outros modos de vida.

Ao labor desses conflitos e dessas ações, sintetiza-se que a corporeidade participa da vida nos lugares pela barganha de vetores sociais e simbólicos do mundo. Embora os territórios de existência sejam torpedeados pelo flagelo da fragmentação, têm maior capacidade de criar combinações além das fronteiras opacas das sociedades tradicionais. É possível criar combinações de desejos que ultrapassam as máquinas imaginárias de modos como era o da troca simples.

O fato é que a trajetória de uma existência nada mais é que a montagem de elos temporais se fazendo trajetórias de vida no lugar. Dessa maneira, a própria vida vincula-se ao mundo, engaja-se a um outro permanente, sofre condicionamento e age

CORPOREIDADE E LUGAR

no interstício. Nesse pleito, a existência é mais que a realidade, é também o possível, o sonhado, o inventado.

Na ordem temporal da sociedade hegemônica, quanto mais o mundo se torna global, mais requer uma singularidade forte, perspicaz, ativa. Daí nasce a possibilidade efetiva de "empiricizar a totalidade". O sujeito contemporâneo engaja-se no mundo cuja ponte são os lugares e suas rugas. Nos lugares, o sujeito existe e o mundo mostra a sua identidade. Viver é, nessa condição, sentir o mundo, pensá-lo e exercê-lo com o corpo exposto ao movimento, isto é, ao tempo, como tempo, temporalizando ruas e bairros, esquinas, bares, instituições etc.

CONSIDERAÇÕES FINAIS

Alguns teóricos que têm as suas obras – e ideias – alçadas em todos os continentes, tal como Morin e Moigne, revelam que se conhece na atualidade um abrandamento do labor científico[38]. Nós, desse período, somos contemporâneos de uma "militância de branduras" no modo como os paradigmas, os métodos, as metodologias, especialmente as qualitativas, instalam um novo fazer-pensar científico e acadêmico.

Há aqueles que, diferente dessa posição, poderiam preconizar que o que se denomina "abrandamento", polo inverso de uma ciência dura e instrumental, ao invés de se opor aos timbres positivistas e cartesianos, participam de outra disposição igualmente conservadora: o ecletismo desvairado, que se caracteriza por aglutinar situações impossíveis, e por implementar um sofisticado idealismo filosófico.

Contra o monolitismo e o ecletismo, as reflexões apresentadas advogam por uma visão plural em que a aproximação da interpretação da corporeidade com o lugar, por meio de um diálogo com diferentes campos de saber, interseccionam uma filosofia da existência com o paradigma da totalidade social e histórica. Concebe, pois, que a subjetividade encarna tudo que é substancial no corpo, assim como este recebe tudo que é social e histórico.

38 E. Morin; J.-L. Moigne, op. cit.

Tanto a representação de um corpo militarizado, estigmatizado, fadado ao controle das fábricas e das instituições moralizantes, como a noção de um corpo rebelde, dissidente, simbolicamente investido numa "política de gestos"[39], e de um corpo-imagem ou corpo-espetáculo, corpo-prótese, próprio desse período, nos mostra que a trama da vida – e de sua força – ecoa nas práticas espaciais que conformam os lugares com tudo o que lhe faz real, vivo e em movimento.

Se não há lugar amorfo, não pode haver corpo ubíquo ou informe. Nessa perspectiva é que se montou a interpretação em que se tomou como referência um esquema de análise anteriormente desenvolvida. O lugar é uma edificação de ininterruptas relações, vertidas por apropriações do espaço, construídas por corporeidades em movimento.

Do lugar para o corpo e do corpo para o lugar, o que se pode perceber é a projeção dos órgãos como força que instaura a vida do lugar. Lidar com a sede, enfrentar a fome, desviar das dores e ser ferramenta da sensibilidade, apropriar-se de si mesmo, não podem ocorrer sem o conteúdo do lugar e de suas tramas.

Viver é, desse modo, agir sobre uma constelação de formas, cores, relevos, arrumações. Mas nada é tão simples: se os lugares são atributos de relações externas e de variáveis em relação ou conflito com variáveis internas, nem sempre fáceis de serem identificadas, o corpo pode aparecer como o segredo dos órgãos e de sua rica articulação.

Como um sistema vibrátil, sofre interferência não apenas desse invisível que age – os órgãos –, mas das ações sutis dos lugares, como a luz, a escuridão, a temperatura etc. O corpo é sempre um corpo-mundo, pois a existência é inclinada desde sempre nos lugares.

Além disso, na cortina do movimento, a única maneira de existir e ser é palmilhar sobre o flanco dos lugares e de seus conflitos determinados social e historicamente. Andar no lugar é fazer trafegar a própria origem, a memória, as alegrias esquecidas ou as dores dormentes. Não se respira senão o ar que o lugar apresenta, donde pode ser concebido, o pulmão é obra e relação geográfica.

---

39 G. Deleuze, op. cit.

CORPOREIDADE E LUGAR 277

Se a lei implacável é o movimento, como viço de caminho, experimentar a vida só ocorre com o enlace do corpo-lugar por meio de encontros. Tomar o corpo e o lugar como feixes de relações nos indica que não se vive no lugar, podendo-se dizer que todos vivemos os lugares. Ou então: o corpo é guardião de lugares, registro de trajetórias experienciadas por onde se passou e também pelo registro do que desejou transitar e não o fez. O corpo como estatuto da existência, em diagramas sociais, torna-se corporeidade que sofre representações. Isto é, experimenta-se os lugares com os órgãos, com as vontades, com o desejo, mediante as ações sociais do trabalho, afetivas, sensoriais e no logro dos conflitos do mundo.

REFERÊNCIAS BIBLIOGRÁFICAS

ALMEIDA, Maria G. de. Diversidades Paisagísticas e Identidades Territoriais e Culturais no Brasil Sertanejo. In: ALMEIDA, Maria G. de; CHAVEIRO, Eguimar F.; BRAGA, H. C. (orgs.), *Geografia e Cultura: A Vida dos Lugares e os Lugares da Vida*. Goiânia: Vieira, 2008.

_____. Fronteiras, Territórios e Territorialidades. *Revista da Anpege*, ano 1, n. 1, Curitiba, 2003.

_____. Em Busca do Poético do Sertão: Um Estudo de Representações. In: ALMEIDA, Maria G.; RATTS, Alecsandro (orgs.), *Geografia: Leituras Culturais*. Goiânia: Alternativa, 2003.

AMORIM FILHO, Oswaldo. *Reflexão sobre as Tendências Teóricos-metodológicas da Geografia*. Belo Horizonte: IGM-UFMG, 1985.

ARROYO, Miguel D. *Imagens Quebradas: Trajetórias e Tempos de Alunos e Mestres*. Petrópolis (RJ): Vozes, 2004.

BARCELOS, Tania M. Re-quebros da Subjetividade e o Poder Transformador do Samba. 2006. Tese de Doutorado em Psicologia, Pontifícia Universidade Católica de São Paulo, São Paulo, 2006.

BARTHES, Roland *A Aventura Semiológica*. Trad. Mario Laranjeira. São Paulo: Martins Fontes, 2001.

BERNARDES, Carmo. *Perpetinha, um Drama dos Babaçuais*. Goiânia: Universidade Federal de Goiás, 1997.

CARLOS, Ana Fani A. *O Lugar no/do Mundo*. São Paulo: Hucitec, 1996.

CAVALCANTI, Lana de S. *Geografia e Práticas de Ensino*. Goiânia: Alternativa, 2002.

CHAVEIRO, Eguimar F. *Goiânia, Travessias Sociais e Paisagens Cindidas*. Goiânia: Ed. da UCG, 2007.

_____. Símbolos das Paisagens do Cerrado Goiano. In: ALMEIDA, Maria G. de (org.) *Tantos Cerrados*. Goiânia: Vieira, 2005.

_____. *A Vida é um Engenho de Passagens*. Goiânia: Descubra, 2005.

QUAL O ESPAÇO DO LUGAR?

CIRQUEIRA, Diogo M. *Trajetória Sócio-espacial de Estudantes Negros e Negras da UFG.* Monografia, Instituto de Estudos Socioambientais, Universidade Federal de Goiais, Goâinia, 2008.

CLAVAL, Paul. A Contribuição Francesa ao Desenvolvimento da Abordagem Cultural na Geografia. In: CORRÊA, Roberto L. ROSENDAHL, Zeny (orgs), *Introdução à Geografia Cultural.* Rio de Janeiro: Bertrand Brasil, 2007.

DELEUZE, Gilles. *Diálogos.* São Paulo: Escuta, 1998.

DINIZ FILHO, Luis L. *Fundamentos Epistemológicos da Geografia.* Curitiba: Ibpex, 2009.

GARNEY, G. Música e Lugar. In: CORRÊA, Roberto L. C.; ROSENDAHL, Zeny (orgs.), *Literatura, Música e Espaço.* Rio de Janeiro: Eduerj, 2007.

GIANNETTI, Eduardo. *O Valor do Amanhã.* São Paulo: Companhia das Letras, 2005.

GUATTARI, F.; ROLNIK, S. *Micropolítica: Cartografias do Desejo.* Petrópolis (RJ): Vozes, 1986.

HAESBERT, Rogério. *Territórios Alternativos.* São Paulo: Contexto, 2002

HARVEY, David. *Espaços de Esperança.* Trad. Adail U. Sobral e Maria S. Gonçalves. São Paulo: Loyola, 2004.

HISSA, Cássio E. V. *Saberes Ambientais: Desafios para o Conhecimento Disciplinar.* Belo Horizonte: Editora UFMG, 2008.

HOLZER, Werther. Sobre Paisagens, Lugares e Não-Lugares. In: OLIVEIRA, Lívia de; et al. (org). *Geografia, Percepção e Cognição do Meio Ambiente.* Londrina: Humanidades, 2006.

KELEMAN, Stanley. *Anatomia Emocional.* São Paulo: Summus, 1992.

LELOUP, Jean-Yves. *O Corpo e seus Símbolos.* Petrópolis (RJ): Vozes,1999.

LISPECTOR, Clarice. *A Via Crucis do Corpo.* Rio Janeiro: Rocco, 1988.

MARANDOLA JR., Eduardo. Geosofia e Humanismo: Do Conhecimento Geográfico à Geografia do Conhecimento. In: KATUTA, Ângela M.; SILVA, William Ribeiro da (orgs.). *O Brasil Frente aos Arranjos Espaciais do Século XXI.* Londrina: Humanidades, 2007.

MERLEAU-PONTY, Maurice. *O Visível e o Invisível.* São Paulo: Perspectiva, 2005.

_____. *Fenomenologia da Percepção.* São Paulo: Martins Fontes, 1999.

MIRANDA, G. M. Representações Sociais do Espaço Urbano e a Revelação do Sujeito Geográfico: Um Estudo com Jovens de Ceilândia – DF. Dissertação de Mestrado em Educação, Universidade de Brasília, Brasília, 2006.

MOREIRA, Ruy. *Para Onde Vai o Pensamento Geográfico.* São Paulo: Contexto, 2006.

MORIN, Edgar; MOIGNE, Jean-Louis. *A Inteligência da Complexidade.* São Paulo: Fundação Peirópolis, 2000.

MORLEY, David. Pertenencias: Lugar, Espacio e Identidad em un Mundo Mediatizado. In: ARFUCH, Leonor (org.). *Pensar Este Tiempo: Espacios, Afectos, Pertenencias.* Buenos Aires: Paidós, 2005.

OLIVEIRA, Lívia. *Estudo Metodológico e Cognitivo do Mapa.* São Paulo: Instituto de Geografia da USP, 1978.

_____. Percepção da Paisagem Geográfica: Piaget, Gibson e Tuan. *Geografia,* São Paulo, v. 2, n. 3, 1977.

PELBART, P. P. *A Vertigem por um Fio: Políticas da Subjetividade Contemporânea.* São Paulo: Iluminuras, 2000.

_____. *A Nau do Tempo Rei: 7 Ensaios sobre o Tempo da Loucura.* Rio de Janeiro: Imago, 1993.

CORPOREIDADE E LUGAR 279

ROLNIK, Sueli. Toxicômanos de Identidade. Subjetividade em Tempo de Globalização. In: LINS, Daniel (org.), *Cultura e Subjetividade. Saberes Nômades.* Campinas: Papirus, 1997.

SAFADI, Oliveira de S. A Relação Consciência-mundo na Obra de Jean-Paul Sartre e Algumas Implicações para o Tratamento da Relação Homem-natureza na Abordagem Humanista da Geografia: Primeiras Investigações. *Anais.* Curitiba (PR): Anpege, 2009.

SANTOS, Milton. Por uma Epistemologia Existencial. In: LEMOS, Amália I. G. de; et al. (orgs.), *Questões Territoriais na América Latina.* São Paulo: Clacso Livros, 2006.

_____. *Por uma Outra Globalização: Do Pensamento Único à Consciência Universal.* Rio de Janeiro: Record, 2000.

_____. *A Natureza do Espaço: Espaço e Tempo: Razão e Emoção.* São Paulo: Hucitec, 1996.

SARTRE, Jean-Paul. *O Existencialismo é um Humanismo.* São Paulo: Abril Cultural, 1978. (Coleção Os Pensadores.)

SILVEIRA, Maria Laura. O Espaço Geográfico: Da Perspectiva Geométrica à Perspectiva Existencial. *Geousp – Espaço e Tempo,* São Paulo, n. 19, 2006.

Mundo e Lugar

ensaio de geografia fenomenológica

Werther Holzer

Este ensaio discute os conceitos de "mundo" e de "lugar" na geografia contemporânea a partir de um aporte teórico feno-menológico.

A tese enunciada neste texto é de que, diversamente do que vem sendo amplamente debatido pelos geógrafos, inclusive em sua vertente humanista, o "lugar", a partir da vida cotidiana das pessoas, não se opõe ao "espaço". Na experiência humana dos fenômenos "mundo" cotidianamente se opõe e, muitas vezes, abarca e engloba, o "lugar".

Mundo, um conceito pouco explorado pela geografia, du-rante muito tempo foi banalizado em oposições dualistas como velho mundo/novo mundo, primeiro mundo/terceiro mundo.

Lugar, um conceito marginal para a geografia, foi por longo tempo associado ao conceito de locação, relativo à localização de um determinado ponto no espaço (do mapa).

Esses dois termos foram relegados a um plano secundá-rio nos estudos geográficos, desde a constituição da geografia como ciência acadêmica nos fins do século XIX até os anos de 1970, para "lugar", e os anos de 1990 para "mundo". Qual o motivo deste "esquecimento", já que na linguagem cotidiana os dois termos são muito utilizados?

Sobre o conceito de "lugar" já tive a oportunidade de fazer essa reflexão em outros artigos[1]. Neste texto "lugar" será referenciado ao aporte fenomenológico como apropriado pelos geógrafos humanistas, ou seja, o "lugar" que trata da experiência intersubjetiva de espaço (mundo) em seus fundamentos, quais sejam, distâncias e direções a serem vencidas, fisicamente ou na imaginação, sobre um determinado suporte que podemos chamar de "espaço geográfico", constituindo-se a partir das vivências cotidianas como um centro de significados, como um intervalo, onde experimentamos intensamente o que pode ser denominado de geograficidade, como proposta por Dardel[2].

Sobre o conceito de "mundo", na geografia há pouca bibliografia disponível no que se refere aos aspectos teóricos e conceituais. O que se destaca é a produção recente na qual "mundo" é pensado a partir da ideia de "mundialização", se seguirmos a tradição francófona, ou de "globalização", se nos remetermos à tradição anglófona.

Benko observa que o termo "mundialização" foi cunhado recentemente (anos de 1990) a partir de uma bibliografia consagrada às empresas multinacionais[3], que designaria em princípio "[...] a crescente integração das diferentes partes do mundo, sob a aceleração das trocas, do impulso das novas tecnologias da informação e da comunicação, dos meios de transporte etc."

Na verdade, esse "alargamento do mundo" se deve aos "descobrimentos" europeus nos séculos XV e XVI. Dussel convida-nos a partilhar a visão do indígena na conquista da América. Isso significa mudar da visão do *ego conquiro*, que se tornará *ego cogito* e "vontade de poder", para a visão do outro: o ego que devemos reconstruir em seu processo de formação. Segundo ele, "Não é o *ego cogito,* mas o *cogitatum* (mas um 'pensado' que também pensava [...] embora Descartes ou Husserl ignorassem isso): era um *cogitatum*, mas antes era ainda o Outro como subjetividade 'distinta' (não meramente 'diferente' como para os pós-modernos)"[4].

1 W. Holzer, O Lugar na Geografia Humanista. *Território*, v. 7; e O Conceito de Lugar na Geografia Cultural-Humanista, *Geographia*, v. 5, n. 10.
2 E. Dardel, *O Homem e a Terra.*
3 G. Benko, Mundialização da Economia, Metropolização do Mundo, *Revista do Departamento de Geografia*, n. 15, p. 45.
4 E. Dussel, *1492: O Encobrimento do Outro*, p. 90.

MUNDO E LUGAR   283

Essa construção de um outro *ego cogitatum* passa pela sobreposição e anulação das experiências vividas do outro; ela se
refere ao "descobrimento". Os nativos não haviam descoberto
este continente, simplesmente viviam nele. A essa experiência
"primeira" se sobrepõe à experiência "segunda", a dos europeus que aqui aportaram. É da experiência segunda que nos
fala Dean, ao nos reportar aos quinhentos anos de destruição
da Mata Atlântica[5].

Aqui se desenvolve a tese central de Dussel, que pretende
corrigir o desvio eurocentrista na história americana: a elaboração pelos europeus, desde sua chegada à América, de uma
interpretação dos povos nativos como totalmente desprovidos
de todo desenvolvimento. Esse "outro" é então totalmente "encoberto" no fenômeno do descobrimento. Essa atitude se repete
até hoje, ou seja, nega-se a possibilidade de qualquer autonomia para a cultura americana. "Mas o 'mundo' daqueles povos,
em seu sentido heideggeriano existencial não difere, pelo seu
desenvolvimento humano, muito do moderno se 'entrarmos'
no núcleo de sua experiência cultural"[6].

A "mundialização" hoje, segundo Harvey, é experienciada
na vertigem da aceleração do espaço-tempo. De acordo com o
autor, na pós-modernidade, vivida como condição histórica,
"As práticas estéticas e culturais têm particular suscetibilidade
à experiência cambiante do espaço e do tempo exatamente por
envolverem a construção de representações e artefatos espaciais
a partir do fluxo da experiência humana. Elas sempre servem
de intermediário entre o Ser e o Vir-a-Ser"[7]. Ainda segundo o
autor, esse fluxo da experiência humana, no mundo ocidental
[europeu] pós-renascença, sujeitou as dimensões do espaço e
do tempo à circulação e acumulação do capital, com ciclos de
compressão espaço-tempo.

Mas como ocorre, na contemporaneidade, essa integração
do mundo?

Santos faz uma reflexão profunda sobre a "globalização" re-
futando as ideias de Harvey sobre a "aceleração espaço-tempo".
Segundo ele, "vivemos num mundo confuso e confusamente

5   W. Dean, *A Ferro e Fogo.*
6   E. Dussel, op. cit., p. 100-101.
7   D. Harvey, *Condição Pós-moderna.*

percebido"[8]. Essa percepção confusa se refere ao nosso mundo vivido, às nossas vivências cotidianas que, segundo o autor, na contemporaneidade pós-moderna, passam pela imposição de "[...] um mundo de fabulações, que se aproveita do alargamento de todos os contextos para consagrar um discurso único"[9].

Santos sugere que: "[...] se desejarmos escapar à crença de que esse mundo assim apresentado é verdadeiro, [...] devemos considerar a existência de pelo menos três mundos em um só. O primeiro seria o mundo tal como nos fazem vê-lo: a globalização como fábula; o segundo seria o mundo tal como ele é: a globalização como perversidade; e o terceiro, o mundo como ele pode ser: uma outra globalização"[10].

Essa "outra globalização", ainda segundo Santos, gera, no plano teórico, um novo discurso, que se refere à constatação da existência de uma universalidade empírica: "[...] a universalidade deixa de ser apenas uma elaboração abstrata da mente dos filósofos para resultar na experiência ordinária de cada homem"[11].

A fenomenologia vem elaborando esse tema desde o início do século XX. Trata-se, no caso da geografia, de uma nova conformação de nossos parâmetros acerca do espaço geográfico, onde "mundo" e lugar" podem ter um papel fundamental na construção de uma nova metanarrativa.

O projeto de uma "outra mundialização", que costumamos ver associado ao projeto socialista de uma nova sociedade universal, já se configurava também, no início do século XIX, com o romantismo. Visto hoje como um movimento essencialmente voltado para a renovação das artes, na verdade tinha como proposta um novo modo de fazer ciência. Ao qual se contraporia mais tarde o positivismo e, definitivamente, o neopositivismo já nos anos de 1930.

Esse projeto se insurgia contra a crescente partição do mundo, contra sua conformação em poucas categorias, fossem as aristotélicas, fossem as kantianas, onde as múltiplas variáveis

8   M. Santos, *Por uma Outra Globalização*, p. 16.
9   Idem, p. 17.
10 Idem, p. 18.
11 Idem, p. 21.

relativas à forma e, principalmente, relativas às quantidades, prevalecem sobre os processos e as relações.

Sob o ponto de vista da geografia, Humboldt deu um passo importante em direção oposta ao enfatizar a necessidade de se estudar a natureza e o trabalho do homem a partir de suas relações, remetendo-se ao cosmos como mundo.

Segundo Meyer-Abich, para Humboldt, a Terra era uma totalidade vivente e ativa, e suas diferentes estruturas estavam sempre relacionadas como um todo[12]. No *Quadros da Natureza*, publicado em 1807, Humboldt associaria o estudo da natureza física ao da natureza moral, com a finalidade de estabelecer a harmonia verdadeira do universo tal como a conhecemos[13]. Em *Cosmos*, publicado em 1847, ele afirma que a investigação científica empírica afasta a ciência das formas de representação artística e

ao mesmo tempo confirma a intuição primeira da unidade na diversidade dos fenômenos, a harmonia entre as coisas criadas, as quais se diferenciam por sua forma, por sua própria constituição, pelas forças que a animam [...] É essa concepção da natureza como um todo que permite a Humboldt afirmar que as forças inerentes à matéria, e as que regem o mundo moral exercem sua ação sob o império de uma necessidade primordial segundo os movimentos que se renovam periodicamente[14].

Ironicamente, se a palavra "mundo" tem uma raiz latina, ou melhor, romana, sobre a qual nos deteremos mais adiante, o projeto romântico de construir uma nova visão de mundo voltou-se para a "visão de mundo" grega, ainda que, em princípio, os gregos desconhecessem essa palavra.

Nietzsche, herdeiro desse projeto romântico, seria dos primeiros a explorar essa "visão de mundo", segundo ele, polarizada entre o apolíneo e o dionisíaco, a partir dos fragmentos dos pré-socráticos.

Seus primeiros escritos, como jovem professor de filologia, já apontavam para esse caminho: "Com isso deve pronunciar--se [o fato de] que toda e qualquer atividade filológica deve ser

12 A. Meyer-Abich, *Alejandro de Humboldt, 1789-1969*, p. 48.
13 Idem, p. 90.
14 H. Capel, *Filosofia y Ciencia en la Geografía Contemporánea*, p. 34.

abarcada e cercada por uma visão filosófica universal (*philosophische Weltanschauung*), na qual tudo o que é particular e isolado seja dissipado, enquanto rejeitável, e apenas subsistam o todo e a uniformidade"[15]. Necessário observar que na versão em espanhol, *philosophische Weltanschauung* é traduzido, a meu ver mais corretamente, como "concepción filosófica del mundo".

Em *Sócrates e a Tragédia*, segundo Souza e Fernandes, "Nietzsche nos mostra a obra de Eurípides e sobretudo o socratismo, enquanto gênio racional orientador da criação artística euripidiana, como agentes determinantes da decadência de toda a arte grega – e consequentemente da civilização grega, [...] ao eliminarem da tragédia a hegemonia do espírito da música e ao desencadearem na arte trágica a preponderância da potência da lógica"[16].

Em suas próximas obras, *A Visão Dionisíca do Mundo* e *O Nascimento da Tragédia*, Nietzsche desenvolveria o tema do apolíneo, representado por Sócrates e seus sucessores, em contraposição ao dionisíaco, representado pelos pré-socráticos. O filósofo vê no abandono das antigas relações com a natureza a ruína do mundo. Por isso propõe "[...] demolir de alguma maneira, pedra por pedra o primoroso edifício da cultura apolínea, até percebermos as fundações sobre as quais está estabelecida"[17]. Tal tarefa leva a uma visão deste primitivo mundo grego que vai se desconfigurando:

Agora a montanha encantada do Olimpo se entreabre diante de nossos olhos e nos mostra suas raízes. O grego conheceu e sentiu as angústias e os horrores da existência: para que lhe fosse possível viver, era necessário que se interpusesse o fervilhante esplendor do sonho olímpico. Essa enorme desconfiança para com as forças titânicas da natureza, essa Moira, que reinava sem compaixão sobre todos os conhecimentos, [...] tudo isso foi, perpetuamente e sem trégua, superado, vencido pelos gregos, pelo menos velado e afastado de seu olhar, com a ajuda desse *mundo intermediário* e estético dos deuses olímpicos[18].

---

15 F. Nietzsche, Homero e a Filologia Clássica, *Princípio*, v. 13, n. 19-20, p. 198.
16 Idem, *A Visão Dionisíaca do Mundo*, p. 3.
17 Idem, *O Nascimento da Tragédia*, p. 37.
18 Idem, p. 38-39, grifado no original.

De certo modo, essa mudança na visão de mundo dos gregos pode ser aqui exemplificada a partir da obra de Vernant:

[...] não há realmente continuidade entre o mito e a filosofia. O filósofo não se contenta em repetir em termos de *physis* o que o teólogo tinha expressado em termos de Poder divino. À mudança de registro, à utilização de um vocabulário profano, correspondem uma nova atitude de espírito e um clima intelectual diferente. Com os milésios, pela primeira vez, a origem e a ordem do mundo tomam a forma de um problema explicitamente colocado a que se deve dar uma resposta sem mistério, ao nível da inteligência humana, suscetível de ser exposta e debatida publicamente, diante do conjunto dos cidadãos, como as outras questões da vida corrente[19].

Ainda segundo Vernant, dessa descontinuidade surge uma nova maneira de se pensar o mundo que se consubstancia num novo modo de se erigir cidades e se pensar em cidadania. O palácio e as muralhas são abandonados, o templo é retirado do centro da cidade, ou seja, "Esse quadro urbano define efetivamente um espaço mental; descobre um novo horizonte espiritual. Desde que se centraliza na praça pública, a cidade já é, no sentido pleno do termo, uma *polis*"[20].

Essas observações de Vernant nos remetem para um *Lebenswelt*, um mundo vivido, em que a esfera doméstica (feminina), que se desenvolve em torno do fogo da lareira e de seu altar correspondente, se opõe simetricamente à esfera pública (masculina), que se desenvolve em torno da ágora, um espaço de afirmação da aliança entre homens e deuses na igualdade da democracia.

Posso afirmar que na Grécia clássica a noção de "mundo", não por acaso, se confunde, ou melhor, se configura como um "lugar" extenso onde ocorrem as vivências compartilhadas pelo mesmo grupo.

Não por acaso a palavra "mundo" foi cunhada pelos romanos, construtores de um império que apontava, pela primeira vez, para um processo de "mundialização" a partir da língua, da escrita e das técnicas. Nesse ínterim ocorreu uma separação

19 J.-P. Vernant, *As Origens do Pensamento Grego*, p. 33, grifado no original.
20 Idem, p. 33, grifado no original.

entre o sagrado e o profano (mundano), ou seja, o surgimento do "mundo" coincide com o abandono progressivo dos deuses, com o rompimento do diálogo entre o microcosmo humano e o macrocosmo divino.

Como observa Dardel:

O espaço geográfico mítico não comporta qualquer ponto de referência objetivo, qualquer linha ideal ou convencional a partir da qual são medidas as distâncias e fixadas as direções. [...] Contudo, esse espaço mítico não é a confusão total dos lugares, dos planos e das regiões. Ele comporta referências seguras, os centros de referência, os pontos de partida que não confundem. [...] Uma hierarquia de valores espaciais, uma organização a partir de um "centro" ao qual se retorna sempre, sobre o qual "são orientados". A experiência do sagrado é inseparável aqui de uma apreensão *estética*, como nos lembram os sentidos complexos das palavras *cosmos* e *mundus*[21].

Dardel atribui ao profetismo bíblico a destruição dos quadros da experiência humana e das concepções míticas do mundo; já que ele "quebra a ligação orgânica entre o homem e a Terra"[22]. Concluindo, ela

modifica profundamente ao preencher o significado da realidade terrestre apresentada ao homem; enfim, a hierarquia de valores é invertida, de tal maneira que é o homem que domina a Terra agora, não sendo mais uma simples forma passageira. A Terra, como realidade circundante, é destituída de seu papel original; ela não é mais experimentada como uma presença, e, a partir desse fato, perdeu sua "alma"; enfim ela foi dessacralizada, pronta para uma concepção objetiva e material por parte do homem[23].

Essa argumentação tem como origem um retorno renovado ao mundo antigo promovido pelas filosofias do significado (como denominadas nos países anglo-saxões a fenomenologia), a partir da questão da "alienação", ou seja, do crescente afastamento do homem de seu "mundo cotidiano", distraído pela crescente divisão do trabalho e sofisticação das técnicas. Essa preocupação coincide com o ápice do primeiro movimento de mundialização,

21 E. Dardel, op. cit., p. 60-61, grifado no original.
22 Idem, p. 67.
23 Idem, p. 67.

na esfera de produção do sistema capitalista, que levará a reflexões e a reações críticas por filósofos de diversas matrizes.

Dentre as filosofias que no início do século xx tinham um projeto de ciência divergente ao do positivismo, estava a fenomenologia. Em seus primórdios, como queria Husserl, ela tratava de uma busca por uma nova lógica matemática, que afastava qualquer possibilidade de "psicologismo", a partir da ideia de colocar os conceitos sobre as coisas "entre parênteses".

Segundo Luijpen, "A intenção de Husserl com a fenomenologia foi sempre a de encontrar uma base, um fundamento, para qualquer enunciado das ciências positivas. Esse desiderato implica a convicção de que as afirmações das ciências precisam de um fundamento, ou seja, que não o possuem em si mesmas"[24].

Ainda segundo Luijpen, para atingir esse objetivo, Husserl propôs se proceder à "redução", definida então como a colocação do ser entre parênteses: "essa redução consistia em que Husserl retinha seu juízo sobre a existência real do sentido mundano"[25]. Mas havia um problema: o sujeito-como-*cogito* era definido como a intencionalidade, ou seja, ao colocar o ser "entre parênteses", colocava-se em suspenso o sentido mundano que orientava o sujeito", ou seja, "definido o conhecimento como intencionalidade, [...], impossível se torna 'por entre parênteses' o ser do sentido. Aquele que admite a intencionalidade já decidiu sobre o sentido do ser"[26].

Como esse problema foi resolvido por Husserl?

Observando que os enunciados científicos pressupõem uma experiência muito mais fundamental que a científica: a do sujeito-como-*cogito* em suas atitudes (*Einstellungen*) com relação ao mundo vivido (*Lebenswelt*). A redução torna-se, então, a "[...] volta à nossa mais original experiência, de nosso mais original mundo"[27].

A partir daí a alienação do homem causada pelas técnicas, consubstanciadas pela ciência, o afastamento do homem de seu mundo imposto pelas ciências, é duramente criticado: "Todo o universo da ciência se constrói sobre o mundo vivido, e se

24 W. Luijpen, A. M. *Introdução à Fenomenologia Existencial*, p. 109.
25 Idem, p. 111.
26 Idem, ibidem.
27 Idem, p. 112.

queremos pensar a própria ciência com rigor, apreciando-lhe exatamente o sentido e o alcance, cumpre despertar primeiro essa experiência do mundo da qual ela é a expressão segunda"[28].

Então "mundo", para uma ciência fenomenológica, está na essência do significado de todas as coisas, ele se remete diretamente ao ser que se dirige às coisas e se interroga sobre seu sentido. "Mundo" para a ciência geográfica também deve ter esse sentido essencial.

A geografia, como outras ciências, trata do "mundo", mas de modo excepcional, pois trata diretamente de nosso conhecimento sobre o "suporte físico" onde se assentam todas as coisas, ou seja, o que na disciplina chamamos de categorias ou conceitos espaciais.

Como primitivamente se estabelece então o sentido de "mundo vivido" para a geografia?

Afirmo, baseado na fenomenologia, que se estabelece a partir do corpo humano, o corpo-de-um-sujeito, o corpo que é o próprio sujeito-como-*cogito*. Assim "[...] o 'meu' corpo representa a transição de 'mim' para meu mundo, que é o lugar em que me aproprio de meu mundo"[29].

Porque então, na geografia, "mundo" foi recorrentemente substituído por "espaço"?

Com toda certeza, para dar um status de ciência, nos moldes positivistas, para um conhecimento que muitos geógrafos, já no início de sua constituição como disciplina acadêmica, sabiam estar "além da ciência". Além da ciência, porque, ao referir-se obrigatoriamente ao mundo vivido do homem, ela promovia uma síntese entre muitos conhecimentos; seu objeto não podia ficar restrito, como queriam os positivistas, a um único e determinado conceito espacial, como se intentou com a paisagem, a região, a área, por exemplo. Acabou por se optar pelo conceito mais abstrato, ou seja, a construção intelectual mais afastada do mundo vivido, o que aparentemente envolvia menos o conhecimento existencial do mundo, ou seja, o "espaço".

Para a fenomenologia, mundo e lugar são vistos como um par essencialmente inseparável, algo como o par espaço e lugar para a geografia. A dialética entre "mundo" e "lugar" é

28 Idem, p. 114.
29 Idem, p. 56.

MUNDO E LUGAR

mais antiga e arraigada do que a do par "espaço" e "lugar". Na geografia, esse par vem sendo discutido muito recentemente, e considero que envolve essências espaciais de natureza muito diversas: o "lugar" está ligado a vivências individuais e coletivas a partir do contato do ser com seu entorno; enquanto o "espaço" é uma racionalização abstrata, uma construção mental, que busca uniformizar e homogeneizar o "suporte físico".

Dardel se ocupou magistralmente da oposição entre "lugar" e "espaço", a partir de um referencial fenomenológico, associando o primeiro termo ao "espaço geográfico" e o segundo ao "espaço geométrico"[30]. O geógrafo francês observou que existem pelo menos dois conceitos de "espaço" bastante distintos entre si, um seria o espaço geométrico, ao qual se referem a física e a matemática, o outro seria o espaço geográfico, ao qual se referem a geografia e as demais ciências humanas.

Como já observei em outro texto[31], a distinção é operada por Dardel a partir da noção de *Lebenswelt*, que podemos traduzir por mundo vivido. Segundo essa concepção, o espaço geométrico é desprovido de qualquer concretude existencialista. Ele pertence apenas ao mundo da ciência, aos modelos e outros constructos. O espaço geográfico se refere exatamente a nossa existência, como indivíduos e coletivos, na Terra. Essa relação direta do homem com a Terra, Dardel denomina de "geograficidade", que trata da existência e do destino humanos.

A geograficidade trata do conteúdo existencial do homem com o espaço terrestre e, na medida em que o homem se apropria desse espaço, ele se torna "mundo", a partir da fixação das distâncias e das direções, onde os marcos referenciais são o corpo e a matéria onde ele se apoia, um espaço primitivo que, uma vez apropriado pelo homem, se torna "lugar"

Dardel, como Bachelard, que aliás ele cita, optou por decompor esse espaço material em elementos que extrapolam os níveis de compreensão de uma ciência rigorosamente objetiva.

O mesmo autor levanta outra questão que é relevante para a discussão que fazemos aqui: a de que a história, ou seja, a di-

30 E. Dardel, op. cit.
31 W. Holzer, A Geografia Fenomenológica de Eric Dardel, em Z. Rosendahl; R. L. Corrêa (orgs.), *Matrizes da Geografia Cultural.*

mensão temporal, está sempre contida na discussão sobre os conceitos espaciais, se os ligarmos indissoluvelmente ao homem. As diferentes atitudes do homem em sua relação com a Terra, ao longo da história, resultariam em uma "concepção global do mundo", se considerarmos a relação homem/Terra como uma "interpretação", um "horizonte de mundo", uma "base" que alimenta nossa consciência.

Essa busca por uma ontologia para a ciência geográfica nos remete ao principal questionamento colocado pela filosofia contemporânea no que se refere aos pressupostos da ciência positivista, que além de pretender superar a metafísica a partir da lógica e da técnica, preconizava uma autonomia da ciência ante a filosofia.

A questão central, pouco explicitada nessas críticas, é fundamentalmente ontológica, pois para a experiência empírica ter sentido deve fundamentar-se na experiência fenomenológica. Tema que, apesar de todo o acirrado debate teórico que se travou na década de 1980, não ficou claro[32].

Assim, se o "espaço geográfico" gera uma geograficidade, uma reação às condições que impõe o planeta em que vivemos, o "espaço geométrico" associa-se à "espacialidade", uma construção mental, um modelo analítico, que tem a finalidade de permitir a manipulação e o agenciamento deste mesmo planeta.

Cabe observar que a geograficidade, como essência, define uma relação – a relação do ser-no-mundo. A palavra "espaço", em seu senso comum e de utilização diária, pode ser definida segundo os parâmetros que encontramos nos dicionários. De acordo com o Dicionário Aurélio, ela significa: "1. Distância entre dois pontos, ou a área ou volume entre limites determinados. 2. Lugar mais ou menos bem delimitado, cuja área pode conter alguma coisa. 3. Extensão indefinida. 4. A extensão onde existe o sistema solar, as estrelas, as galáxias; O universo. 5. Período ou intervalo de tempo"[33]. Todas essas definições nos remetem a um estudo cartesiano de mensuração ou, num plano mais profundo, a uma fenomenologia das formas puras. A relação com a nossa vivência (Lebenswelt) cotidiana é, certamente, apenas indireta.

32 Idem, A Geografia Humanista; e A Geografia Humanista Anglo-saxônica, Revista Brasileira de Geografia, v. 55, n. 1/4.
33 A. B. Holanda, Dicionário Aurélio da Língua Portuguesa, p. 846.

MUNDO E LUGAR

Não é a esse tipo de espaço, definido pelo seu uso cotidiano, que a geografia se refere. Seu campo de estudos, qualquer que seja o aporte teórico utilizado, se remete a um espaço adjetivado, o espaço geográfico ou, se quisermos nos aprofundar na questão, na relação entre "mundo" e "lugar".

A introdução da fenomenologia na geografia, pelo coletivo humanista norte-americano, foi responsável pela valorização do conceito/essência de "lugar" até então marginal nas discussões da disciplina.

Como já disse, não pretendo me estender aqui sobre o "lugar". A ênfase aqui será na relação entre "lugar" e "mundo". "Mundo" precisa ser melhor estudado pela geografia, ultrapassando o sentido coloquial que o coloca como o "globo terrestre", sentido esse apropriado recentemente pela geografia a partir da temática da "globalização" ou "mundialização".

Em geografia, as definições clássicas que se referem ao "lugar" enfatizam suas propriedades locacionais. Relph cita, entre seus representantes, Paul Vidal de La Blache, que afirmava ser a geografia a ciência dos lugares e não dos homens[34]; e Hartshorne, para quem a geografia deveria analisar as interações a partir de suas variações de lugar para lugar. O sentido locacional, bastante estrito, se aproxima das definições próximas ao senso comum, como enunciadas nos dicionários, às quais já me referi acima; nelas o "lugar" tem a propriedade de delimitar pontos, áreas ou volumes a partir de seu conteúdo.

O próprio Sauer, ao definir os lugares como "fatos da geografia" que associados originam a paisagem, amplia o sentido determinado pelos dicionários, mas se mantém, em certa medida, voltado para as propriedades locacionais do lugar[35].

Um dos primeiros autores a se afastar desse sentido apenas locacional do lugar foi Lukermann que, ao afirmar que a geografia é a "ciência dos lugares", enfatiza que sua tarefa não se refere apenas a inventariar o conteúdo das áreas, mas de analisar o modo de ver o mundo das pessoas que ali se encontram[36].

---

34 E Relph, *Place and Placenessless.*
35 C. O. Sauer, A Morfologia da Paisagem, em Z. Rosendahl; R. L. Corrêa (orgs.), *Paisagem, Tempo e Cultura.*
36 F. Lukermann, Geography as a Formal Intellectual Discipline and the Way in wich it Contributes to Human Knowledge, *Canadian Geographer*, v. 8, n .4

De certo modo, o conceito de "lugar" proposto por Lukermann se aproxima do conceito de "mundo" como enunciado por diversos fenomenólogos.

Mais do que isso, Lukermann afirma:

A coisa sobre a qual a geografia se dedica, seus dados, são os fatos sobre a área. É sobre isso que a geografia sempre fala. É do conhecimento do mundo como ele existe nos lugares. Como é o mundo – ou como nós vemos o mundo – divididos em lugares ou regiões, esta é a questão geográfica. O estudo do lugar é matéria-prima da geografia, porque a consciência do lugar é uma parte imediatamente aparente da realidade [...] O conhecimento do lugar é um simples fato da experiência[37].

Essa assertiva de Lukermann tem como base seu profundo conhecimento das obras dos "geógrafos" do período clássico grego. Segundo ele, Heródoto se ocupava da descrição do *tópos* e do *choros*, traduzidos correntemente por "lugar" e "país"[38], mas que pode ter um sentido mais amplo, pois, para Aristóteles o *choros* trata exclusivamente de um "lugar extenso", enquanto o *tópos* é definido como "fronteira comum entre as partes, e consequentemente, sua posição e seus limites"[39]. Ainda segundo Lukermann, baseado em Heródoto, *choros* não pode ser traduzido como "espaço", ou seja, está mais próximo do significado que atribuímos para "mundo".

É importante destacar que, para Lukerman, o "lugar" era uma soma do arranjo interno dos traços (sítio) com o entorno. Dessa ideia se apropriaria Tuan, para concluir que o "lugar", além de possuir os atributos da localização, se constitui como um artefato único, ou seja, uma construção singular ancorada na experiência de mundo[40].

Essa concepção inverte a análise, de fundamento neopositivista, que orientava os estudos do "lugar" pela geografia. Neles os traços internos do sítio eram decompostos e comparados com o de outros lugares, para serem sintetizados em

37 Idem, p. 167.
38 Idem, The Concept of Location in Classical Geography, *Annals of the Association of American Geographers*, v. 51, n. 2, p. 199.
39 Idem, p. 201.
40 Y.-F. Tuan, Place, *Geographical Review*, v. 65, n. 2.

mapas. Tuan propõe abarcá-los como um todo, um fenômeno que, como tal, enuncia a essência ligada ao mundo vivido dos lugares.

Tuan, desde o início dos anos de 1960, estudava o "lugar" a partir das obras de Bachelard, tendo como referência principal a ideia de "topofilia" enunciada na *Poética do Espaço*. Nesse período escreve sobre o conceito de "mundo", muito antes de refletir sobre a relação entre "espaço" e "lugar".

Tuan investigou o que "mundo" significa para os fenomenólogos[41]. Seu ponto de partida foi a diferenciação entre "ambiente" e "mundo", associando o primeiro termo a uma "postura científica pura", enquanto o segundo se aproxima da fala dos humanistas.

Ele mostrava que, para os filósofos e teólogos, o "mundo" trata de um sistema de relações que torna o homem potencialmente receptivo a todo o universo (Josef Pieper) ou provê a estrutura básica do ser finito onde ocorre a polaridade entre ser e mundo (Paul Tilich). Conclui que o homem possui um mundo porque está totalmente centrado em si. Mas avança em relação à questão ao descobrir os filósofos Heidegger e Vycinas. Com uma citação deste conclui seu pequeno texto: o mundo é o "[...] reino onde ocorre a história, onde encontramos as coisas e a nós mesmos..."[42]

As incursões de alguns geógrafos culturais norte-americanos no campo da fenomenologia acabaram gerando a pergunta: o que o mundo significa para os fenomenólogos?

A resposta pode ser iniciada a partir de uma paráfrase, mais enfática, do que propôs Vycinas: o mundo é um campo de relações estruturado a partir da polaridade entre o eu e o outro; ele é o reino onde a história ocorre, onde encontramos as coisas, os outros e a nós mesmos; é desse ponto de vista que deve ser apropriado pela geografia.

O ponto de partida para essa abordagem deve considerar que, para os fenomenólogos, o corpo, como já vimos, constitui o ponto de vista do ser-no-mundo; ele coloca o homem como existência, ele está do lado do sujeito e, ao mesmo tempo, envolvido no mundo (a partir da intencionalidade e da intersubjetividade).

41 Idem, "Environmement" and "World", *Professional Geographer*, v. 17, n. 5
42 Idem, p. 7.

Sob esse aspecto, a obra de Dardel com certeza teve contribuição importante na constituição da geografia humanista com base fenomenológica, na qual o "lugar" é uma essência (conceito) central, ironicamente em detrimento do "mundo", que foi muito mais citado e aprofundado pelo geógrafo francês[43].

Insisto e enfatizo aqui alguns aspectos fundamentais do pensamento de Dardel, já abordados neste e em outros textos de minha autoria[44]: a oposição entre espaço geográfico e espaço geométrico, que permite a discussão acerca da estruturação da geografia sobre novas bases teóricas; a ideia de que as distâncias e as direções se constituem nas essências sobre as quais o ser atribui sentido ao "lugar" e, diria também, ao "mundo"; a afirmação de que o corpo e o seu suporte (o *surroundings* apropriado por Tuan e Buttimer da obra de Heidegger) são as referências primordiais na constituição do "espaço primitivo".

Espaço primitivo é definido por Relph[45] como: "O espaço do comportamento instintivo e da ação inconsciente em que nós sempre agimos e nos movemos, antes de qualquer reflexão. É um espaço orgânico enraizado em coisas concretas e substanciais e que não envolve imagens ou conceitos de espaço ou de relações espaciais".

O espaço primitivo não é um espaço, é o "mundo" em sua constituição antepredicativa. Importante ressaltar que, em trecho anterior de seu livro, Relph observa que "o espaço é amorfo e intangível [...] ele provê o contexto para os lugares, mas deriva o seu significado de lugares particulares"[46], ou seja, partilha da ideia heideggeriana de que são os lugares que outorgam os espaços[47].

Segundo essa linha de pensamento para a geografia (humanista), o conceito de "espaço" mais importante seria o de "espaço existencial ou vivido, definido como: "[...] a estrutura oculta do espaço como aparece para nós em nossas experiências concretas do mundo como membros de um grupo cultural"[48]. Foco de intenção e de propósito.

43 E. Dardel, op. cit.
44 W. Holzer, A Geografia Fenomenológica de Eric Dardel, em Z. Rosendahl; R. L. Corrêa (orgs.), *Matrizes da Geografia Cultural*.
45 E. Relph, op. cit., p. 8.
46 Idem, ibidem.
47 M. Heidegger, Batir, habiter, penser, *Essais et Conférences*.
48 E. Relph, op. cit., p. 12.

Relph subdivide o espaço vivido em dois: o espaço sagrado e o espaço geográfico[49]. O segundo definido como "[...] o reflexo do conhecimento básico do homem sobre o mundo, suas experiências e laços intencionais com seu ambiente. É o espaço significante de uma cultura particular, que é humanizado pela nomeação dos lugares [...]".

A ideia de corpo como constituinte essencial dos conceitos espaciais é enfatizada por Buttimer ao observar que cada pessoa tem um "lugar natural", ponto inicial de seu sistema de referências pessoais que, associados com os espaços circundantes (*surroundings*), se fundem em "regiões significativas" (mundos?)[50].

Tuan afirma que todos os lugares são pequenos mundos, articulados pelas redes intangíveis das relações humanas[51]. Já em 1975 Tuan firmava que o "lugar" é um centro de significados geográficos, que se relaciona com o constructo abstrato que denominamos "espaço". O lugar, afirma o autor, é constituído a partir da experiência que temos do mundo.

É visível o esforço de Tuan de efetivamente aproximar a geografia de um aporte fenomenológico por intermédio das essências "lugar" e "mundo". Em *Topofilia*, o conceito de "percepção" transita de Piaget para Merleau-Ponty, onde corpo e espaço (mundo vivido) são referências fundamentais[52]; as "atitudes" em relação ao mundo são associadas à intencionalidade; e, finalmente, a "topofilia" bachelardiana é construída a partir das visões de mundo, da *Lebenswelt* de Husserl ou do ser-no-mundo de Merleau-Ponty.

Mais tarde, em *Espaço e Lugar*, os sentimentos espaciais confrontam a percepção com a intencionalidade; a experiência (do mundo) se refere inteiramente à *Lebenswelt*[53]. Espaço e lugar são abordados a partir da experiência humana, a partir da pergunta: o que é ser-no-mundo?

Mas é em *Segmented Worlds and Self* que o autor vai se aprofundar no tema do mundo, agora ante a "mundialização"

---

49 Idem, p. 10.
50 A. Buttimer, Grasping the Dinaminsm of Lifeworld, *Annals of the Association of American Geographers*, v. 66, n. 2
51 Y.-F. Tuan, Space and Place, em S. Gale; G. Olsson (orgs.), *Philosophy in Geography*.
52 Idem, *Topofilia*.
53 Idem, *Espaço e Lugar*.

contemporânea[54]. Sua tese é de que a individualização do mundo ocorre apenas em sociedades complexas.

A individualização do mundo seria guiada por processos mentais, dentre os quais a análise seria o mais importante[55]. Nas sociedades tradicionais, o mundo seria compartilhado por todos da mesma forma, seja na família, no clã, na vila, numa pequena cidade ou numa cidade-estado[56]. A análise desencadearia os poderes da articulação e da discriminação "[...] capazes de engendrar um mundo claramente particular, meticulosamente definido e ricamente fragmentado"[57]. Esse processo ocorreria quando o "eu" como sujeito se diferencia do "eu" como objeto.

Tuan observa que nas sociedades tradicionais ocorre mais o "sentido do mundo" ou "presença do mundo" do que uma "visão de mundo". "Eles são capazes de salvar a aparência do seu pequeno, harmonioso mundo, não estendendo a sua compreensão para além daquilo que é percebido de forma intuitiva e adequada"[58]. Por outro lado, nas sociedades complexas, a coesão grupal é tênue. Esse é o caso das sociedades modernas em que a "[...] coesão está constantemente sob a pressão da contestação de seus elementos – instituições, comunidades locais e indivíduos"[59].

No Ocidente, o mundo foi mais explorado e manipulado do que em qualquer outra parte, do mesmo modo o sentido da natureza humana, do "eu", foi mais enfatizado a partir das ideias de privacidade e de individualidade[60]. O problema é que "O homem e a mulher modernos acreditam que vivem em uma sociedade fragmentada e impessoal, periodicamente ansiando pela maior coesão social conforme a de pessoas que viviam em tempos remotos e lugares distantes"[61].

Porém, independentemente de como determinado grupo se organize, o "eu" e o "mundo" são inseparáveis: "À medida que aumenta o autoconhecimento, assim como um conhecimento

54 Idem, *Segmented Worlds and Self*.
55 Idem, p. 5.
56 Idem, p. 4.
57 Idem, p. 5.
58 Idem, p. 7.
59 Idem, ibidem.
60 Idem, p. 9.
61 Idem, p. 14.

MUNDO E LUGAR 299

crítico da natureza e da sociedade ou do mundo. O mundo, sujeito à avaliação crítica, perde sua objetividade e coesão"[62].

Observar as sociedades tradicionais pode ser proveitoso nestes tempos de "mundialização": "Nas comunidades tradicionais, os valores objetivos estão intactos. O pensamento se manifesta nas coisas, pessoas e atividades; ele não é um ponto de vista ou o resultado de um investimento pessoal de energia"[63].

Não há dúvidas de que os geógrafos humanistas norte--americanos aproximaram a geografia da fenomenologia. No entanto foram questionados por Pickles[64], por exemplo, por não pensarem a disciplina a partir de uma ontologia efetivamente geográfica. Ou seja, a importância do termo "mundo" para os estudos geográficos, mais uma vez, foi relegada a um plano secundário.

Concordo com Pickles quando enuncia as dificuldades encontradas pelos norte-americanos para utilizarem os conceitos propostos por Husserl ou por Heidegger, entre outros, remetendo-se ao aporte mais acessível fornecido por Schütz, o que levou a geografia humanista, muitas vezes, a se referir à fenomenologia como uma atitude, quando o correto seria referir-se a uma filosofia que pode prover a disciplina de uma nova ontologia.

A fenomenologia, como propõe Heidegger, "[...] é sempre uma denominação para o procedimento ontológico que, essencialmente, a distingue de todas as outras ciências positivas"[65]. Dardel já havia alertado para o que distingue a geografia fenomenológica de outros aportes geográficos[66], o que é aprofundado por Pickles: seu afastamento de metodologias que reduzam todos os fenômenos à mecânica newtoniana, pré-determinada pelos espaços euclidianos.

O objeto da geografia clama pela análise a partir de um aporte fenomenológico que se dirija à "experiência cotidiana do mundo", ou seja, que a explore como "experiência geográfica". Então, como já foi dito anteriormente, essa "experiência geográfica" deve estar fundamentada na ontologia fenomeno-

62 Idem, p. 196.
63 Idem, p. 197.
64 J. Pickles, *Phenomenology, Science and Geography.*
65 Idem, p. 39.
66 E. Dardel, op. cit., p. 30.

lógica, que propõe o retorno ao fato original da experiência humana, providenciando o esclarecimento conceitual desse fato a partir de sua própria constituição. Essa tarefa, como já disse, foi facilitada quando Husserl passou a associar "O mundo vivido original – o mundo imediatamente dado pela experiência – ao que é imediatamente dado à consciência"[67].

Esse mundo não se refere à relação entre o sujeito e os objetos, pois não coincide com a concepção usual que se tem desse termo. Ele se refere a um mundo constituído pelo que é internalizado a partir da percepção e do conhecimento, e que ultrapassa o que nos proporciona o mundo exterior referente às coisas e à natureza física[68]. Desse modo:

A relação do homem com o mundo não é inicialmente e primordialmente uma relação cognitiva ou teórica, mas a do *dasein* – do ser-aí. O conhecimento teórico e a ciência são apenas modos particulares de orientação do homem para com o mundo, sendo que esta relação primordial manifestou-se anteriormente. A relação primordial do homem em relação ao mundo é, portanto, de fascínio (ou envolvimento pleno), visto que o conhecimento teórico está em segundo plano, quando se observa algo[69].

Nas ciências orientadas pelo positivismo, o conhecimento teórico pressupõe que o ser faz parte da natureza física, com seus limites e significados definidos a partir dela. Como observa Pickles:

Talvez agora tenhamos alcançado a característica necessária para imprimir uma mudança na atitude teórica, pelo menos no que se refere à natureza física, a de que o local dos artefatos no âmbito dos limites do ambiente torna-se pura multiplicidade de posições, ou pontos-mundo, lançados ao seu confinamento ambiental. Em termos mais formais, podemos dizer que a constituição da atitude teórica nas ciências exige que o mundo seja de algum modo desumanizado, que ela seja captada a partir das características relevantes específicas para cada perspectiva científica a ser formalizada. No caso da natureza física do mundo, esta foi reduzida a uma pura multiplicidade de posições sistemáticas de uma determinada forma.

67 J. Pickles, op. cit., p. 114.
68 Idem, p. 127.
69 Idem, p. 128.

MUNDO E LUGAR   301

A multiplicidade de posições foi situada no contexto das estruturas formais da matemática, o mundo tem sido matematicamente
projetado[70].

Ainda segundo Pickles, seria necessária a distinção entre as
descrições ônticas e as descrições ontológicas do mundo[71]. Essa
distinção é fundamental para a construção de uma geografia fenomenológica, apesar de não excluir nenhum dos dois termos.
Nunes nos esclarece sobre o significado de mundo na fenomenologia, a partir da obra de Heidegger:

> A expressão ser-no-mundo nem exprime um nexo de conti-
> nuidade entre o *Dasein* e os outros entes nem exprime uma relação
> de encaixe desse ente no mundo natural. Significa antes de mais
> nada um ser familiar, traduzido pela locução alemã *sein bei*, e que
> corresponderia, em nossa língua, ao que conota o verbo estar. Ser-
> -no-mundo implica por isso transcender o mundo. Mas a transcen-
> dência pertence ao *Dasein*, isto é, à sua constituição fundamental.
> A relação com o mundo é um engajamento pré-reflexivo, que se
> cumpre independentemente do sujeito por um liame mais primi-
> tivo e fundamental do que o nexo entre sujeito e objeto admitido
> pela teoria do conhecimento. É mais uma região ontológica do que
> uma realidade dada. [...] O mundo que está aí diante de nós não é
> ente ou receptáculo de objetos. Só no mundo os entes se nos tor-
> nam acessíveis, inclusive o *Dasein*, que não está dentro do mundo.
> Os entes que nos cercam, e que não são o *Dasein*, fazem parte do
> mundo circundante; podemos chamá-los de intramundanos[72].

Nunes observa também que, para Heidegger, nossa primeira relação com o mundo é instrumental e não cognoscitiva,
isso nos conduz ao *Dasein* que

> [...] é também espacial nesse sentido, que difere do cósmico e do geo-
> métrico, aos quais, no entanto, dá origem por ser o mesmo *Dasein*,
> aquele que delimita a proximidade e a distância, segundo as dire-
> ções fixas do corpo, o alto e o baixo, a direita e a esquerda, o longe e
> o perto. O *Dasein* não habita o espaço, ele espacializa: abre o espaço
> que ocupa como ser no mundo. Preocupado em agir e fazer, e desta

70 Idem, p. 130.
71 Idem, p. 157.
72 B. Nunes, *Heidegger & Ser e Tempo*, p. 14-15.

forma ocupado com ações e obras, o *Dasein* também cuida de outrem. Seja de maneira positiva, negativa ou indiferente, a existência não é só a minha existência, mas também a de outro, comigo compartilhada num ser-em-comum (*Mitsein*)[73].

Devemos então considerar que uma ciência geográfica fenomenológica deve partir do estudo do ser, do corpo que fixa os lugares, a partir dos quais vai se desvelar o mundo, não apenas do indivíduo, mas o ser-em-comum, com os quais, entre outras coisas, compartilhamos todos, como geógrafos – como sugeriam Wrigth[74] e Dardel[75] – do espaço geográfico.

Heiddeger, dois dias antes de sua morte, escreveu um pequeno bilhete a um amigo de infância que fora agraciado com um título honorífico. A última frase deste escrito do filósofo pode nos indicar o caminho para construirmos uma geografia fenomenológica: "Pois é preciso pensar se, e como, na era da civilização mundial tecnicizante e igualizadora ainda pode existir uma terra natal"[76].

Prezados geógrafos de todos os credos e nações, se quisermos adequar a geografia às demandas de um mundo cotidiano de pessoas imersas na "mundialização", teremos de reaprender a falar: teremos de falar do "mundo" e deixar o "espaço" para os astrônomos, os físicos e os matemáticos.

REFERÊNCIAS BIBLIOGRÁFICAS

BENKO, Georges. Mundialização da Economia, Metropolização do Mundo. *Revista do Departamento de Geografia*, n. 15, 2002.

BUTTIMER, Anne. Grasping the Dinaminsm of Lifeworld. *Annals of the Association of American Geographers*, v. 66, n. 2, 1976.

CAPEL, Horacio. *Filosofia y Ciencia en la Geografia Contemporánea*. Barcelona: Barcanova, 1981.

DARDEL, Eric. *O Homem e a Terra: Natureza da Realidade Geográfica*. São Paulo: Perspectiva, 2011.

DEAN, Warren. *A Ferro e Fogo*. São Paulo: Companhia das Letras, 1996.

---

73 Idem, p. 17.

74 J. K. Wright, Terrae Incognitae, *Annals of the Association of American Geographers*, v. 37, n. 11.

75 E. Dardel, op. cit.

76 Heidegger apud R. Safransky, *Heidegger*.

MUNDO E LUGAR

DUSSEL, Enrique. *1492: O Encobrimento do Outro: A Origem do Mito da Modernidade.* Petrópolis: Vozes, 1993.

HARVEY, David. *Condição Pós-moderna: Uma Pesquisa sobre as Origens da Mudança Cultural.* São Paulo: Loyola, 1993.

HEIDEGGER, Martin. Batir, habiter, penser. In: _____. *Essais et Conférences.* Paris: Gallimard, 1992.

HOLANDA, Aurelio B. *Dicionário Aurélio da Língua Portuguesa.* 5. ed. Curitiba: Positivo, 2010.

HOLZER, Werther. O Conceito de Lugar na Geografia Cultural-Humanista: Uma Contribuição para a Geografia Contemporânea. *Geographia,* v.5, n. 10, 2003.

_____. Werther. A Geografia Fenomenológica de Eric Dardel. In: ROSENDAHL, Zeny CORRÊA, Roberto L. (orgs.). *Matrizes da Geografia Cultural.* Rio de Janeiro: Eduerj, 2001.

_____. O Lugar na Geografia Humanista. *Território,* v. 7, 1999.

_____. A Geografia Humanista Anglo-saxônica: De suas Origens aos Anos 90. *Revista Brasileira de Geografia,* v. 55, n. 1/4, 1993.

_____. *A Geografia Humanista: Sua Trajetória de 1950 a 1990.* Dissertação de Mestrado em Geografia. Instituto de Geociências. Universidade Federal do Rio de Janeiro. Rio de Janeiro, 1992.

LUIJPEN, Wilhelmus A. M. *Introdução à Fenomenologia Existencial.* São Paulo: EPU/Edusp, 1973.

LUKERMANN, F. Geography as a Formal Intellectual Discipline and the Way in wich it Contributes to Human Knowledge. *Canadian Geographer,* v. 8, n .4, 1964.

_____. The Concept of Location in Classical Geography. *Annals of the Association of American Geographers,* v. 51, n. 2, 1961.

MEYER-ABICH, Adolf. *Alejandro de Humboldt, 1789-1969.* Bad Godesberg: Inter Nationes, 1969.

NIETZSCHE, Friedrich. *O Nascimento da Tragédia.* São Paulo: Escala, 2007.

_____. Homero e a Filologia Clássica. *Princípio,* v. 13, n. 19-20, 2006.

_____. *A Visão Dionisíaca do Mundo.* Trad. Maria Cristina dos Santos de Souza e Marcos Sinésio Pereira Fernandes. São Paulo: Martins Fontes, 2005.

NUNES, Benedito. *Heidegger & Ser e Tempo.* Rio de Janeiro: Jorge Zahar Editor, 2002.

PICKLES, John. *Phenomenology, Science and Geography: Spatiality and the Human Sciences.* Cambridge: Cambridge University Press, 1985.

RELPH, Edward. *Place and Placenessless.* London: Pion, 1976.

SAFRANSKY, Rüdiger. *Heidegger: Um Mestre da Alemanha entre o Bem e o Mal.* São Paulo: Geração Editorial, 2000.

SANTOS, Milton. *Por uma Outra Globalização: Do Pensamento Único à Consciência Universal.* 15. ed. Rio de Janeiro: Record, 2008.

SAUER, Carl Ortwin. A Morfologia da Paisagem. In: Corrêa, R. L. e Rosendahl, Z. (orgs.). *Paisagem, Tempo e Cultura.* Rio de Janeiro: Eduerj, 1998.

TUAN, Yi-Fu. *Espaço e Lugar: A Perspectiva da Experiência.* São Paulo/Rio de Janeiro: Difel, 1983.

_____. *Segmented Worlds and Self: Group Life and Individual Consciousness.* Minneapolis: University of Minnesota Press, 1982.

_____. *Topofilia: Um Estudo da Percepção, Atitudes e Valores do Meio Ambiente.* São Paulo/Rio de Janeiro: Difel, 1980.

304   QUAL O ESPAÇO DO LUGAR?

_____. Place: An Experiential Perspective. *Geographical Review*, v. 65, n. 2, 1975.

_____. Space an Place: Humanistic Perspective. In: GALE, S.; OLSSON, G. (eds.). *Philosophy in Geography*. Dordrecht: Reidel, 1979. [publicado originalmente em *Progress in Geography*, n. 6, 1974].

_____. "Environmement" and "World". *Professional Geographer*, v. 17, n. 5, 1965.

VERNANT, Jean-Pierre. *As Origens do Pensamento Grego*. 3. ed. São Paulo: Difel, 1981.

WRIGHT, John K. Terrae Incognitae: The Place of the Imagination in Geography. *Annals of the Association of American Geographers*, v. 37, n. 1, 1947.

Sobre os Autores

EDUARDO MARANDOLA JR.
Geógrafo, professor da Faculdade de Ciências Aplicadas (FCA) e do Programa de Pós-Graduação em Geografia do Instituto de Geociências (IG), ambos da Universidade Estadual de Campinas (Unicamp). Trabalha com a abordagem fenomenológica, epistemologia e metodologia em geografia, especialmente no campo dos estudos urbanos, ambientais e populacionais.

EDWARD RELPH
Professor de Geografia e Planejamento da Universidade de Toronto. Está escrevendo atualmente um livro sobre Toronto como uma cidade-região pós-metropolitana mundial. Outros projetos incluem uma revisão abrangente de diferentes ideais sobre lugar e sentido de lugar, e uma investigação fenomenológica da experiência geográfica.

EGUIMAR FELÍCIO CHAVEIRO
Professor Associado do Instituto de Estudos Socioambientais, da Universidade Federal de Goiás. Coordenador do grupo de estudo e de pesquisa Espaço, Sujeito e Existência. Coordenador da pesquisa Povos Indígenas do Cerrado Goiano.

J. NICHOLAS ENTRIKIN
Ex-professor de Geografia da Universidade da Califórnia em Los Angeles (UCLA), agora vice-presidente da Universidade de Notre Dame (EUA). Dedica-se aos estudos sobre geografia cultural e história do pensamento geográfico.

JOÃO BAPTISTA FERREIRA DE MELLO
Professor adjunto do Instituto de Geografia da Universidade do Estado do Rio de Janeiro (UERJ). Coordenador dos Roteiros Geográficos do Rio e do Núcleo de Estudos sobre Geografia Humanística, Artes e Cidade do Rio de Janeiro (NeghaRIO). Dedica-se aos estudos sobre o caráter simbólico dos lugares; música popular e geografia; trabalhos de campo/roteiros; e a cidade do Rio de Janeiro.

JÖRN SEEMANN
É um geógrafo cultural que estuda as relações entre mapas e sociedade, o pensamento cartográfico e as diferentes maneiras de pensar, perceber e representar espaço e lugar. Professor adjunto no Departamento de Geociências, Universidade Regional do Cariri.

LIGIA SARAMAGO
Graduada em Arquitetura e Urbanismo, é mestre e doutora em Filosofia. Atualmente é professora do Departamento de Filosofia da Pontifícia Universidade Católica do Rio de Janeiro. É membro do GT Heidegger e do Núcleo de Estudos em Ética e Desconstrução (Need). Suas pesquisas em filosofia abrangem, além do pensamento de Heidegger, estética, filosofia do espaço, artes visuais e arquitetura. É também artista plástica, tendo realizado diversas exposições no Brasil e no exterior.

LÍVIA DE OLIVEIRA
Professora emérita do Instituto de Geociências e Ciências Exatas e atualmente professora do Programa de Pós-Graduação em Geografia da Universidade Estadual Paulista, em Rio Claro. Coordenadora do grupo de pesquisa Geografia Humanista Cultural (CNPq/UFF). Dedica-se aos estudos sobre educação geográfica; cartografia para crianças; e percepção e cognição do meio ambiente.

MÁRCIA MANIR MIGUEL FEITOSA
Doutora em literatura portuguesa pela USP. Professora associada nível III do Departamento de Letras da Universidade Federal do Maranhão e docente do Mestrado Interdisciplinar em Cultura e Sociedade da mesma UFMA. Colíder do grupo de pesquisa Estudos

da Paisagem nas Literaturas de Língua Portuguesa. Organizadora do livro *Literatura e Paisagem: Perspectivas e Diálogos*, juntamente com a profa. dra. Ida Ferreira Alves, publicado em 2010 pela EDUFF.

MARIA LÚCIA DE AMORIM SOARES

Doutora em Geografia pela Universidade de São Paulo, é professora titular da Universidade de Sorocaba. Atua principalmente na área de ensino de geografia, trabalhando com educação ambiental e métodos e técnicas de ensino. Investiga também a teoria geográfica, principalmente no debate da pós-modernidade.

VINCENT BERDOULAY

Professor de Geografia e Planejamento da Universidade de Pau (França). Dedica-se aos estudos sobre epistemologia da geografia; história das ideias; geografia cultural; urbanismo e planejamento ambiental.

WENCESLAO MACHADO DE OLIVEIRA JR.

Professor da Faculdade de Educação e pesquisador do Laboratório de Estudos Audiovisuais-OLHO, ambos na Universidade Estadual de Campinas. Dedica-se aos estudos sobre educação visual e geográfica, notadamente as interfaces entre as imagens do cinema e da fotografia, a educação contemporânea e as geografias que as permeiam.

WERTHER HOLZER

Arquiteto e urbanista, também graduado em comunicação social – cinema, com mestrado e doutorado em geografia. Atualmente é professor associado da Escola de Arquitetura e Urbanismo e do Programa de Pós-Graduação em Arquitetura e Urbanismo da Universidade Federal Fluminense. Coordenador do grupo de pesquisa Geografia Humanista Cultural (CNPq/UFF). Tem experiência na área de projeto urbano e teoria do urbanismo, com ênfase na adequação ambiental e na área de geografia, com ênfase em geografia humanista, atuando principalmente nos seguintes temas: fenomenologia, lugar, paisagem, paisagismo e projeto urbano.

Este livro foi impresso na cidade de Cotia,
nas oficinas da Meta Brasil,
para a Editora Perspectiva.